Studien zum Privatrecht

Band 87

Hilmar Odemer

Schadensersatz statt der Leistung im Anspruchssystem des Eigentümer-Besitzer-Verhältnisses

Eine Untersuchung zur Anwendbarkeit der §§ 281, 282 BGB auf den vindikatorischen Herausgabeanspruch gemäß § 985 BGB

Mohr Siebeck

Hilmar Odemer, geboren 1980; Studium der Rechtswissenschaft an der Justus-Liebig-Universität Gießen; Juristischer Vorbereitungsdienst am OLG Frankfurt am Main mit Stationen u. a. in Altanta (USA) und New York City (USA); wissenschaftliche Mitarbeit an der EBS Law School Wiesbaden und Lehrtätigkeit an der Goethe-Universität Frankfurt am Main; derzeit Wissenschaftlicher Angestellter an der Freien Universität Berlin.
orcid.org/0000-0003-3722-8167

ISBN 978-3-16-158240-0 / eISBN 978-3-16-158241-7
DOI 10.1628/978-3-16-158241-7

ISSN 1867-4275 / eISSN 2568-728X (Studien zum Privatrecht)

Die Deutsche Nationalbibliothek verzeichnet diese Publikation in der Deutschen Nationalbibliographie; detaillierte bibliographische Daten sind über *http://dnb.dnb.de* abrufbar.

Das Buch wurde von Gulde Druck in Tübingen aus der Times gesetzt und auf alterungsbeständiges Werkdruckpapier gedruckt. Es wurde von der Buchbinderei Spinner in Ottersweier gebunden.

Printed in Germany.

Für Franziska

Vorwort

Die Arbeit wurde im Wintersemester 2018/2019 fertiggestellt und sodann von der Fakultät für Rechtswissenschaft der Universität Bielefeld als Dissertation angenommen. Entstanden ist sie jedoch während meiner Tätigkeit als Wissenschaftlicher Mitarbeiter an der Freien Universität Berlin, wo ich das große Glück hatte, meinen Doktorvater, Herrn Professor Dr. Martin Schwab, kennenzulernen. Natürlich gebührt ihm der erste Dank. Er hat mich nicht nur zu diesem Thema inspiriert, sondern stand mir auch nach seinem Wechsel nach Bielefeld jederzeit mit Rat und Tat zur Seite. Professor Schwab wird mir fachlich wie menschlich stets ein Vorbild sein.

Bedanken möchte ich mich zudem bei Herrn Professor Dr. Frank Weiler für die so bemerkenswert rasche Erstellung des Zweitgutachens. Ich weiß sehr wohl, dass dies keine Selbstverständlichkeit ist.

Ebenso verbunden bin ich Herrn Professor Dr. Nils Schaks, Freund, ehemaliger Kollege und zurzeit Juniorprofessor für das Öffentliche Recht an der Universität Mannheim. Er hat die erste Leseversion des Dissertationsmanuskripts korrekturgelesen und mich mit seiner positiven Rückmeldung zur alsbaldigen Einreichung der Arbeit ermutigt.

Für die Gewährung eines großzügigen Druckkostenzuschusses danke ich zudem der Johanna und Fritz Buch Gedächtnis-Stiftung.

Darüber hinaus danke ich meinen Eltern Edith und Rolf Odemer, die mir ein finanziell sorgenfreies Studium ermöglicht, zeit meines Lebens zu mir gestanden, in jeder Lage in mich vertraut und mich stets liebevoll unterstützt haben. Ich bin unendlich dankbar, Euch zu haben!

Ein ganz besonderer Dank gebührt meiner Frau Franziska Odemer. Mit ihr habe ich nicht nur unzählige schöne Augenblicke erleben dürfen, sondern auch einen sehr schweren Lebensabschnitt gemeinsam überstanden. Sie war es zudem, die das besonders mühevolle Erstkorrekturlesen auf sich nahm und mich in Phasen des Zweifelns ermutigte. Vor allem aber hat sie mir das Wertvollste geschenkt, das man sich nur vorstellen kann – unsere Kinder Hilla und Franz. Aus Liebe und Dankbarkeit widme ich ihr dieses Buch.

Berlin, im August 2019 Hilmar Odemer

Inhaltsübersicht

Inhaltsverzeichnis

Einführung

Die Frage, ob Normen des allgemeinen Schuldrechts, die sich systematisch zunächst auf die Regelungen des zweiten Buches des BGB[1] beziehen, grundsätzlich auch auf sachenrechtliche Bestimmungen zur Anwendung gebracht werden können, ist vielschichtig und wird seit jeher kontrovers diskutiert.[2]

Auf den ersten Blick scheinen einem solchen Vorgehen bereits die Grundsätze der Abstraktion und Trennung von Schuld- und Sachenrecht entgegenzustehen, die das deutsche Zivilrecht prägen und äußerlich durch die Fassung zweier gesonderter Bücher zutage treten. Andererseits wurden diese zentralen Prinzipien selbst von den Verfassern des BGB nicht konsequent eingehalten und umgesetzt. Vielmehr finden sich in beiden Regelungskomplexen Bestimmungen, die strenggenommen dem jeweils anderen Rechtsgebiet zuzuordnen sind. So existieren im dritten Buch des BGB Vorschriften, die zwar einen sachenrechtlichen Ursprung haben, letztlich aber vom Eigentum losgelöst und damit obligatorischer Natur sind, wie beispielsweise die für die nachfolgende Untersuchung maßgeblichen Regelungen des Eigentümer-Besitzer-Verhältnisses (§§ 987 ff.).[3] Umgekehrt bewirkt etwa die im zweiten Buch normierte Abtretung gemäß § 398 gewissermaßen eine „Verdinglichung" relativer Rechte, weil hiernach die Person des Forderungsgläubigers ohne Beteiligung des Schuldners durch Verfügung ausgewechselt werden kann.[4] Die Bestimmung des § 566 geht sogar noch darüber hinaus, indem sie dem Mietrecht bei Grundstücken und (Wohn-)Räumen (§ 578) insgesamt eine absolute Wirkung verleiht, weil der Erwerber einer Immobilie mit Ei-

---

1 Paragraphen ohne Bezeichnung des Gesetzes sind stets solche des BGB.

2 Nur beispielhaft zu nennen sind: *Stälin*, Über die dinglichen Ansprüche des B.G.B. hinsichtlich der Anwendbarkeit des Allgemeinen Teils des Rechts der Schuldverhältnisses auf dieselben (1902); *Falk*, Die Übertragung der schuldrechtlichen Regeln auf die rei vindicatio (1928); *Plath*, Die Ergänzung der Ansprüche aus dem Eigentum (§§ 985 ff. BGB) durch Anwendung schuldrechtlicher Bestimmungen (1929); *Horstmann*, Untersuchungen über die Anwendbarkeit schuldrechtlicher Normen auf dingliche Ansprüche (1938); *Schwerdtner*, Verzug im Sachenrecht (1973); *Becker*, Schadensersatz nach Fristsetzung im Eigentümer-Besitzer-Verhältnis (2012).

3 Zur schuldrechtlichen Natur der §§ 987 ff. ausführlich: *Pinger*, 137 ff., insbes. 181; vgl. zudem Soergel/*Stadler*, 13. Aufl. 2006, § 987 Rn. 3.

4 Vgl. MüKo/*Roth*/*Kieninger*, BGB, 7. Aufl. 2016, § 398 Rn. 1 f.

gentumsübergang kraft Gesetzes in bestehende Mietverträge eintritt, wodurch die obligatorischen Bestimmungen der §§ 535 ff. letztlich gegenüber jedermann Wirkung entfalten.[5] Das Mietrecht ist zudem paradigmatisch dafür, dass dingliche durch schuldrechtliche Anspruchsbeziehungen beeinflusst werden können. So gewährt ein bestehendes Mietverhältnis ein Recht zum Besitz, das den Anspruch des Eigentümers aus § 985 auszuschließen vermag (§ 986). Umgekehrt kann der Eigentümer wieder vindizieren, sobald er den das Besitzrecht vermittelnden Vertrag nach den Regeln der §§ 573 ff. wirksam durch Kündigung beendet.[6]

Die gegenseitige Durchdringung beider Regelungskomplexe lässt durchaus den Schluss zu, dass das Sachenrecht grundsätzlich für schuldrechtliche Institute zugänglich ist und umgekehrt. Ob und – bejahendenfalls – inwieweit die Bestimmungen der §§ 241–432 auch zur Ergänzung dinglicher Ansprüche herangezogen werden können, ist damit indes noch nicht geklärt.

Die nachfolgende Untersuchung beschränkt sich auf die in diesem Zusammenhang praktisch bedeutsame Frage, ob der Eigentümer von seinem vindikatorischen Herausgabeanspruch auf einen Schadensersatz statt der Leistung mittels der Vorschriften des allgemeinen Leistungsstörungsrechts übergehen kann. Dabei soll zunächst in gebotener Kürze beantwortet werden, ob nicht bereits die dingliche Natur des § 985 ganz grundsätzlich einer Heranziehung der auf Schuldverhältnisse ausgerichteten Normen des zweiten Buches des BGB entgegensteht (sogleich, A.). Auf Einzelfragen, die sich konkret hinsichtlich der Anwendbarkeit der schadensersatzrechtlichen Regelungen der §§ 280 ff. auf die Vindikationslage stellen, wird hingegen an jeweils betroffener Stelle einzugehen sein (B. und C.).

---

[5] *Wieling*, GS Sonnenschein, 2003, 201, 211 ff., 216 ff.*;* Westermann/*H. P. Westermann*, 8. Aufl. 2011, § 1 Rn. 12; vgl. zudem *Canaris*, FS Flume Bd. I, 371 ff.

[6] Vgl. Westermann/*H. P. Westermann*, 8. Aufl. 2011, § 1 Rn. 8 (zur Leihe).

A. Grundsätzliches zur Anwendung schuldrechtlicher Vorschriften auf die Vindikationslage

I. Vindikationslage als Schuldverhältnis

Von Teilen der Literatur[1] wird die Anwendbarkeit der Vorschriften des allgemeinen Schuldrechts auf die Vindikationslage schon ganz grundsätzlich abgelehnt, weil der unrechtmäßige Besitzer dem Eigentümer jedenfalls im obligationsrechtlichen Sinne nichts *schulde*. Ersterer sei nämlich jederzeit in der Lage, den Anspruch aus § 985 durch Aufgabe des Besitzes zu Fall zu bringen,[2] weshalb bereits das für ein Schuldverhältnis charakteristische „rechtliche Band" (iuris vinculum) fehle, wodurch der Schuldner an den Gläubiger gebunden wird und von dem er sich nur durch Erfüllung befreien kann.[3] Hinzukomme, dass die relevante Rechtsbeziehung des Eigentümers gerade nicht (auch) zum Besitzer selbst, sondern ausschließlich zum Vindikationsgegenstand bestehe,[4] was unter der Prämisse, dass die Sache im Rahmen des § 985 lediglich in demjenigen Zustand herauszugeben ist, in dem sie sich aktuell befindet,[5] dazu führe, dass Letzterer nicht einmal zum ordnungsgemäßen Umgang mit der Sache angehalten werden könne. Auch dies spreche gegen die Existenz eines Schuldverhältnisses, das gerade durch die Wechselbeziehung zwischen Verhaltenssteuerung, Schuld und Haftung gekennzeichnet ist.[6]

Richtigerweise wird die Entstehung eines gesetzlichen Schuldverhältnisses jedoch bereits mit dem Eintritt der Vindikationslage zu bejahen sein.[7] Zwar be-

---

1 *Henckel*, AcP 174 (1974), 97, 131; *Picker*, FG BGH 2000, 693, 694 ff.

2 Zu diesen Eigenheiten des § 985: B. II. 1., 2.

3 Allg. zum iuris vinculum: MüKo/*Bachmann*, BGB, 7. Aufl. 2016, § 241 Rn. 3.

4 *Picker*, FG BGH 2000, 693, 694 f.

5 H.M., BGHZ 148, 252, 255 = NJW 2001, 2966; Soergel/*Stadler*, 13. Aufl. 2006, § 985 Rn. 21; Staudinger/*Gursky* (2012), § 985 Rn. 60; MüKo/*Baldus*, BGB, 7. Aufl. 2017, § 985 Rn. 78; Palandt/*Herrler*, 77. Aufl. 2018, § 985 Rn. 8; zu dieser Besonderheit des § 985 vgl. zudem A. II. 1.

6 *Henckel*, AcP 174 (1974), 97, 131; *Picker*, FG BGH 2000, 693, 694 ff.

7 Ebenso: Soergel/*Stadler*, 13. Aufl. 2006, § 985 Rn. 2, Vor § 987, dort Fn. 6; BeckOGK/*Spohnheimer*, BGB, 1.7.2018, § 985 Rn. 20.2.

zweckt § 985 in erster Linie die Verwirklichung des Eigentums;[8] erreicht wird dies indes gerade durch die Verpflichtung des Besitzers, dem Vindikanten den unmittelbaren Besitz an der Sache durch „Herausgabe" zu verschaffen.[9] Die Festlegung, was der Schuldner zu tun hat, um dem Recht des Gläubigers zu entsprechen, gehört jedoch gerade zum Wesen des Schuldverhältnisses.[10]

Die hiergegen ins Feld geführte jederzeitige Abwendungsmöglichkeit des vindikatorischen Herausgabeanspruchs durch Besitzaufgabe vermag hieran nichts zu ändern. Ungeachtet der Tatsache, dass dieser Umstand in rechtsdogmatischer Hinsicht schon ganz grundsätzlich nicht geeignet erscheint, Rückschlüsse auf die Eigenschaft „Schuldverhältnis" zu ziehen,[11] so ist doch insbesondere auch der obligatorische Herausgabeschuldner regelmäßig im Stande, sich von seiner Leistungspflicht zu befreien, indem er die – wenn auch im Einzelfall schwieriger zu erfüllenden – Voraussetzungen des § 275 herbeiführt. Obgleich der Eintritt der Unmöglichkeit nicht auch (zwingend) das Erlöschen des Schuldverhältnisses zur Folge hat, wohingegen der Besitzverlust im Rahmen des § 985 die Vindikationslage grundsätzlich vollständig beseitigt, besteht doch praktisch insoweit kein relevanter Unterschied, als im Falle der unverschuldeten Unmöglichkeit mangels Eingreifens der §§ 280, 283 auch die persönliche Rechtsbeziehung endet,[12] während umgekehrt der unrechtmäßige Besitzer bei schuldhafter Herbeiführung des Unvermögens Schadensersatz zu leisten hat, wenn und soweit eine der Haftungsverschärfungen des Eigentümer-Besitzer-Verhältnisses gemäß §§ 989, 990 eingreift.[13]

An letzteres anknüpfend erweist sich sodann auch die Behauptung, eine durch die bloße Vindikationslage begründete schuldrechtliche Sonderverbindung sei schon deshalb abzulehnen, weil der Anspruchsgegner aufgrund seiner beschränkten Auskehrungspflicht aus § 985[14] einen ordnungsgemäßen Umgang mit der Sache nicht schulde,[15] als wenig stichhaltig. Denn sofern die Voraussetzungen der §§ 987 ff. vorliegen, hat auch der unrechtmäßige Besitzer zumindest mittelbar den herauszugebenden Gegenstand vor Verschlechterung, Untergang oder sonstigem Verlust zu bewahren (§ 989) und nach den Regeln einer ordnungsgemäßen Wirtschaft zu nutzen (§ 987 Abs. 2).[16] Der Vindikation kommt mithin

---

8 Soergel/*Stadler*, 13. Aufl. 2006, § 985 Rn. 2.

9 Statt vieler: BGH, NJW-RR 2004, 570, 571.

10 Soergel/*Stadler*, 13. Aufl. 2006, § 985 Rn. 2, Vor § 987, dort Fn. 6; MüKo/*Ernst*, BGB, 7. Aufl. 2016, Einleitung zu Band 2, Rn. 9; BeckOGK/*Spohnheimer*, BGB, 1.7.2018, § 985 Rn. 20.2.

11 So auch BeckOGK/*Spohnheimer*, BGB, 1.7.2018, § 985 Rn. 20.2.

12 Vgl. nur MüKo/*Ernst*, BGB, 7. Aufl. 2016, § 275 Rn. 69.

13 So z. B. auch *Schwerdtner*, 134.

14 Zur Herausgabe der Sache lediglich im gegenwärtig vorhandenen Zustand.

15 So insbes. *Henckel*, AcP 174 (1974), 97, 131; *Picker*, FG BGH 2000, 693, 694.

16 BeckOGK/*Spohnheimer*, BGB, 1.7.2018, § 985 Rn. 20.2.

durchaus eine für das Schuldverhältnis typische verhaltenssteuernde Funktion zu.[17] Darüber hinaus kann der Eigentümer seinen Anspruch aus § 985 mittels Klage und Zwangsvollstreckung (§§ 883, 885 ZPO) erzwingen. Auch hierin verwirklicht sich eine zur Schuld hinzutretende und für das Bestehen einer Obligation ebenfalls typische Haftung.[18] Die aus § 985 abgeleitete Herausgabepflicht begründet mithin eine Schuld, die aus der Verletzung des Eigentums durch die Vorenthaltung der Sache folgt und jedenfalls insoweit gleich einer Forderung relativen Charakter hat, als sie sich gegen den jeweiligen Besitzer richtet.[19]

Selbst wenn man jedoch all dies außer Acht lassen wollte, so muss der Vindikation doch zumindest ein obligationsähnlicher Charakter zukommen, der es zu rechtfertigen vermag, jedenfalls die Vorschriften über Leistungsstörungen entsprechend zur Anwendung zu bringen, weil sich der aus § 985 folgende Anspruch gegen eine bestimmte Person richtet und den Eigentümer in die Lage versetzt, mit der „Herausgabe" eine konkrete Leistung zu fordern.[20]

II. Schuldrechtliche Leistung und § 985

Demgegenüber wird von einigen Vertretern des Schrifttums gerade bestritten, dass der unrechtmäßige Besitzer im Rahmen des § 985 verpflichtet ist, dem Eigentümer etwas zu *leisten*. Dingliche und schuldrechtliche Ansprüche seien vielmehr sowohl im Hinblick auf die jeweilige Rechtsfolgenanordnung als auch des Anspruchsinhalts derart verschieden, dass einer aufgrund sachenrechtlicher Befugnis vorgenommenen Handlung jedenfalls nicht die Eigenschaft einer Leistung im schuldrechtlichen Sinne zugesprochen werden könne.[21] So richteten sich dingliche Ansprüche des Eigentümers allein auf die Beibehaltung oder (Wieder-) Herstellung des rechtmäßigen Zustands im Sinne von § 903 sowie auf Vermeidung einer von diesem ausgeübten „Eigenmacht".[22] Der dinglich Verpflichtete müsse sich daher – im negatorischen Sinne – lediglich aus dem fremden Rechtskreis zurückziehen, während bei Forderungen typischerweise die Aufstockung des Vermögens auf Seiten des Gläubigers im Vordergrund stehe.[23]

---

[17] Allgemein zu dieser Funktion als eines der maßgeblichen Elemente eines Schuldverhältnisses: MüKo/*Ernst*, BGB, 7. Aufl. 2016, Einleitung zu Band 2, Rn. 9.

[18] Vgl. BeckOK/*Sutschet*, BGB, 47. Ed. 1.8.2018, § 241 Rn. 16 f.

[19] *Falk*, 9 f.; *Pinger*, 187; Soergel/*Stadler*, 13. Aufl. 2006, § 985 Rn. 2; *Baur/Stürner*, § 11 Rn. 43; BeckOGK/*Spohnheimer*, BGB, 1.7.2018, § 985 Rn. 20.2.

[20] So schon der historische Gesetzgeber, vgl. Mugdan III, 222.

[21] *Henckel*, AcP 174 (1974), 97, 128 f., *Picker*, 158; *Katzenstein*, AcP 206 (2006), 96, 101 ff.

[22] *Picker*, 158; *ders.*, FS Bydlinski, 269, 288; *Katzenstein*, AcP 206 (2006), 96, 101 ff.

[23] *Henckel*, AcP 174 (1974), 97, 131; *Picker*, FG BGH 2000, 693, 723; *Katzenstein*, AcP

Dies überzeugt schon deshalb nicht, weil sich auch schuldrechtliche Ansprüche identifizieren lassen, die nicht auf die Mehrung des Gläubigervermögens zielen, sondern ebenfalls nur den rechtmäßigen Zustand aufrechtzuerhalten bzw. widerherzustellen bezwecken. Zu nennen sind in erster Linie obligatorische Herausgabeansprüche wie etwa § 546,[24] aber auch schuldrechtliche Ansprüche auf Unterlassung,[25] Auskunft und Rechnungslegung. Zwischen der Herausgabepflicht des unrechtmäßigen Besitzers aus § 985 und derjenigen des Mieters aus § 546 besteht insbesondere kein derart gravierender Unterschied, der es zu rechtfertigen vermag, die im Rahmen der Vindikation geschuldete „Verschaffung des unmittelbaren Besitzes"[26] dem wesentlichen Inhalt nach nicht auch als Leistungspflicht anzusehen.[27] Schließlich erhält derjenige Eigentümer, der zugleich Vermieter ist, unstrittig eine Leistung im Sinne von § 241, wenn der Mieter auf Grundlage des § 546 den an der unversehrten Sache vorhandenen Besitz[28] herausgibt.[29] Es wäre dogmatisch nicht zu rechtfertigen, die Natur ein und derselben Handlung unterschiedlich zu bewerten, je nachdem, auf welcher materiellen Anspruchsgrundlage diese beruht.[30]

Auch aus semantischen Gründen erscheint es vorzugswürdig, die aus der Vindikation folgende Pflicht nicht bloß als auf den Rückzug aus dem Rechtskreis des Eigentümers und damit auf ein Unterlassen (des weiteren Besitzens) beschränkt anzusehen, sondern eben als Obligation zur „Herausgabe" und damit – über die bloße Duldung der Wegnahme hinaus – zur Vornahme einer gewissen positiven Tätigkeit.[31] Dass dem so sein muss, verdeutlicht nicht zuletzt ein Vergleich mit den §§ 867, 1005, die es dem Verpflichteten lediglich auferlegen, dem Berechtigten die Aufsuchung und Wegschaffung der Sache zu „gestatten", woraus zu folgern ist, dass der zur „Herausgabe" verpflichtete Besitzer gerade mehr schuldet,

206 (2006), 96, 103 ff.; zu den Konsequenzen, die hieraus insbes. im Hinblick auf § 281 gezogen werden: B. II. 1. b).

[24] Zu den freilich dennoch vorhandenen Unterschieden zwischen § 985 und § 546: B. I. 5. b) bb) (1).

[25] Z. B. vertragl. Wettbewerbsverbot, s. hierzu: B. II. 1. b) bb) (3).

[26] BGH, NJW-RR 2004, 570, 571; NJW-RR 2015, 433 (Rn. 16).

[27] So schon der historische Gesetzgeber, vgl. Mugdan III, 222.

[28] Die Pflicht aus § 546 geht freilich dann über § 985 hinaus, wenn sich die Sache nicht mehr im Besitz des Mieters befindet oder zwischenzeitlich mit erheblichen Einrichtungen versehen wurde, weil der Schuldner dann – anders als i. R. d. § 985 – (verschuldensunabhängig) die Rückverschaffung bzw. die Versetzung der Sache in den vertragsgemäßen Zustand schuldet, vgl. nur BGH, NZM 2002, 913; NZM 2011, 75; NJW-RR 2015, 433 sowie: B. I. 5. b) bb) (1).

[29] *Lange*, JZ 1964, 640, 641; *Gursky*, JURA 2004, 433, 434; *Becker*, 84.

[30] Ebenso: OLG Stuttgart, OLGZ 25, 205; *Lange*, JZ 1964, 640, 641; *Gursky*, JURA 2004, 433, 434; *Wilhelm* Sachenrecht, 5. Aufl. 2016, Rn. 1186 ff.; *Becker*, 84.

[31] So bereits die Vorstellungen des historischen Gesetzgebers, vgl. Mugdan III, 221 f. („gewissen positiven Thätigkeit").

nämlich die „Auskehrung“ der Sache im jeweils aktuellen Zustand.[32] Dieser Pflicht genügt er, indem er die Sache zur Abholung am jeweiligen Belegenheitsort bereitstellt[33] und den Eigentümer hierüber entsprechend in Kenntnis setzt.[34]

Selbst wenn man indes die Richtigkeit der zuvor dargelegten Gegenauffassung unterstellt, wonach der unrechtmäßige Besitzer über den Rückzug aus der fremden Rechtssphäre hinaus dem Eigentümer gegenüber nichts schuldet, so vermag allein dies an der Natur der aus § 985 resultierenden Herausgabepflicht im Ergebnis nichts zu ändern. Denn gemäß § 241 Abs. 1 S. 2 kann eine Leistung im schuldrechtlichen Sinne ausdrücklich auch in einem Unterlassen bestehen. Hinzukommt, dass das BGB einen einheitlichen Leistungsbegriff gerade nicht vorsieht und mangels Zweckmäßigkeit auch nicht vorsehen kann, weil einem solchen ganz unterschiedliche Bedeutung zukommt, je nachdem, in welchem Zusammenhang er im Gesetz Verwendung findet. Obgleich gerade die bedeutenden erfüllungs- und bereicherungsrechtlichen Leistungsbegriffe gewisse Parallelen aufweisen, insbesondere weil die ungerechtfertigte Vermögensmehrung gemäß § 812 meist deshalb geschieht, um einen vermeintlich existierenden Anspruch zu befriedigen,[35] so dient die Bestimmung der Leistung bei § 362 doch in erster Linie dazu, festzustellen, ob und inwieweit ein bestehendes Schuldverhältnis zum Erlöschen gebracht worden ist.[36] Im Rahmen der §§ 812 ff. sollen hingegen durch das Merkmal der Leistung zuvorderst die Parteien des Rückabwicklungsverhältnisses ermittelt[37] sowie die Fälle der Leistungs- von denjenigen der Nichtleistungskondiktion abgegrenzt werden.[38]

Für das Bereicherungsrecht kommt noch die Besonderheit hinzu, dass allein die Bestimmung eines Zwecks maßgeblich ist, weshalb jede Hingabe von Vermögenswerten schlicht *zur Leistung erhoben* werden kann, indem ihr ein solcher zugeschrieben wird.[39] Im bereicherungsrechtlichen Sinne sind mithin auch Leis-

---

[32] H. M., BGH, NJW-RR 2015, 433 (Rn. 16); Soergel/*Stadler*, 13. Aufl. 2006, § 985 Rn. 20; Staudinger/*Gursky* (2012), § 985 Rn. 60; MüKo/*Baldus*, 7. Aufl. 2017, BGB, § 985 Rn. 78 ff.; *Becker*, 77 ff.; noch weitergehend: *Schwerdtner*, 137 (bewegliche Sache sind zu „übergeben“, Grundstücke „zu räumen“).

[33] BGHZ 104, 304, 306 = NJW 1988, 3264 (Abholung, „dort, wo sie sich befinden“); differenzierend: NK/*Schwab*, BGB, 3. Aufl. 2016, § 269 Rn. 53 (Redlichkeit: Belegenheitsort; Bösgläubigkeit: ursprünglicher Ort).

[34] Vgl. nur BGH, NJW-RR 2015, 433 (Rn. 16); MüKo/*Baldus*, 7. Aufl. 2017, BGB, § 985 Rn. 78 ff. (immanenter Informations- und Auskunftsanspruch).

[35] Vgl. MüKo/*Schwab*, BGB, 7. Aufl. 2017, § 812 Rn. 53.

[36] Vgl. nur BGH, NJW 2007, 3488 (Rn. 17) (m. Anm. *Lorenz*); MüKo/*Fetzer*, BGB, 7. Aufl. 2016, § 362 Rn. 2; Palandt/*Grüneberg*, 77. Aufl. 2018, § 362 Rn. 1.

[37] MüKo/*Schwab*, BGB, 7. Aufl. 2017, § 812 Rn. 52 („Bestimmung des richtigen Bereicherungsgläubigers“).

[38] Soergel/*Schmidt-Kessel/Hadding*, 13. Aufl. 2011, § 812 Rn. 6.

[39] Soergel/*Schmidt-Kessel/Hadding*, 13. Aufl. 2011, § 812 Rn. 6; MüKo/*Schwab*, BGB,

tungen denkbar, die nicht zur Erfüllung einer Verbindlichkeit vorgenommen werden, sondern gemäß § 812 Abs. 1 S. 2 Alt. 2 gänzlich andere Ziele verfolgen.[40] Eine im Rahmen des § 362 vorgenommene Zweckvorgabe dient hingegen allenfalls dazu, festzulegen, *welche Schuld* bei mehreren Forderungsbeziehungen durch die Zuwendung als bewirkt anzusehen ist.[41] Die von einem Teil der Literatur[42] vertretene Auffassung, wonach immer dann, wenn eine bereicherungsrechtliche Leistungsbeziehung vorliegt, auch eine Leistung im Sinne von § 362 gegeben sein soll und umgekehrt, vermag daher im Ergebnis nicht zu überzeugen.[43]

Mangels Einheitlichkeit erscheint der Leistungsbegriff mithin nicht geeignet, eine Aussage zur Anwendbarkeit schuldrechtlicher Vorschriften auf § 985 zu treffen.

III. § 985 als erfüllbarer Anspruch im Sinne von § 362

Zusätzlich zu den bisher aufgezeigten Überlegungen wird vertreten, § 985 folge auch deshalb nicht den Regeln des Schuldrechts, weil der vindikatorische Herausgabeanspruch nicht nach den Vorgaben des § 362 erfüllt werden könne.[44] Der bereits dargelegte Umstand, dass die Berechtigung des Eigentümers aus § 985 mangels fortwährender Tatbestandsmäßigkeit schon durch den Verlust des Besitzes auf Seiten des Schuldners entfalle, zeige, dass insbesondere die Regel des § 362 Abs. 2, wonach der Gläubiger einen Dritten ermächtigen kann, die Leistung mit Erfüllungswirkung anzunehmen, ins Leere gehe. Denn die Herausgabe an einen Dritten führe in der Person des bisherigen Besitzers auch ohne entsprechende Ermächtigung des Eigentümers zum Erlöschen des Anspruchs aus § 985.[45]

---

7. Aufl. 2017, § 812 Rn. 47; zur Frage, ob es sich bei der Herausgabe gem. § 985 um eine Leistung handelt, vgl. zudem ausführlich: *Becker*, 72 ff., 77 ff.

[40] *Beispiele*: Verwendungen auf ein fremdes Grundstück in der berechtigten Erwartung eines späteren Eigentumserwerbs desselben infolge Erbeinsetzung (BGH, FamRZ 2013, 1030 m. Anm. *Schwab*) oder sog. unbenannte Zuwendungen in Paarbeziehungen (hierzu etwa *Schwab*, FamRZ 2010, 1701, 1703).

[41] BGH, NJW 2007, 3488 (Rn. 17) (m. Anm. *Lorenz*); NJW 2014, 547 (Rn. 21); Palandt/*Grüneberg*, 77. Aufl. 2018, § 362 Rn. 1, 7 (Tilgungsbestimmung bei § 362 nur ausnahmsweise erforderlich); differenzierter, aber im Erg. wohl ebenso: MüKo/*Schwab*, BGB, 7. Aufl. 2017, § 812 Rn. 53.

[42] *Thomale*, 163 ff.

[43] Wie hier: MüKo/*Schwab*, BGB, 7. Aufl. 2017, § 812 Rn. 53, 448 (zwar ist jede Erfüllungsleistung stets auch Bereicherungsleistung, nicht hingegen ist jede Bereicherungsleistung zwingend Erfüllungsleistung).

[44] *Henckel*, AcP 174 (1974), 128 f.

[45] *Henckel*, AcP 174 (1974), 128 f.

Obgleich die Erwägungen zu § 362 Abs. 2 durchaus zutreffen, so ändert dies doch jedenfalls nichts an der Tatsache, dass derjenige Besitzer, der den Vindikationsgegenstand ordnungsgemäß an den Eigentümer herausgibt, seine aus § 985 resultierende Pflicht im Sinne von § 362 Abs. 1 erfüllt.[46] Denn schließlich führt Ersterer den von ihm geschuldeten Leistungserfolg herbei, wenn er Letzterem den unmittelbaren Besitz an der Sache verschafft. Hinzukommt, dass der Bestimmung des § 362 Abs. 2 jedenfalls insoweit selbst im Rahmen einer Vindikationslage eigenständige Bedeutung zukommt, als die Herausgabe an einen gemäß § 185 Abs. 1 ermächtigten Dritten eine Schadensersatzhaftung des Schuldners nach §§ 989, 990 zu verhindern vermag.[47]

---

[46] So auch Staudinger/*Gursky* (2012), § 985 Rn. 5.

[47] Staudinger/*Gursky* (2012), § 985 Rn. 5; BeckOGK/*Spohnheimer*, BGB, 1.7.2018, § 985 Rn. 28.1.

B. Der Übergang vom vindikatorischen Herausgabeanspruch zum Schadensersatz statt der Leistung gemäß § 281

Auf der Grundlage der bisherigen Erkenntnisse bleibt festzustellen, dass es grundsätzlich möglich ist, schuldrechtliche Vorschriften des zweiten Buches des BGB auch auf § 985 heranzuziehen. Auf den ersten Blick lässt dies freilich den Schluss zu, auch § 281 uneingeschränkt zur Anwendung zu bringen, um es dem Eigentümer zu ermöglichen, vom Herausgabeanspruch gemäß § 985 zum Schadensersatz statt der Leistung überzugehen, wenn der unrechtmäßige Besitzer die Sache nach Ablauf einer angemessenen Frist nicht herausgibt.[1]

I. Die Haftungsprivilegierung des Besitzers im Eigentümer-Besitzer-Verhältnis

Bei genauerem Hinsehen setzt sich eine derart vorbehaltlose Anwendung des § 281 jedoch in Widerspruch zu den speziellen Regelungen der §§ 989, 990, 993 Abs. 1 Hs. 2, wonach allein der auf Herausgabe verklagte oder bösgläubige Besitzer zur Zahlung von Schadensersatz verpflichtet werden kann. Denn im Rahmen des § 281 kommt es auf die Frage, ob der zugrundeliegende Primäranspruch im Zeitpunkt des Schadensersatzverlangens bereits rechtshängig oder der Schuldner hinsichtlich seines in Wirklichkeit nicht bestehenden Besitzrechts in gutem Glauben war, nicht an. Nur beispielhaft zu nennen ist der Fall der Inanspruchnahme eines unrechtmäßigen mittelbaren Besitzers.

Beispiel angelehnt an BGHZ 53, 29: *M* verpachtete ihr Hotel für 10 Jahre an *B1*. Zum Hotel gehört eine Kegelbahn. Auf Bestellung des *B1* lieferte *E* Zubehör für die Kegelbahn gegen Ratenzahlung und unter Eigentumsvorbehalt. *B1* zahlte weder die Pacht noch die Kaufpreisraten. *M* beendete daraufhin das Pachtverhältnis vorzeitig und verpachtete das Hotel sodann einschließlich der Kegelbahn für weitere 10 Jahre an *B2*. Bei Abschluss des Pachtvertrages mit *B2* ging *M* – unzutreffend, aber ohne Verschulden – davon aus, dass auch die streitigen Zubehörgegenstände ihr (der *M*) Eigentum seien. *E* fordert nunmehr von *M* unter Fristsetzung Heraus-

[1] So etwa *Vieweg/Werner*, Sachenrecht, 8. Aufl. 2018, § 7 Rn. 36.

gabe des Zubehörs, hilfsweise Schadensersatz in Höhe des Verkehrswertes nach Fristablauf. *M* beruft sich darauf, dass er die Gegenstände wegen seiner Gebrauchsüberlassungspflicht gegenüber *B2* für die Dauer des Pachtvertrages nicht an *E* herausgeben könne, weil *B2* – was zutrifft – zur vorzeitigen Herausgabe unter keinen Umständen bereit ist.

Weil der mittelbare Besitzer aufgrund der Sachweitergabe an den Dritten zur Herausgabe auch innerhalb angemessener Frist regelmäßig nicht im Stande und bei einer Vindikationslage nicht bloß zur Abtretung im Sinne von § 870, sondern gemäß § 985 auch zur Verschaffung des unmittelbaren Besitzes verpflichtet ist,[2] lägen die Voraussetzungen des § 281 regelmäßig in seiner Person vor. Ein solches Ergebnis wäre jedenfalls dann nicht mit den Wertungen des Eigentümer-Besitzer-Verhältnisses vereinbar, wenn der mittelbare Besitzer im Zeitpunkt der Sachweitergabe redlich und unverklagt war, weil er in diesem Fall nach der Regelung des § 993 Abs. 1 Hs. 2 grundsätzlich von jeglicher Haftung freigestellt ist.[3]

Die Frage, ob und inwieweit derartige Anwendungskonflikte zwischen § 281 auf der einen und den Bestimmungen des Eigentümer-Besitzer-Verhältnisses auf der anderen Seite einer Lösung zugeführt werden können, bildet den Gegenstand der nachfolgenden Untersuchung.

I. Die Rechtslage vor der Schuldrechtsmodernisierung

Um die aktuelle Rechtslage jedoch richtig würdigen zu können, sind Kenntnisse über das vor Einführung des § 281 geltende Recht unerlässlich, weil die Gefahr einer Umgehung der für das Verhältnis zwischen dem Eigentümer und dem unrechtmäßigen Besitzer bestehenden besonderen Regelungen durch entsprechende schuldrechtliche Schadensersatznormen auch schon vor Inkrafttreten des Schuldrechtsmodernisierungsgesetzes im Jahre 2002 bestand. Die folgende Darstellung soll daher zunächst einen kurzen Überblick bieten, wie die nunmehr im Rahmen des § 281 relevante Frage nach einem Übergang vom vindikatorischen Herausgabeanspruch auf einen Schadensersatz mittels der Vorschriften des allgemeinen Leistungsstörungsrechts seinerzeit beantwortet wurde. Von zentraler Bedeutung ist dabei freilich, ob und – bejahendenfalls – inwieweit die im ehemaligen Recht geltenden Bestimmungen sowie die hierzu entwickelten Grundsätze auf die heutige Lage übertragbar sind.

---

[2] G. h. M., vgl. nur: BGH, NJW-RR 2004, 570, 571; NJW-RR 2015, 433 (Rn. 16); Staudinger/*Gursky* (2012), § 989 Rn. 71 m. w. N., einschränkend: Palandt/*Herrler*, 77. Aufl. 2018, § 985 Rn. 9 („Herausgabe aber nur, wenn er dem Eigentümer nach §§ 989 ff. bei Nichtherausgabe haftet"; so zu § 283 a. F. auch: BGHZ 53, 29, 30 f. = NJW 1970, 241).

[3] Zur Inanspruchnahme des mittelbaren Besitzers zudem: B. III. 2.

a) Die dem § 281 entsprechenden Regelungen im früheren Schuldrecht

Während das Gesetz für die Substituierung der Primärleistung einst unterschiedliche Regelungen vorsah, je nachdem, ob es sich hierbei um eine einseitige (§§ 283, 286 Abs. 2 a. F.) oder gegenseitige (§ 326 a. F.) Verbindlichkeit handelte,[4] sollte mit § 281 gerade eine einheitliche Regelung geschaffen werden.[5] Die zuletzt genannte und heute wohl wichtigste Vorschrift des allgemeinen Leistungsstörungsrechts lässt sich daher grundsätzlich als eine modifizierte Zusammenfassung der früheren Bestimmungen begreifen. Bei alldem darf jedoch nicht verkannt werden, dass § 281 lediglich gewisse Ähnlichkeiten zu seinen Vorgängernormen aufweist, ohne ihnen jedoch in Gänze zu entsprechen.[6]

aa) Schadensersatz nach Fristsetzung, §§ 283, 326 a. F.

Im Gegensatz zur heutigen Rechtslage vermochte der Gläubiger gemäß § 283 a. F. insbesondere erst nach rechtskräftiger Verurteilung eine angemessene Frist zur Bewirkung der titulierten Leistung zu bestimmen. Diese hatte er darüber hinaus mit der Erklärung zu verbinden, dass er die Annahme der Leistung nach Fristablauf ablehne (sogenannte Ablehnungsandrohung). Der Gläubiger konnte sodann – im Ergebnis gleich dem heutigen § 281 – Schadensersatz „wegen Nichterfüllung" verlangen, wenn nicht die Leistung rechtzeitig bewirkt und auch nicht infolge eines Umstandes unmöglich wurde, den der Schuldner nicht zu vertreten hatte. Anders als bei § 281 entfiel der Anspruch auf die Primärleistung bereits mit Fristablauf ipso iure, weil dann die Unmöglichkeit der Primärleistung fingiert wurde.[7]

Ähnliche Rechte standen dem Gläubiger gemäß § 326 a. F. im Rahmen gegenseitiger Verträge zu, wenn sich der Schuldner mit der ihm obliegenden Leistung in Verzug befand. In diesem Falle konnte er dem Schuldner ebenfalls eine angemessene Frist setzen und diese mit der Erklärung verbinden, dass er die Annahme der Leistung nach dem erfolglosen Verstreichen der Frist ablehne. Der Gläubiger war sodann berechtigt, Schadensersatz „wegen Nichterfüllung" zu verlangen oder vom Vertrag zurückzutreten, wenn nicht die Leistung rechtzeitig erfolgte.

---

4 Eine wortlautgetreue Wiedergabe der früheren Vorschriften findet sich im Anhang.

5 Vgl. nur BT-Drucks 14/6040, 137.

6 MüKo/*Medicus*, BGB, 4. Aufl. 2004, § 985 Rn. 11 a. E.; *Gursky*, JZ 2005, 285, 292.

7 Mugdan II, 29 („Fiktion"); *Schwerdtner*, 132 („fingiert"); NK/*Schanbacher*, BGB, 3. Aufl. 2013, § 985 Rn. 47 („fiktiv"); noch weitergehender: Planck/*Siber*, 4. Aufl. 1914, Vorbm zu §§ 275–292 I 1 a) γ) (= S. 181) (die geschuldete Leistung wird durch Fristablauf wegen Wegfalls der Erfüllungsmöglichkeit tatsächlich unmöglich); a. A.: MüKo/*Emmerich*, BGB, 4. Aufl. 2001, § 283 Rn. 4 („Haftung wegen nicht rechtzeitiger Erfüllung einer vom Gesetz als möglich unterstellten Leistung […]. Mit einer Fiktion der Unmöglichkeit der Leistung hat dagegen § 283 nichts zu tun.").

bb) Schadensersatz wegen Verzugs, § 286 Abs. 2 a. F.

Im Rahmen einseitig verpflichtender Verträge konnte der Gläubiger zudem Schadensersatz „wegen Nichterfüllung" gemäß § 286 Abs. 2 a. F. fordern, wenn er infolge des Verzugs des Schuldners kein Interesse mehr an der Leistung hatte und diese deshalb ablehnte.[8] Die Verwandtschaft zum heutigen § 281 ist in erster Linie darin zu erkennen, dass auch § 286 Abs. 2 a. F. einen Übergang vom ursprünglichen Erfüllungs- zu einem an dessen Stelle tretenden Schadensersatzanspruch zuließ. Zwar knüpfte die dem Verzugsrecht zuzuordnende Bestimmung des § 286 Abs. 2 a. F. nicht an einen für § 281 charakteristischen Fristablauf, sondern an den verzugsbedingten Wegfall des Leistungsinteresses an. Allerdings weist die zuletzt genannte Vorschrift durchaus auch insoweit Parallelen zu § 286 Abs. 2 a. F. auf, als ihr ebenfalls eine Verzögerung der Leistung zugrunde liegt und eine Fristsetzung gemäß § 281 Abs. 2 Alt. 2 ausnahmsweise entbehrlich ist, wenn besondere Umstände vorliegen, die unter Abwägung der beiderseitigen Interessen die sofortige Geltendmachung des Schadensersatzanspruchs rechtfertigen.

cc) Schematische Gegenüberstellung der relevanten Vorschriften

Hieraus ergibt sich folgende schematische Gegenüberstellung der für die nachfolgende Untersuchung relevanten Bestimmungen:

§ 283 a. F.	*§ 286 Abs. 2 a. F.*	*§ 281*
I. Grundkonstellation:	*I. Grundkonstellation:*	*I. Grundkonstellation:*
1. Schuldverhältnis	1. Schuldverhältnis	1. Schuldverhältnis
2. Rechtskräftiges Leistungsurteil	2. Verzug des Schuldners (§§ 284, 285 a. F.)	2. Nicht-/Schlechtleistung
3. Erfolgloser Ablauf einer angemessenen Frist	3. Verzugsbedingter Interessefortfall (Abs. 2 S. 1)	3. Erfolgloser Ablauf einer angemessenen Frist
4. Ablehnungsandrohung	4. Ablehnungserklärung des Gläubigers (Abs. 2 S. 1)	4. Keine Exkulpation, § 280 Abs. 1 S. 2
5. Keine Exkulpation (Abs. 1 S. 3)		
II. Teilleistung:	*II. Teilleistung (ungeschrieben):*	*II. Teilleistung:*
1. Teilersatz (Abs. 1 S. 2)	1. Bei verzugsbedingtem Interessefortfall bzgl. des Teils: Schadensersatz wegen Nichterfüllung des Teils	1. Schadensersatz statt des Teils
2. Bei Interessefortfall: Schadensersatz wegen Nichterfüllung der gesamten Leistung (Abs. 1 S. 3)	2. Bei verzugsbedingtem Interessefortfall insgesamt: Schadensersatz wegen Nichterfüllung der gesamten Leistung	2. Bei Interessefortfall: Schadensersatz statt der ganzen Leistung (Abs. 1 S. 2)

[8] MüKo/*Thode*, BGB, 4. Aufl. 2001, § 286 Rn. 25.

§ 283 a. F.	*§ 286 Abs. 2 a. F.*	*§ 281*
III. Rechtsfolge: 1. Erlöschen des Erfüllungsanspruchs ipso iure 2. Schadensersatz wegen Nichterfüllung ipso iure	*III. Rechtsfolge:* 1. Erlöschen des Erfüllungsanspruchs durch Ablehnungserklärung 2. Schadensersatz wegen Nichterfüllung mit Geltendmachung	*III. Schlechtleistung:* 1. Schadensersatz statt der Nacherfüllung 2. Bei Erheblichkeit: Schadensersatz statt der ganzen Leistung (Abs. 1 S. 3) *IV. Entbehrliche Frist (Abs. 2):* 1. Ernsthafte und endgültige Erfüllungsverweigerung 2. Besondere Umstände, Interessensabwägung *III. Rechtsfolge:* 1. Elektive Konkurrenz (str.) 2. Erlöschen des Erfüllungsanspruchs und Schadensersatz statt der Leistung mit Geltendmachung (Abs. 4)

b*) Der Übergang von § 985 zum Schadensersatz im früheren Recht*

Die früher herrschende Meinung ging sowohl von der Anwendbarkeit des § 286 Abs. 2 a. F.[9] als auch des § 283 a. F.[10] auf die Vindikationslage aus. Während sich ersteres dogmatisch mit § 990 Abs. 2 begründen ließ, weil § 286 Abs. 2 a. F. dem Verzugsrecht im technischen Sinne zugehörig war, so rechtfertigte sich die Inanspruchnahme des *unmittelbaren* Besitzers gemäß § 283 a. F. doch zumindest damit, dass dieser seiner zuvor rechtskräftig festgestellten Herausgabepflicht nicht innerhalb angemessener Frist nachkam, obgleich ihm dies regelmäßig wegen des unmittelbaren Zugriffs auf die Sache ohne Weiteres möglich gewesen ist.[11]

Schon zweifelhafter war demgegenüber die Anwendbarkeit des § 283 a. F. auf den *mittelbaren* Besitzer, weil ein solcher im Zeitpunkt der Sachweitergabe oftmals weder bösgläubig noch auf Herausgabe verklagt und – wie dargelegt[12] – aufgrund des Besitzmittlungsverhältnisses jedenfalls zur *fristgerechten* Heraus-

---

[9] Vgl. nur BGHZ 58, 309, 315 = NJW 1972, 1187; MüKo/*Medicus*, BGB, 4. Aufl. 2004, § 990 Rn. 20; zweifelnd: *Gursky*, JURA 2004, 433, 435.

[10] Vgl. nur BGHZ 53, 29, 32 ff. = JZ 1970, 87; Soergel/*Mühl*, 12. Aufl. 1990, § 985 Rn. 19 m. w. N.

[11] Vgl. nur Staudinger/*Löwisch* (2001), § 283 Rn. 14.

[12] Vgl. oben gebildetes Beispiel: B. I.

gabe regelmäßig außer Stande ist. Um zu verhindern, dass sich § 283 a.F. in Widerspruch zu den Wertungen der §§ 989, 990 setzte, wurde die insoweit tatbestandlich vorausgesetzte Verurteilung zur Herausgabe gemäß § 985 davon abhängig gemacht, dass der in Anspruch genommene mittelbare Besitzer sich die Sache entweder ohne Weiteres zurückverschaffen konnte oder aber im Zeitpunkt ihrer Weitergabe an den Dritten bereits verklagt oder bösgläubig und damit nach den Wertungen des Eigentümer-Besitzer-Verhältnisses nicht schutzbedürftig war.[13]

Im Ergebnis wurde die Verurteilung des unrechtmäßigen Besitzers gemäß § 283 a.F. somit insgesamt an das Vorliegen der Anwendungsvoraussetzungen der §§ 989, 990 geknüpft.

2. Übertragbarkeit der zum alten Recht entwickelten Grundsätze auf § 281?

Es mag zunächst schlüssig und plausibel erscheinen, die zu § 283 a.F. entwickelten Grundsätze auf die heutige Rechtslage zu übertragen und einen entsprechenden Übergang vom vindikatorischen Herausgabeanspruch zum Schadensersatz ebenfalls vom Vorliegen einer der Haftungsverschärfungen des Eigentümer-Besitzer-Verhältnisses abhängig zu machen.[14]

Bei genauerer Betrachtung dürfte dies jedoch schon deshalb Probleme bereiten, weil § 281 sowohl in seinen Voraussetzungen als auch in seinen Wirkungen weit hinter § 283 a.F. zurückbleibt.[15] Insbesondere der Umstand, dass es nunmehr einer rechtskräftigen Verurteilung nicht mehr bedarf, um gemäß § 281 vom Primäranspruch zum Schadensersatz überzugehen, würde zu einer Verschiebung der durch das Eigentümer-Besitzer-Verhältnis vorgegebenen Risikoverteilung führen, die im früheren Recht nicht denkbar war: Weil auch der redlichste Besitzer zumindest mit rechtskräftiger Herausgabeverurteilung positive Kenntnis vom Mangel seines Besitzrechts erlangt, konnte vor Einführung des § 281 überhaupt nur ein in diesem Sinne Bösgläubiger zu Schadensersatz „wegen Nichterfüllung“ verurteilt werden, da § 283 a.F. – wie dargelegt[16] – ein die Kenntnis des fehlenden Besitzrechts herbeiführendes Herausgabeurteil zwingend voraussetzte.[17] Aus diesem Grund war es auch zu rechtfertigen, insbesondere das Haf-

---

[13] BGHZ 53, 29, 32 ff. = NJW 1970, 241; NJW 2002, 1574; NJW-RR 2004, 570; RGRK/*Pikart*, 12. Aufl. 1979, § 985 Rn. 18; Soergel/*Mühl*, 12. Aufl. 1990, § 985 Rn. 13; Westermann/*Gursky*, 8. Aufl. 2011, § 29 Rn. 25 m.w.N.

[14] So etwa BGHZ 209, 270 (Ls.) = NJW 2016, 3235 (m. Anm. *Kaiser*); hierzu B. I. 5.

[15] Vgl. nur NK/*Schanbacher*, BGB, 3. Aufl. 2013, § 985 Rn. 47.

[16] B. I. 1. a) aa).

[17] Für § 286 Abs. 2 a.F. galt ohnehin § 990 Abs. 2, der allein auf den bösgläubigen Besitzer anwendbar ist.

tungsprivileg des unmittelbaren Besitzers entfallen und diesen fortan nicht mehr bloß mit der Sache, sondern mit seinem Vermögen haften zu lassen, was jedenfalls insoweit mit der Wertung des § 990 Abs. 2 übereinstimmt, als eine Vermögenshaftung des bösgläubigen Besitzers auch innerhalb der Systematik des Eigentümer-Besitzer-Verhältnisses grundsätzlich zulässig ist. Da § 281 jedoch gerade in diesem Punkt nicht einfach an die Stelle von § 283 a. F. getreten ist,[18] sondern zwischen den genannten Vorschriften vielmehr erhebliche Unterschiede bestehen, die im Einzelnen noch aufzuzeigen sein werden,[19] wird man jedenfalls an der Möglichkeit einer *uneingeschränkten* Übertragung der zum früheren Recht entwickelten Prinzipien zweifeln dürfen.

3. Anwendbarkeit des § 281 auf den unredlichen Besitzer gemäß § 990 Abs. 2?

Eine in diesem Lichte wenigstens für den *bösgläubigen* Besitzers weiterhin in Betracht zu ziehende Haftung aus § 281 erscheint indes mit Blick auf den bereits angeführten § 990 Abs. 2 rechtfertigbar, weil eine „weitergehende Haftung" des unredlichen Besitzers dort ausdrücklich für möglich erklärt wird.[20]

a) § 281 als „weitergehende Haftung" im Sinne von § 990 Abs. 2?

Es ist allerdings fraglich, ob die zuletzt genannte Vorschrift auch § 281 erfasst. So ist bereits ungewiss, ob die gemäß § 281 an die Stelle der Leistung tretende Ersatzpflicht überhaupt mit dem Merkmal der „weitergehenden Haftung" übereinstimmt. Da § 990 Abs. 2 mit dieser Wendung systematisch nur an das Regime der §§ 987 ff. und damit insbesondere an § 989 anknüpfen kann, ist zur Beantwortung der Frage, ob der Eigentümer auf dieser Grundlage jedenfalls gegen den bösgläubigen Besitzer gemäß § 281 vorgehen kann, zunächst von Bedeutung, ob die in § 990 Abs. 2 enthaltene Öffnungsklausel inhaltlich oder tatbestandlich zu verstehen ist.

aa) Bestimmung der „weitergehenden Haftung" nach Schadenskategorien?

Möglich erscheint, den unbestimmten Rechtsbegriff der „weitergehenden Haftung" negativ anhand der von § 989 erfassten Schadenskategorien zu ermitteln

[18] So aber ausdrücklich: BGHZ 209, 270, 276 (Rn. 19) = NJW 2016, 3235 (m. Anm. *Kaiser*).
[19] Hierzu insbes. B. III.
[20] Dass nur der bösgläubige Besitzer von der Haftung gemäß § 990 Abs. 2 erfasst ist, ergibt sich schon aus der systematischen Bezugnahme der Bestimmung auf deren Absatz 1, der die Haftung des unredlichen Besitzers anordnet, vgl. RGZ 72, 269, 274 a. E.

und § 990 Abs. 2 immer dann abzulehnen, wenn die jeweilige Schadensrubrik bereits von § 989 (abschließend) erfasst ist.[21]

(1) Die Schadenskategorien des § 989

Gemäß § 989 kann der Eigentümer denjenigen Schaden ersetzt verlangen, der dadurch entsteht, dass sich die Sache verschlechtert, untergeht oder aus einem anderen Grunde nicht herausgegeben werden kann. Ausgehend vom Grundsatz der Naturalrestitution (§ 249 Abs. 1), der auf die Wiederherstellung des status quo ante gerichtet ist[22] und auch für § 989 Geltung beansprucht,[23] hat der unrechtmäßige Besitzer daher in erster Linie eine Sachverschlechterung zu beseitigen[24] bzw. eine nicht mehr in seinem Besitz befindliche Sache wiederzubeschaffen.[25] Denn hierdurch wird die Güterlage, die bei Hinwegdenken des zum ersatzverpflichtenden Umstands bestehen würde, am ehesten nachgebildet.[26] Aus diesem Grund ist sogar die Beibringung einer gleichwertigen Sache aus der jeweiligen Gattung vorrangig geschuldet, sofern der Vindikationsgegenstand irreparabel zerstört oder die konkrete Wiederbeschaffung nicht möglich ist und es sich um eine vertretbare Sache (§ 91) handelt.[27]

Weil jedoch insbesondere die Wiederbeschaffungspflicht wegen § 887 Abs. 3 ZPO einer Zwangsvollstreckung nicht zugänglich ist, handelt es sich bei § 989 praktisch zumeist um einen Kompensationsanspruch im Sinne von § 251 Abs. 1,[28] der sich im Ergebnis regelmäßig am Verkehrswert der Sache bemisst, den diese

[21] An Schadensrubriken anknüpfend: Planck/*Brodmann*, 5. Aufl. 1933, § 989 Anm. 3; *Wieling*, MDR 1972, 645, 646 f. (jeweils Sachwert); *Kaehler*, 147, dort Fn. 506 (Sachwert und Vorenthaltungsschaden); Soergel/*Stadler*, 13. Aufl. 2006, § 989 Rn. 9 (Vorenthaltungsschaden).

[22] MüKo/*Oetker*, BGB, 7. Aufl. 2016, § 249 Rn. 5.

[23] Vgl. nur OLG Celle, MDR 2002, 274; jurisPK/*Hans*, BGB, 8. Aufl. 2017, § 989 Rn. 11; Palandt/*Herrler*, 77. Aufl. 2018, § 989 Rn. 6.

[24] Staudinger/*Gursky* (2012) § 989 Rn. 32; bei Sachbeschädigung (§ 989 Var. 1) gilt im Hinblick auf die Wiederherstellung ohnehin § 249 Abs. 2.

[25] OLG Frankfurt *a. M.*, NJW 1982, 653; Staudinger/*Gursky* (2012) § 989 Rn. 32 m. w. N.; zur Wiederbeschaffungspflicht des mittelbaren Besitzers vgl. zudem: B. III. 2.

[26] Allg. zur Herstellung des status quo ante gem. § 249: Soergel/*Ekkenga/Kuntz*, 13. Aufl. 2014, § 249 Rn. 4.

[27] BGH, NJW 1982, 1751; NJW-RR 1993, 626, 627; WM 2014, 1964 (Wiederbeschaffung selbst dann, wenn Kosten den Substanzwert übersteigen); Soergel/*Stadler*, 13. Aufl. 2006, § 989 Rn. 16; Staudinger/*Gursky* (2012), § 989 Rn. 32.

[28] Staudinger/*Gursky* (2012), § 989 Rn. 32; MüKo/*Raff*, BGB, 7. Aufl. 2017, § 989 Rn. 21; BeckOK/*Fritzsche*, BGB, 47. Ed. 1.8.2018, § 989 Rn. 14; jurisPK/*Hans*, 8. Aufl. 2017, § 989 Rn. 11; wohl grundsätzlich auf § 251 abstellend: MüKo/*Medicus*, BGB, 4. Aufl. 2004, § 989 Rn. 12; beachte aber: BGH, NJW 1964, 2414, 2415 (wonach die §§ 990, 989 „kein Anwendungsfall des § 251 BGB“ sind. Bei dem zugrundeliegenden Urteil war jedoch die Bekl. zur Verschaffung der Sache bereit, so dass insoweit § 887 Abs. 3 nicht in Betracht kam).

im Zeitpunkt des schädigenden Ereignisses hatte.[29] Im Falle des Untergangs eines unvertretbaren Gegenstands ist freilich einzig und von vornherein eine auf Ersatz des Sachwerts gerichtete Geldforderung geschuldet und damit endlich eine originäre Substanzwerthaftung gemäß § 989 begründet.[30]

(2) Der ersatzfähige Schaden gemäß § 281 im Rahmen einer Vindikationslage

Schon aus der Natur des § 281 als Schadensersatz *statt* der Leistung folgt, dass der hieraus resultierende Anspruch in erster Linie auf den wertmäßigen Ausgleich der ursprünglich geschuldeten Forderung gerichtet ist.[31] Weil diese durch die Geltendmachung gemäß § 281 Abs. 4 grundsätzlich untergeht und der Schadensersatz an die Stelle der einstigen Schuld tritt, wird der Umfang der Pflicht aus § 281 nicht etwa gemäß § 249 Abs. 1, sondern stets auf Grundlage des § 251 Abs. 1 nach dem Leistungsinteresse bestimmt.[32] Bedenkt man, dass der im Rahmen des § 985 von § 281 Abs. 4 bewirkte Untergang der Vindikationsmöglichkeit[33] jedenfalls faktisch einem Eigentumsverlust gleichkäme,[34] so wäre letztlich auch § 281 am Verkehrswert der Sache auszurichten[35] und entspräche § 989 inhaltlich mithin insoweit, als der Eigentümer im Rahmen einer Vindikationslage grundsätzlich gemäß § 281 den Ersatz des Substanzwertschadens verlangen könnte. Ein Vorgehen gemäß § 990 Abs. 2, 281 käme daher jedenfalls dann nicht in Betracht, wenn sich der unbestimmte Rechtsbegriff der „weitergehenden Haftung" allein nach Schadenskategorien bestimmt, weil eine entsprechende Einstandspflicht des Besitzers dann bereits in § 989 abschließend geregelt wäre.[36]

---

29 BGHZ 92, 85, 90 = NJW 1984, 2282; OLG Stuttgart, BeckRS 2012, 21818; MüKo/*Oetker*, BGB, 7. Aufl. 2016, § 251 Rn. 14; etwas anders: Soergel/*Ekkenga/Kuntz*, 13. Aufl. 2014, § 251 Rn. 10 m. w. N. („Verkaufswert").

30 Vgl. nur Staudinger/*Gursky* (2012), § 989 Rn. 32.

31 Zum Inhalt des Anspruchs aus § 281 eingehend: B. II. 1. b) bb) (3).

32 Vgl. nur BeckOK/*Lorenz*, BGB, 47. Ed. 1.3.2018, § 281 Rn. 39; Soergel/*Benicke/Hellwig*, 13. Aufl. 2014, § 281 Rn. 240 f.; Staudinger/*Schwarze* (2014), § 281 Rn. B 128.

33 Es ist höchst zweifelhaft, ob § 281 Abs. 4 auch § 985 zum Erlöschen bringen kann und welche Wirkungen hiermit im Einzelnen einhergehen. Die Vindikations*möglichkeit* geht dem Eigentümer jedoch in jedem Fall verloren, vgl. B. II. 2. a)–c).

34 BGH, NJW 2007, 2183, 2184 („Rechtskrüppel").

35 Dies entspricht der g. h. M., vgl. nur BGHZ 209, 270, = NJW 2016, 3235 (m. Anm. Kaiser) (dort Rn. 39: „objektiver Sachwert"); OLG Karlsruhe, BeckRS 2015, 07254 (Rn. 40); Palandt/*Grüneberg*, 77. Aufl. 2018, § 281 Rn. 4 (jew. „Wert der Sache"); zur alternativen Anknüpfung an Vorenthaltungsschaden oder Besitzwert: B. II. 4. a).

36 So im Erg. wohl *Medicus/Petersen*, BR, Rn. 47 (§ 281 wird von §§ 989, 990 verdrängt).

bb) „Weitergehende Haftung" als Ausdehnung der Leistungsstörungsszenarien

Gegen eine derart an Schadensrubriken orientierte Auslegung des § 990 Abs. 2 spricht indes der Umstand, dass sich gewisse Vermögenspositionen identifizieren lassen, die sowohl von § 989 als auch von § 990 Abs. 2 erfasst sein können.

Die zuletzt genannte Vorschrift regelt ausdrücklich die Haftung des bösgläubigen Besitzers „wegen Verzugs" und gewährt daher in erster Linie und völlig unstrittig einen Anspruch auf Ersatz reiner Begleit- bzw. Verzögerungsschäden.[37] Dementsprechend sind gemäß §§ 990 Abs. 2, 286 insbesondere solche Vermögenseinbußen ersatzfähig, die allein dadurch entstehen, dass die Sache nicht rechtzeitig herausgegeben wird, wie etwa die Kosten einer für die Dauer der Vorenthaltung erforderlichen Ersatzanmietung.[38] Weil der Restitutionsschuldner jedoch grundsätzlich sämtliche Vermögensschäden zu ersetzen hat, die auf die jeweilige Pflichtverletzung zurückzuführen sind,[39] dürften derartige Schadenspositionen auch auf Grundlage des § 989 ersatzfähig sein, wenn und soweit sie adäquat kausal darauf zurückzuführen sind, dass die Sache *vorübergehend* nicht herausgegeben werden *kann* (§ 989 Var. 3).[40]

Ob dies tatsächlich zutrifft, ist zwar nicht unumstritten.[41] Einer abschließenden Beantwortung dieser Frage bedarf es im vorliegenden Zusammenhang[42] jedoch schon deshalb nicht, weil jedenfalls die Schadenskategorie des entgangenen Gewinns nach ganz herrschender Ansicht sowohl auf Grundlage des § 989[43] als auch nach § 990 Abs. 2[44] zu ersetzen ist, je nachdem welche Pflichtverletzung zugrunde liegt. Weil zumindest insoweit eine von beiden Normen erfasste Schadensrubrik existiert, ist die Wendung „weitergehend" nicht als Erweiterung ersatzfähiger Vermögenspositionen, sondern allenfalls als Ausdehnung der Leistungsstörungsszenarien zulasten des unredlichen Besitzers zu verstehen, der sich

---

[37] Statt vieler: BGHZ 156, 170 = NJW 2003, 3621; Soergel/*Stadler*, 13. Aufl. 2006, § 990 Rn. 27.

[38] Palandt/*Grüneberg*, 77. Aufl. 2018, § 286 Rn. 47.

[39] Vgl. nur BGH, NJW 2014, 3151, 3152 (Rn. 14).

[40] So etwa *Katzenstein*, AcP 206 (2006), 99, 112 ff.; MüKo/*Raff*, BGB, 7. Aufl. 2017, § 989 Rn. 20; BeckOGK/*Spohnheimer*, BGB, 1.7.2018, § 989 Rn. 16; hierzu zudem unten: B. III. 2. a).

[41] Ablehnend etwa: Soergel/*Stadler*, 13. Aufl. 2006, § 989 Rn. 9; Palandt/*Herrler*, 77. Aufl. 2018, § 989 Rn. 4.

[42] Hierzu aber eingehend unten: B. III. 2 a).

[43] BGH, NJW 2014, 2790, 2793 (Rn. 34); MüKo/*Medicus*, BGB, 4. Aufl. 2004, § 989 Rn. 12; Soergel/*Stadler*, 13. Aufl. 2006, § 989 Rn. 16 f.; Staudinger/*Gursky* (2012), § 989 Rn. 24; MüKo/Raff, BGB, 7. Aufl. 2017, § 989 Rn. 20; Palandt/*Herrler*, 77. Aufl. 2018, § 989 Rn. 6; a. A. aber *Becker*, 122 (entgangener Gewinn nur gem. §§ 990 Abs. 2, 286, 252).

[44] Soergel/*Stadler*, 13. Aufl. 2006, § 989 Rn. 16 f.; Staudinger/*Gursky* (2012), § 990 Rn. 98; NK/*Schanbacher*, BGB, 3. Aufl. 2013, § 990 Rn. 31; Soergel/*Benicke*/*Nalbantis*, 13. Aufl. 2014, § 286 Rn. 211; MüKo/*Ernst*, BGB, 7. Aufl. 2016, § 286 Rn. 128.

nunmehr insbesondere auch durch andere als die in § 989 beschriebenen Haftungsmodalitäten (Beschädigung, Zerstörung, Unvermögen) ersatzpflichtig machen kann, namentlich durch bloße Verzögerung der noch möglichen Herausgabe. Für ein solches Verständnis des § 990 Abs. 2 spricht nicht zuletzt auch der Umstand, dass der in diesem Sinne weitergehend haftende Besitzer wegen § 287 S. 2 auch dann Schadensersatz gemäß § 989 zu leisten hat, wenn die Sache zufällig und damit ohne sein Zutun untergeht.[45]

Eine Ersatzpflicht aus §§ 990 Abs. 2, 281 wird man daher nicht schon deshalb ablehnen können, weil der Begriff der „weitergehenden Haftung" mit einer gemäß § 281 bewirkten Substanzwerthaftung nicht in Einklang zu bringen ist.

b) § 281 als Haftung „wegen Verzugs" im Sinne von § 990 Abs. 2?

Wie jedoch dem eindeutigen Wortlaut des § 990 Abs. 2 zu entnehmen ist, muss sich der unredliche Besitzer mit der Herausgabe in „Verzug" befinden, ein rechtstechnischer Begriff, der sich grundsätzlich allein nach der Vorschrift des § 286 bestimmt (Verzug im technischen Sinne).[46] Zwar ist eine gewisse Konnexität insoweit nicht von der Hand zu weisen, als es auch bei § 281 gewissermaßen um die Verzögerung einer noch möglichen Leistung geht. Ob jedoch allein dieser Umstand es zu rechtfertigen vermag, die zuletzt genannte Vorschrift gemäß § 990 Abs. 2 auf den bösgläubigen unrechtmäßigen Besitzer zur Anwendung zu bringen, erscheint fraglich und soll nachfolgend einer kritischen Prüfung unterzogen werden.

aa) § 281 als „qualifizierte" Verzugshaftung?

Von Teilen des Schrifttums wird § 281 dem technischen Verzugsrecht zugeordnet, weshalb die von der Gesetzesnovellierung unberührt gebliebene Bestimmung des § 990 Abs. 2 auch auf § 281 zu erstrecken sei.[47] Mit der Fristsetzung – so wird angeführt – trete regelmäßig zugleich Verzug im Sinne des § 286 ein, weshalb § 281 stets auch ein Element der echten Verzugshaftung enthalte.[48] Der

45 RGRK/*Pikart*, 12. Aufl. 1979, § 990 Rn. 40; Soergel/*Stadler*, 13. Aufl. 2006, § 990 Rn. 27; Staudinger/*Gursky* (2012), § 990 Rn. 98; Palandt/*Herrler*, 77 Aufl. 2018, § 990 Rn. 9.

46 Vgl. nur Staudinger/*Gursky* (2012), § 990 Rn. 99.

47 *Gebauer/Huber*, ZGS 2005, 103, 106; Soergel/*Stadler*, 13. Aufl. 2006, § 990 Rn. 31; *Katzenstein*, AcP 206 (2006), 99, 111 ff.; *Gruber/Lösche* NJW 2007, 2815, 2818; *Becker*, 158 (unten) und 169 ff.

48 *Gruber/Lösche,* NJW 2007, 2815, 2818 (kein Fall denkbar, in dem die Voraussetzungen von §§ 280, 281 erfüllt sind, ohne dass zugleich die Verzugsvoraussetzungen im Sinne des § 286 BGB ebenfalls vorliegen).

durch Fristablauf entstehende Anspruch auf Schadensersatz statt der Leistung gemäß § 281 könne daher als qualifizierte Verzugshaftung bezeichnet werden.[49]

Jedenfalls auf den ersten Blick scheint ein solches Verständnis des § 281 auch den Vorstellungen des Reformgesetzgebers zu entsprechen, der die Vorschrift an einer Stelle selbst als den „praktisch wichtigsten Fall des Verzugs" bezeichnet hat.[50]

(1) Systematische Stellung der §§ 281, 286–288

Wie jedoch nachfolgend aufzuzeigen sein wird, ist die Verzugshaftung indessen weiterhin allein in den §§ 286 ff. geregelt, so dass die Frage, ob sich der Schuldner mit seiner Leistung im Sinne von § 990 Abs. 2 in Verzug befindet, auch nach der Gesetzesneugestaltung sowohl begrifflich als auch tatbestandlich ausschließlich anhand der Vorschrift des § 286 und nicht mittels des § 281 zu beantworten ist.[51] Auch künftig wird daher im Rahmen des § 990 Abs. 2 das Vorliegen der Voraussetzungen des § 286 zu fordern und eine Gleichstellung mit der „Verzögerungshaftung" aus § 281 abzulehnen sein.

Der Wortlaut des § 990 Abs. 2 ist eindeutig und klar. Der Begriff des „Verzugs" wurde durch die Novellierung der §§ 280 ff. nicht abgeschafft und auch nicht durch den Terminus der „Verzögerung" ersetzt. Dementsprechend ist eine Erweiterung des technischen Verzugs im Sinne einer „qualifizierten Verzugshaftung" weder den Materialien zur Schuldrechtsmodernisierung noch den letztlich zu Gesetz gewordenen Vorschriften selbst zu entnehmen. Im Gegenteil ergibt sich aus der systematischen Stellung des § 281 einerseits sowie der §§ 286–288 andererseits, dass der Reformgesetzgeber den echten Verzug weiterhin eigenständig[52] in den zuletzt genannten Normen regeln wollte, was sich nicht zuletzt auch aus deren amtlichen Überschriften[53] ersehen lässt. Hinzukommt, dass § 281 den Bestimmungen über den Verzug (§§ 286 ff.) vorangestellt und zusätzlich durch die Vorschriften über Nebenpflichtverletzungen, Unmöglichkeit sowie Aufwendungsersatz (§§ 282–285) „räumlich" klar von diesen getrennt ist. Auch unter diesem Gesichtspunkt besteht ein hinreichender Zusammenhang zwischen

---

[49] So insbes. *Gebauer/Huber*, ZGS 2005, 103, 106; *Gruber/Lösche* NJW 2007, 2815, 2818; *Becker*, insbes. 126.

[50] BT-Drucks. 14/6040, 135 f. (dass der Reformgesetzgeber hierbei freilich nicht den technischen Verzug vor Augen hatte, wird sogleich aufzuzeigen sein).

[51] So z. B. auch Erman/*Ebbing*, 15. Aufl. 2017, § 990 Rn. 29.

[52] Wie bereits dargetan, war der Verzug auch vor der Schuldrechtsmodernisierung in § 286 a. F. geregelt, allerdings hat sich die Vorschrift inhaltlich stark verändert.

[53] § 281: „Schadensersatz statt der Leistung wegen nicht oder nicht wie geschuldet erbrachter Leistung"; § 286: „*Verzug* des Schuldners"; § 287: „Verantwortlichkeit während des *Verzugs*"; § 288: „*Verzugs*zinsen und sonstiger *Verzugs*schaden".

§ 281 und dem echten Verzugsrecht nicht.[54] Dies entspricht endlich auch dem Leitgedanken des Reformgesetzgebers, der mit § 281 bewusst eine Regelung schaffen wollte, die gerade „nicht förmlich die Voraussetzungen des Schuldnerverzugs, wie sie in § 286 aufgestellt werden", verlangt.[55]

(2) Argumentum ex § 287 S. 2

Eine diesem Ergebnis entsprechende Indizwirkung kommt auch dem Umstand zu, dass die weiteren Verzugsfolgen des § 287 S. 2 nicht mit dem Wirkmechanismus des § 281 in Einklang zu bringen sind. Auch insoweit kann es sich bei der zuletzt genannten Norm nicht um eine dem Verzugsrecht im technischen Sinne zugehörige Bestimmung handeln, weil der Schuldner sonst auch im Rahmen des § 281 für Zufall einzustehen hätte, womit jedenfalls dann eine faktische Außerkraftsetzung der dort angelegten Exkulpationsmöglichkeit (§ 280 Abs. 1 S. 2) einherginge, wenn man zutreffenderweise davon ausgeht, dass maßgeblicher Bezugspunkt für das Vertretenmüssen im Rahmen des § 281 allein der Zeitpunkt des Fristablaufs ist.[56] Unter dieser Prämisse stellt die Zufallshaftung des § 287 S. 2 nämlich ein zu scharfes Schwert dar und passt nicht zu dem ganz eigenen Charakter des § 281, weil die zuerst genannte Bestimmung lediglich der Absicherung des Gläubigers für die Fälle des Unmöglichwerdens der Leistung sowie der Beschädigung des Leistungsgegenstandes dient.[57] Ein bloß vorübergehendes Hindernis, das lediglich zur Fristversäumnis führt, ist vom Schutzbereich des § 287 S. 2 mithin gar nicht erfasst.

Freilich ist der zeitliche Anknüpfungspunkt des Vertretenmüssens im Rahmen des § 281 insbesondere für den Fall der Nichtleistung keineswegs unumstritten. So bejahen beachtliche Teile des Schrifttums[58] eine entsprechende Haftung des Schuldners schon dann, wenn Verschulden im Zeitpunkt der *Fälligkeit* der Leistung oder irgendwann zwischen Fälligkeit und Fristablauf vorliegt. Sollte dies tatsächlich zutreffen, so verlöre die zuvor aus § 287 S. 2 abgeleitete Argumentation erheblich an Durchschlagskraft.[59] Dem Schuldner wird es nämlich in aller

54 So auch Staudinger/*Gursky* (2012), § 985 Rn. 84.

55 BT Drucks 14/6040, 138.

56 *Heinrichs*, FS Schlechtriem, 503, 511; *Lorenz*, FS Huber, 423, 426 f.; BeckOK/*Unberath*, BGB, 45. Ed. 1.3.2011, § 281 Rn. 12; Palandt/*Grüneberg*, 77. Aufl. 2018, § 281 Rn. 16; vgl. zudem: *Münch*, JURA 2002, 361, 368; *Todorow*, 94 ff.

57 BT-Drucks 14/6040, 148.

58 *Huber*, FS Schlechtriem, 521, 528; *dergl.*, AcP 210 (2010), 319, 335 ff.; Staudinger/*Schwarze* (2014), § 281 Rn. B 86; Soergel/*Benicke/Hellwig*, 13. Aufl. 2014, § 280 Rn. 165.

59 So letztlich *Lorenz*, FS Huber, 423, 426 (gemäß dem sich die Frage des zeitlichen Bezugspunktes des Vertretenmüssens wegen § 287 S. 2 „nicht in aller Schärfe stellt").

Regel nicht gelingen, sich für diesen frühen Zeitpunkt zu entlasten, so dass praktisch keinerlei Unterschied zur Zufallshaftung des § 287 S. 2 bestünde.[60]

Im Ergebnis dürfte der letztgenannten Strömung indes nicht zu folgen sein. Denn die Bestimmungen der §§ 281 ff. präzisieren lediglich das in § 280 Abs. 1 abstrakt aufgestellte Tatbestandsmerkmal der Pflichtverletzung.[61] Weil aber das Vertretenmüssen zwingend an die konkrete Pflichtverletzung anzuknüpfen ist,[62] kann es im Rahmen des § 281 nur auf den Zeitpunkt des Verstreichens der Frist ankommen. Schließlich entgeht der Schuldner auch dann einer Haftung aus § 281, wenn er erst kurz vor Ablauf der vom Gläubiger bestimmten Zeit noch leistet, woraus zu folgern ist, dass in der Nichtleistung während der Schwebezeit eine für § 281 relevante Pflichtverletzung *nicht* gesehen werden kann. Auch die grammatikalische Anordnung des § 281 Abs. 1 S. 1 weist in diese Richtung. Denn „die Formulierung, wonach der Schadensersatzanspruch besteht, ‚soweit der Schuldner die fällige Leistung nicht oder nicht wie geschuldet erbringt', steht im Präsens, während der erfolglose Fristablauf im Perfekt gefasst ist, also zeitlich zuvor erfolgt sein muss."[63]

(3) Keine zwangsläufige Verzugsbegründung durch Fristsetzung

Bei genauerer Betrachtung erweist sich zudem die Annahme, eine gemäß § 281 gesetzte Frist begründe stets auch Verzug im Sinne des § 286,[64] jedenfalls als angreifbar.

Eine im Rahmen des § 281 erfolgte Fristbestimmung könnte nämlich ebensogut als Leistungsaufforderung des Gläubigers unter Ausspruch einer befristeten Mahnung zu verstehen sein.[65] Denn die Frist ist strenggenommen nur auf Leistung bis Fristablauf („spätestens am…") und damit bis zu diesem Zeitpunkt ge-

---

[60] Vgl. hierzu Staudinger/*Schwarze* (2014), § 280 Rn. B 86 (letzter Absatz); Soergel/*Benicke/Hellwig*, 13. Aufl. 2014, § 281 Rn. 176.

[61] Vgl. nur MüKo/*Ernst*, BGB, 7. Aufl. 2016, § 280 Rn. 10; Staudinger/*Schwarze* (2014), § 280 Rn. C 4 (Begriff der Pflichtverletzung in § 280 Abs. 1 „nur begrifflicher Rahmen" für §§ 281 ff.); Palandt/*Grüneberg*, 77. Aufl. 2018, § 280 Rn. 13 („nur beim Hinzutreten weiterer Voraussetzungen" = §§ 281 ff.).

[62] *Heinrichs*, FS Schlechtriem, 503, 511; Staudinger/*Schwarze* (2014), § 280 Rn. D 8; Soergel/*Benicke/Hellwig*, 13. Aufl. 2014, § 280 Rn. 145; Palandt/*Grüneberg*, 77. Aufl. 2018, § 280 Rn. 40.

[63] *Tiedke/Schmitt*, BB 2005, 615, 622; im Erg. ebenso: *Lorenz*, FS Huber, 423, 426 f.

[64] Wohl h. M., vgl. nur: *Gruber/Lösche*, NJW 2007, 2815, 2818; Soergel/*Benicke/Nalbantis*, 13. Aufl. 2014, § 286 Rn. 67; Palandt/*Grüneberg*, 77 Aufl. 2018, § 281 Rn. 7.

[65] So etwa *Canaris*, JZ 2001, 499, 515; hierzu tendierend wohl auch BeckOK/*Lorenz*, BGB, 47. Ed. 1.8.2018, § 286 Rn. 26 („Eine Fristsetzung für die Leistung ist nicht notwendig; *uU kann sich die Fristsetzung auch nur auf § 281 beziehen, während Verzug sofort eintreten soll (Auslegungsfrage)*" (Hervorhebung H. O.).

rade nicht auf Leistungserbringung gerichtet.[66] Weil der Gläubiger den Schuldner in aller Regel unter kalendermäßiger Bestimmung einer Leistungszeit zur Bewirkung der Schuld auffordert, könnte Letzterer auch erst mit dem Ablauf dieses Termins gemäß § 286 Abs. 2 Nr. 1 in Verzug geraten.[67]

Träfe dies zu, so würde ein hinreichender Zusammenhang des § 281 zum Verzug im technischen Sinne gänzlich fehlen, wenn der Gläubiger die Frist ohne jegliche kalendermäßige Zeitbestimmung in Gang setzt, etwa durch die Aufforderung an den Schuldner, „innerhalb angemessener Frist“ zu leisten. Ein solches Vorgehen wird im Rahmen des § 281 grundsätzlich als zulässig erachtet, weil einerseits dem Begriff der Fristsetzung nicht entnommen werden kann, dass die maßgebliche Zeitspanne nach dem Kalender zu bestimmen oder in konkreten Zeiteinheiten anzugeben ist und andererseits dem Schuldner hierdurch lediglich vor Augen geführt werden soll, dass die Leistung nicht zu einem beliebigen Zeitpunkt, sondern innerhalb bestimmter zeitlicher Grenzen zu erbringen ist.[68] Befände man eine derartige Fristsetzung auf der Grundlage des soeben Gesagten als für eine Mahnung unzureichend, weil hierdurch nicht unmittelbar zur unverzüglichen Leistung angehalten wird (Auslegungsfrage), so geriete der Schuldner in derartigen Fallgestaltungen mangels kalendermäßiger Bestimmbarkeit des für die Fristsetzung verwendeten unbestimmten Rechtsbegriffs womöglich zu keinem Zeitpunkt in Verzug, während der Gläubiger nach objektiv angemessenem Zuwarten dennoch Schadensersatz statt der Leistung nach § 281 verlangen könnte.[69]

(4) Schadensersatz nach Fristablauf ist keine Sanktion für den Verzug

Selbst wenn man indes mit der herrschenden Meinung[70] zumindest vom Regelfall einer unmittelbar wirkenden Mahnung durch Fristsetzung ausgeht, so kann doch jedenfalls die Geltendmachung des § 281 nach Fristablauf nicht als Sanktion für den Verzug, sondern allein für das Ausbleiben der Leistung innerhalb der Frist verstanden werden,[71] weil etwaige Begleitschäden, die zwischen Frist-

---

66 *Canaris*, JZ 2001, 499, 515.

67 Ähnlich: Staudinger/*Gursky* (2012), § 985 Rn. 84 (aufschiebend bedingte Mahnung); wie hier im Erg. auch *Kohler*, NZM 2014, 729, 738; jedenfalls uneindeutig: BGH, NJW 2006, 3271 f. („Der durch die Mahnung bewirkte Verzug des Bekl. trat allerdings nicht schon am Tage nach Fristablauf […] ein“).

68 BGH, NJW 2009, 3153 (zu § 281); BeckRS 2015, 07407 (zu § 323).

69 Vgl. BGH, NJW 2009, 3153, 3154 (Rn. 10) („Eine in dieser Weise bestimmte Frist verlangt § 281 BGB – anders als § 286 Abs. 1 Nrn. 1, 2 BGB für den Verzugseintritt ohne Mahnung – nicht.“).

70 Vgl. nur: *Gruber/Lösche*, NJW 2007, 2815; Soergel/*Benicke/Nalbantis*, 13. Aufl. 2014, § 286 Rn. 67; Palandt/*Grüneberg*, 77. Aufl. 2018, § 281 Rn. 7; a.A. *Canaris*, JZ 2001, 499, 515, wohl auch BeckOK/*Lorenz*, BGB, 47. Ed. 1.11.2018, § 286 Rn. 26.

71 So im Ergebnis auch Staudinger/*Gursky* (2012), § 985 Rn. 84.

setzung und Fristablauf anfallen, gerade nicht über § 281, sondern ausschließlich gemäß § 286 ersatzfähig sind.[72]

Selbst wenn derartige Positionen in den Schadensersatz statt der Leistung einbezogen werden könnten,[73] würde sich hieran nichts ändern, weil die Einordnung als (qualifizierte) Verzugshaftung gleichwohl mit der Ratio des § 281, den Gläubiger so zu stellen, wie er stünde, als wenn ordnungsgemäß erfüllt worden wäre,[74] nicht in Einklang zu bringen ist. Konsequenterweise müssten dann nämlich auch solche Verzögerungsschäden als ersatzfähig angesehen werden, die zwischen *Fälligkeit* und (verzugsbegründender) Fristsetzung entstehen, weil im Rahmen des § 281, der an die Stelle der Primärleistung tritt, gerade auf diesen Zeitpunkt zurückzukommen ist. Denn nur dadurch kann die Vermögenslage hergestellt werden, die bei ordnungsgemäßer Erfüllung bestanden hätte.[75] Dies wäre jedoch in keiner Weise mit den Grundsätzen des Verzugsrechts zu vereinbaren, wonach Schadensersatz wegen Verzögerung der Leistung nur unter den zusätzlichen Voraussetzungen des § 286 und damit frühestens ab Hinzutreten des verzugsbegründenden Umstands (z. B. Mahnung) verlangt werden kann.[76]

bb) Teleologische Extension des § 990 Abs. 2?

Der bisherige Befund, wonach § 281 nicht dem Verzugsrecht im technischen Sinne zuzuordnen ist, ließe sich freilich durch den Einwand relativieren, § 990 Abs. 2 folge noch der Terminologie des ehemaligen Rechts. So könnte es der Reformgesetzgeber etwa aufgrund eines Redaktionsversehens schlicht versäumt haben, den Wortlaut der zuletzt genannten Norm an die Gegebenheiten des neuen Leistungsstörungsrechts anzupassen. § 990 Abs. 2 wäre dann zumindest im Wege einer teleologischen Extension so auszulegen, dass sich die weitergehende Haftung „wegen Verzugs" auch auf den neuen Haftungstatbestand des § 281 bezieht.

(1) Planwidrige Regelungslücke durch Streichung des § 286 Abs. 2 a. F.

Die Existenz einer hierzu erforderlichen planwidrigen Regelungslücke dürfte jedenfalls mit der ersatzlosen Streichung des § 286 Abs. 2 a. F, der dem Gläubiger bei verzugsbedingtem Fortfall des Leistungsinteresses das Recht gewährte, Schadensersatz „wegen Nichterfüllung" zu verlangen,[77] begründbar sein. Denn

---

[72] BGHZ 197, 357, 361 ff. = JuS 2014, 167 (m. Anm. *Schwab*).

[73] So etwa *Huber*, AcP 210 (2010), 319, 342 f.

[74] BGH, BeckRS 2009, 06498 (Rn. 20).

[75] BGH, BeckRS 2009, 06498 (Rn. 20).

[76] BeckOGK/*Riehm*, BGB, 1.9.2018, § 280 Rn. 293; Soergel/*Benicke/Hellwig*, 13. Aufl. 2014, § 280 Rn. 291.

[77] Zu § 286 Abs. 2 a. F.: B. I. 1. a) bb).

die Vorschrift wurde zumindest nach ganz herrschender Ansicht gemäß § 990 Abs. 2 auf das Eigentümer-Besitzer-Verhältnis herangezogen, so dass die Substituierung des vindikatorischen Herausgabeanspruchs in einen an dessen Stelle tretenden Schadensersatz „wegen Verzugs“ nach früherer Rechtslage möglich war.[78] Mit der Streichung der Norm und deren funktionaler Ersetzung durch die außerhalb des Verzugsrechts befindliche und damit von § 990 Abs. 2 begrifflich und systematisch nicht mehr erfasste Bestimmung des § 281 kommt der erstgenannten Vorschrift mithin nicht mehr die gleiche Durchschlagskraft zu, wie dies noch vor der Schuldrechtsreform der Fall war. Dies könnte in der Tat insoweit Auswirkungen auf § 990 Abs. 2 zeitigen, als die dort angeordnete Haftungserweiterung „wegen Verzugs“ fortan womöglich – teleologisch ausweitend – als weitergehende Haftung „wegen rechtserheblicher Verzögerung“ (§§ 281, 286) zu verstehen ist.

(2) Keine vergleichbare Interessenlage

Indessen ist nicht davon auszugehen, dass durch die Streichung des § 286 Abs. 2 a. F. auch die noch übrige rechtsmethodische Voraussetzung einer Gesetzesanalogie, nämlich die Vergleichbarkeit der Interessenlagen, bejaht werden kann. Im Gegenteil dürfte eine im Wege der teleologischen Extension des § 990 Abs. 2 begründete generelle Anwendbarkeit des § 281 bereits deshalb nicht in Betracht zu ziehen sein, weil einschlägige Fälle schon früher in aller Regel nicht über §§ 990 Abs. 2, 286 Abs. 2 a. F., sondern gemäß § 283 a. F. zu lösen waren. Darüber hinaus konnte ein verzugsbedingter Wegfall des Interesses an der Vindikation nur in absoluten Ausnahmefällen angenommen werden, weshalb es sich bei § 286 Abs. 2 a. F. um eine „praktisch kaum relevant gewordene Vorschrift“ handelte.[79] Die Schließung der durch den Wegfall der Norm eingetretenen Regelungslücke mit dem sehr viel weiter gefassten § 281 würde mithin zu der merkwürdigen Situation führen, dass die Streichung einer Vorschrift zu einer erheblichen Ausweitung ihres seinerzeit kaum vorhandenen Anwendungsbereichs führen würde.[80]

Letzteres ließe sich zwar entschärfen, indem man analog § 281 Abs. 1 S. 2 eine über den Verweis des § 990 Abs. 2 hergeleitete Anwendung des § 281 auf die Vindikation nur dann für möglich erachtet, wenn der Eigentümer objektiv kein Interesse mehr an der Herausgabe hat, da solch ein Interessefortfall für § 286

---

[78] Statt vieler: BGHZ 58, 309, 315 = NJW 1972, 1187; MüKo/*Medicus*, BGB, 4. Aufl. 2004, § 990 Rn. 20; a. A.: Staudinger/*Gursky* (1999), § 990 Rn. 90 (teleologische Reduktion des § 990 Abs. 2).

[79] Soergel/*Wiedemann*, 12. Aufl. 1990, § 286 Rn. 34; *Gursky*, JURA 2004, 433, 435.

[80] Dieses Argument dürfte letztlich auch für § 283 a. F. Geltung beanspruchen, dem ebenfalls nur sehr geringe praktische Bedeutung zukam, vgl. nur MüKo/*Emmerich*, BGB, 4. Aufl. 2001, § 283 Rn. 2 a. E. m. w. N.

Abs. 2 a. F. gerade charakteristisch war. Dann könnte der Eigentümer allerdings seinen vindikatorischen Herausgabeanspruch nicht nur ohne Eintritt des förmlichen Verzugs, sondern sogar unter Verzicht auf die Fristsetzung in einen Schadensersatz substituieren, weil der Wegfall des Interesses regelmäßig zugleich einen „besonderen Umstand" begründet, der gemäß § 281 Abs. 2 Alt. 2 die sofortige Geltendmachung des Schadensersatzanspruchs rechtfertigt,[81] was in rechtsdogmatischer Hinsicht kaum begründbar sein dürfte.[82]

c) § 990 Abs. 2 als Rechtsgrundverweisung auf § 281?

§ 990 Abs. 2 könnte nach alldem wohl allenfalls als eine Art Rechtsgrundverweisung auf § 281 aufzufassen sein. Der Eigentümer wäre bei einem derartigen Normverständnis zur Fristsetzung und anschließenden Substituierung des § 985 überhaupt erst berechtigt, wenn der unredliche Besitzer *zuvor* mit seiner Herausgabepflicht gemäß §§ 990 Abs. 2, 286 etwa durch Mahnung (§ 286 Abs. 1 S. 1) oder ernsthafte, endgültige Herausgabeverweigerung (§ 286 Abs. 2 Nr. 3) bereits in Verzug geraten ist. Durch ein solches Vorgehen wären einerseits höhere Hürden für den Übergang vom vindikatorischen Herausgabeanspruch zum Schadensersatz gemäß § 281 zu überwinden, während sich andererseits der unredliche Besitzer sowohl für die Verzögerung der Herausgabe im Zeitpunkt des Verzugseinritts (§ 286 Abs. 4)[83] als auch hinsichtlich der Nichtherausgabe der Sache bei Fristablauf (§ 280 Abs. 1 S. 2) zu exkulpieren hätte, was freilich schon aufgrund seiner im Rahmen des § 990 Abs. 2 zwingend bestehenden Bösgläubigkeit nur in sehr seltenen Ausnahmefällen praktisch werden dürfte.

Zwar ist dem Gesetz eine derartige doppelte Inbezugnahme von § 286 und § 281 nicht fremd, was etwa die Bestimmung des § 375 Abs. 2 S. 1 HGB aufzeigt.[84] Für § 990 Abs. 2 wird man dem jedoch in rechtsmethodischer Hinsicht schon deshalb nicht folgen können, weil das Gesetz für die Regelungstechnik der Rechtsgrundverweisung grundsätzlich anderslautende Formulierungen verwendet[85] und § 990 Abs. 2 hiervon jedenfalls mit Blick auf § 281 zu stark vom Normalfall abweicht. Im Gegenteil lässt die Formulierung *„wegen"* Verzugs schon semantisch auf die Begrenzung einer Haftung auf reine Verzögerungs- bzw. Begleitschäden schließen.

---

[81] MüKo/*Ernst*, BGB, 7. Aufl. 2016, § 281 Rn. 61.

[82] So im Erg. auch Staudinger/*Gursky* (2012), § 985 Rn. 84.

[83] Zur Anwendbarkeit des § 286 Abs. 4 i. R. d. § 990 Abs. 2: Soergel/*Stadler*, 13. Aufl. 2006, § 990 Rn. 30.

[84] § 375 Abs. 2 S. 1 HGB: „Ist der Käufer mit der Erfüllung dieser Verpflichtung in *Verzug*, so kann der Verkäufer […] *gemäß den §§ 280, 281* des Bürgerlichen Gesetzbuchs *Schadensersatz statt der Leistung* verlangen." (Hervorhebung H. O.)

[85] *Beispiele:* § 951 Abs. 1; § 326 Abs. 5; § 375 Abs. 2 HGB.

d) Fiktive Herausgabeunmöglichkeit?

Um dennoch der vom Gesetzgeber gemäß § 281 grundsätzlich eingeräumten Möglichkeit eines Übergangs vom Primäranspruch zum Schadensersatz wegen fruchtlosem Fristablauf auch im Rahmen eines Eigentümer-Besitzer-Verhältnisses Geltung zu verschaffen, käme zuletzt noch in Betracht, den in der Norm zum Ausdruck gebrachten Rechtsgedanken in das System der §§ 987 ff. einzubeziehen.

So wird von Teilen der Literatur[86] vertreten, die Fristsetzungsmöglichkeit des § 281 dergestalt in das Leistungsstörungsrecht des Eigentümer-Besitzer-Verhältnisses zu übertragen, dass mit Fristversäumnis Herausgabeunmöglichkeit[87] bzw. -unvermögen[88] im Sinne einer Fiktion[89] anzunehmen und der Vindikant fortan berechtigt sei, Schadensersatz in Höhe des Substanzwerts auf der Grundlage des § 989 zu verlangen. Weil es sich bei § 281 zudem um eine „qualifizierte Verzugshaftung" handele[90] und damit eine Konnexität zu § 990 Abs. 2 bestehe, sei diese „ungeschriebene Var. 4" des § 989 jedoch nur bei Bösgläubigkeit des Besitzers in Betracht zu ziehen.[91]

aa) Unmöglichkeitsfiktion als in Betracht kommendes Instrument?

Schon das vorgeschlagene Instrument einer „Unmöglichkeitsfiktion" erscheint indes fragwürdig, weil eine solche letztlich auf die mittlerweile abgeschaffte Bestimmung des § 283 a. F. zurückzuführen ist, wonach der Gläubiger dem rechtskräftig zur Leistung verurteilten Schuldner eine mit einer Ablehnungsandrohung verbundenen Frist mit der Wirkung setzen konnte, dass Letzterer mit deren fruchtlosem Ablauf (nur noch) Schadensersatz „wegen Nichterfüllung" zu leisten hatte.[92] Die Vorschrift ordnete somit aus Gründen der Zweckmäßigkeit eigens die Unmöglichkeit der Primärleistung an, um dem Gläubiger einen entsprechenden – oftmals schwierig zu führenden – Nachweis zu ersparen.[93]

---

86 MüKo/*Medicus*, BGB, 4. Aufl. 2004, § 985 Rn. 40; *Becker*, 133 ff.

87 *Becker*, 163 f. (Fiktion einer echten Herausgabeunmöglichkeit).

88 MüKo/*Medicus*, BGB, 4. Aufl. 2004, § 985 Rn. 40.

89 *Becker*, 146 und 156 („Unmöglichkeit der Leistung auf fiktivem Wege"; „Unmöglichkeit der Leistung fingieren"); so wohl auch, wenngleich nicht ausdrücklich als „Fiktion" bezeichnend: MüKo/*Medicus*, BGB, 4. Aufl. 2004, § 985 Rn. 40 („kann der Eigentümer Unvermögen des Besitzers zur Herausgabe *annehmen* und Schadensersatz statt der Herausgabe nach § 989 Abs. 1 a. E. verlangen.") (Hervorhebung H. O.).

90 So jedenfalls *Becker*, 120 ff.; dass dem jedoch gerade nicht so ist, wurde bereits an früherer Stelle dargelegt, vgl. B. I. 3. b) aa).

91 *Becker*, 120 ff.; anders MüKo/*Medicus*, BGB, 4. Aufl. 2004, § 985 Rn. 40, der – in der Konsequenz richtig (s. u.) – § 990 Abs. 2 i. R. d. um eine Fristsetzungsmöglichkeit erweiterten § 989 nicht anwendet.

92 Vgl. hierzu bereits B. I. 1. a) aa).

93 Vgl. Mudgan II, 29; *Schwerdtner*, 131 f.; NK/*Schanbacher*, BGB, 3. Aufl. 2013, § 985 Rn. 47.

Wie jedoch nachfolgend aufzuzeigen sein wird, scheint eine geeignete dogmatische Grundlage für ein entsprechendes Vorgehen im nunmehr gültigen Recht nicht mehr bereitzustehen.

(1) Fristablauf

Das bloße Verstreichenlassen einer aus § 281 abgeleiteten Frist dürfte hierfür entgegen der Ansicht von *Medicus*[94] schon deshalb nicht geeignet sein, weil der Gläubiger im Rahmen des § 281 auch nach Fristablauf grundsätzlich bis zur Geltendmachung des Schadensersatzes (§ 281 Abs. 4) noch Erfüllung verlangen kann und der Schuldner weiterhin zur Leistung befugt und verpflichtet ist.[95] Da sich die Schuld durch die Fristsetzung mithin gerade nicht zu einer absoluten Fixschuld wandelt, die nur noch innerhalb der Frist erfüllt werden kann,[96] erscheint es verfehlt, mit bloßem Zeitablauf das Unvermögen des Besitzers zu fingieren.[97] Eine Konkordanz zu § 283 a. F. ist schon deshalb nicht herstellbar, weil die Vorschrift einerseits dem Unmöglichkeitsrecht zuzuordnen war[98] und andererseits sowohl den Ausschluss des Primäranspruchs des Gläubigers als auch die Schadensersatzpflicht des Schuldners schon mit Verstreichen der Frist ipso iure bewirkte,[99] während es sich bei der für § 281 grundsätzlich erforderlichen Fristsetzung in erster Linie um ein prozedurales Mittel handelt, das zwar auch materielle Elemente beinhaltet, jedoch in erster Linie den Übergang auf die Sekundärrechte vereinfachen, keinesfalls jedoch selbst bewirken soll.[100]

---

94 MüKo/*Medicus*, BGB, 4. Aufl. 2004, § 985 Rn. 40 (mit Fristablauf „Unvermögen annehmen").

95 Vgl. nur Soergel/*Benicke/Hellwig*, 13. Aufl. 2014, § 281 Rn. 197 ff.; MüKo/*Ernst*, BGB, 7. Aufl. 2016, § 281 Rn. 86; es ist allerdings strittig, ob der Gläubiger *nach* Fristablauf und *vor* Schadensersatzverlangen die Leistung annehmen muss, vgl. hierzu Staudinger/*Schwarze* (2014), § 281 Rn. D 3 (Annahmepflicht bejahend); *Schwab*, JR 2003, 133, 134 (Annahmepflicht verneinend).

96 So noch zum alten Recht: Planck/*Siber*, 4. Aufl. 1914, Vorbm zu §§ 275–292 I 1 a) γ) (= S. 181); hierauf Bezug nehmend: *Katzenstein*, JURA 2005, 217, 221, der davon ausgeht, dass sich „die in § 281 geregelten Konstellationen durchaus in die Dogmatik der Leistungsunmöglichkeit" einordnen lassen).

97 So aber MüKo/*Medicus*, BGB, 4. Aufl. 2004, § 985 Rn. 40.

98 RGZ 66, 61, 67; Mudgan II, 29; *Schwerdtner*, 131 f.; NK/*Schanbacher*, 3. Aufl. 2013, § 985 Rn. 47.

99 MüKo/*Emmerich*, BGB, 4. Aufl. 2001, § 283 Rn. 19.

100 *Canaris*, FS Kropholler, 3, 8 (zu § 323); Staudinger/*Schwarze* (2014), § 281 Rn. A 9.

(2) Schadensersatzverlangen

Ebensowenig dürfte eine Anknüpfung an das Schadensersatzverlangen in Betracht kommen.[101] Zwar bewirkt der Ausschluss des Primäranspruchs gemäß § 281 Abs. 4 grundsätzlich, dass dem Schuldner durch die Geltendmachung des Interesses die Möglichkeit genommen wird, sich durch Erbringung der Leistung von seiner ursprünglichen Schuld zu befreien. Denn die Erfüllung einer nicht bestehenden Schuld ist weder denkbar[102] noch im Übrigen mit der Bestimmung des § 362 Abs. 1 vereinbar, wonach gerade eine *geschuldete* Leistung vorausgesetzt wird.[103]

Bei genauerem Hinsehen führte eine an die Geltendmachung des Interesses anknüpfende Fiktion der Unmöglichkeit der Leistungserbringung jedoch zur Verkehrung von Ursache und Wirkung. Denn die Rechtsfolge einer gesetzlichen Bestimmung (hier: § 281 Abs. 4) kann überhaupt nur dann eintreten, wenn und soweit diese tatbestandlich auf den konkreten Fall anwendbar ist, und nicht umgekehrt. Mit anderen Worten kann die in § 281 Abs. 4 enthaltene Anordnung, wonach die Primärleistungspflicht wegen Untergangs dergleichen nicht mehr erbringbar ist, nicht zur *Begründung* einer Haftung des unrechtmäßigen Besitzers wegen Fristablaufs herangezogen werden, sondern wäre allenfalls die *Folge* einer solchen.

Unabhängig davon erscheint es zudem äußerst fraglich, ob die letztgenannte Vorschrift im Rahmen einer Vindikationslage wegen der Besonderheiten des § 985 ihre volle Wirkung entfalten würde, der Eigentumsherausgabeanspruch mithin durch das bloße Schadensersatzverlangen überhaupt gemäß § 281 Abs. 4 zum Erlöschen gebracht und damit die Unmöglichkeit einer Erfüllung herbeigeführt werden könnte. Hierauf wird freilich an späterer Stelle noch ausführlich einzugehen sein.[104]

bb) Systemwidrige Verbindung von § 989 und § 990 Abs. 2

Dessen ungeachtet setzte sich die Einbettung einer an ein Fristsetzungserfordernis gebundenen Substanzwerthaftung in die Vorschrift des § 989 einerseits sowie die mit § 990 Abs. 2 begründete Beschränkung einer solchen auf den unredlichen Besitzer[105] andererseits in Widerspruch zur Konzeption des speziellen Leistungsstörungsrechts des Eigentümer-Besitzer-Verhältnisses. Denn nach der gesetzli-

---

[101] So aber *Becker,* insbes. 146.

[102] Soergel/*Benicke/Hellwig*, 13. Aufl. 2014, § 281 Rn. 208.

[103] Im Erg. ebenso: Planck/*Siber*, 4. Aufl. 1914, Vorbm zu §§ 275–292 I 1 a) γ) (= S. 181) („die Möglichkeit einer nicht geschuldeten Leistung ist […] belanglos“).

[104] B. II. 2.

[105] So *Becker*, 120 ff.; 156, dort: Fn. 219.

chen Systematik ist eine aus § 989 abgeleitete Haftung des unrechtmäßigen Besitzers bereits mit Rechtshängigkeit des Herausgabeanspruchs und nicht erst mit Eintritt der Bösgläubigkeit möglich.[106]

Geht man zudem richtigerweise davon aus, dass die Reichweite der von § 990 Abs. 2 statuierten „weitergehenden Haftung" insbesondere an § 989 auszurichten ist,[107] so kann eine auf der zuletzt genannten Vorschrift basierende Schadensersatzpflicht schon denklogisch nicht von der zuerst erwähnten Bestimmung erfasst sein. Denn § 990 Abs. 2 ist folgerichtig immer dann zu verneinen, wenn ein Fall des § 989 vorliegt, weil die Haftung des Besitzers dann eben nach letzterer Norm erfolgt und mithin gerade nicht *weiter* geht (als § 989). Dies gilt sodann auch unabhängig von der bereits an früherer Stelle[108] behandelten Frage, ob § 990 Abs. 2 als inhaltliche oder tatbestandliche Haftungserweiterung aufzufassen ist. Denn die ins Feld geführte Fiktionshaftung aus § 989 würde sowohl den Tatbestand (Nichtherausgabe trotz Fristablaufs) als auch die Schadensrubrik bzw. Rechtsfolge (Substanzwerthaftung) des § 281 beinhalten.

e) Zwischenergebnis und Kurzstellungnahme

Nach alldem sollte weder die uneingeschränkte noch eine auf den bösgläubigen Besitzer verkürzte Übertragung der zu § 283 a.F. entwickelten Grundsätze auf die heutige Rechtslage erfolgen. Ersteres dürfte schon mangels Vergleichbarkeit der Situation vor und nach der Schuldrechtsreform abzulehnen sein, da es dem Eigentümer gemäß § 281 im Gegensatz zu § 283 a. F nunmehr möglich wäre, auch einen redlichen unmittelbaren Besitzer wegen bloßen Fristablaufs haften zu lassen. Wie im Einzelnen noch aufzuzeigen sein wird,[109] wäre dies mit den Grundsätzen des Eigentümer-Besitzer-Verhältnisses jedoch nicht in Einklang zu bringen.

Die Heranziehung des § 281 allein auf den unredlichen Besitzer scheidet jedenfalls mangels gesetzlicher Verankerung im System der §§ 987ff. aus. Die „weitergehende Haftung wegen Verzugs" gemäß § 990 Abs. 2 scheint hierfür nicht der zutreffende rechtsdogmatische Anknüpfungspunkt zu sein, da es sich bei § 281 weder um eine Verzugshaftung im technischen Sinne handelt, noch davon auszugehen ist, dass der Reformgesetzgeber durch die Neuschaffung des § 281 für die verschärfte Haftung des bösgläubigen Besitzers auf die förmlichen Voraussetzungen des Verzugs verzichten wollte. Eine teleologische Extension

---

[106] Insoweit konsequent gerade nicht nach den verschiedenen Stufen der Haftungsverschärfung differenzierend: MüKo/*Medicus*, BGB, 4. Aufl. 2004, § 985 Rn. 40.

[107] Vgl. B. I. 3. a).

[108] B. I. 3. a) aa).

[109] Vgl. hierzu insbes. B. III. 3.

des § 990 Abs. 2 ist ebenfalls abzulehnen, insbesondere auch deshalb, weil dies zu einer erheblichen Ausweitung des einst von § 286 Abs. 2 a. F. erfassten (engen) Anwendungsbereichs führen würde. Die Konstruktion des § 990 Abs. 2 als Rechtsgrundverweisung auf § 281 erscheint mangels entsprechender dogmatischer Anhaltspunkte nicht begründbar. Eine Einbeziehung des Fristsetzungserfordernisses in die Systematik der §§ 989 f. scheidet aus, da weder ein hierfür erforderliches Herausgabeunvermögen noch die Beschränkung einer solchen Haftung auf den unredlichen Besitzer zu rechtfertigen ist.

In diesem Lichte kann § 990 Abs. 2 nur als abschließende Sonderregelung der §§ 987 ff. für den Fall der verzögerten Herausgabe verstanden werden, wonach eine Schadensersatzpflicht des unrechtmäßigen bösgläubigen Besitzers lediglich *neben* der Vindikation in Betracht kommt.[110] Ein Übergang von § 985 zum Schadensersatz gemäß § 281 sollte daher sowohl für den Fall des verklagten als auch des unredlichen Besitzers prinzipiell *nicht* möglich sein.

4. Praktische Bedeutungslosigkeit der Frage nach der Substituierbarkeit des § 985 wegen der Option des § 818 Abs. 4?

a) Ausgangsüberlegung

Da jedoch die Erhebung einer in erster Linie auf § 985 gestützten Klage immer auch die Rechtshängigkeit der dem Eigentümer materiell-rechtlich ebenfalls zustehenden Besitzkondiktion bewirkt,[111] könnten die Bestimmungen des Bereicherungsrechts dem gefundenen Ergebnis widersprechen, sofern § 281 zu den „allgemeinen Vorschriften" zu zählen ist, auf die § 818 Abs. 4 verweist.[112] Denn durch die Parallelität der beiden Haftungsregime, die auch insoweit besteht, als der Besitzer mit Kenntnis vom fehlenden Rechtsgrund im Sinne des § 819 Abs. 1 stets auch Kenntnis vom Mangel seines Besitzrechts gemäß § 990 Abs. 1 erlangt und umgekehrt, könnte sich dem Eigentümer die Möglichkeit eröffnen, in den einschlägigen Fällen jedenfalls von seinem Bereicherungsanspruch aus § 812 auf einen ebenfalls am Substanzwert der Sache zu bemessenden Schadensersatz gemäß §§ 818 Abs. 4, 819 Abs. 1, 281, 251 Abs. 1 überzugehen.[113] Hierdurch wäre er nicht nur wirtschaftlich so gestellt, als hätte er seinen Anspruch aus § 985 substituiert, sondern müsste darüber hinaus nicht einmal die Voraussetzungen

---

[110] Hierauf wird an späterer Stelle noch einmal einzugehen sein, vgl. B. III. 3. b) aa).

[111] NK/*Schanbacher*, BGB, 3. Aufl. 2013, § 990 Rn. 29; insbes. greift § 993 Abs. 1 Hs. 2 hinsichtlich des reinen Herausgabeanspruchs nicht, MüKo/*Schwab*, BGB, 7. Aufl. 2017, § 818 Rn. 43.

[112] So etwa MüKo/*Schwab*, BGB, 7. Aufl. 2017, § 818 Rn. 321 ff.; a. A. BeckOK/*Wendehorst*, BGB, 47. Ed. 1.8.2018, § 818 Rn. 83 ff. (§§ 280 ff. gesperrt, Ausnahmen: §§ 285, 286).

[113] Zum Inhalt des § 281 kann auf das oben Gesagte verwiesen werden: B. I. 3. a) aa) (2).

des § 286 herbeiführen, weil der Verweis des § 818 Abs. 4 auf die „allgemeinen Vorschriften" von den formalen Voraussetzungen des Verzugs unabhängig und damit für den Gläubiger rechtlich sogar günstiger ist als die Regelung des § 990 Abs. 2. Die Frage nach der Anwendbarkeit des § 281 auf den vindikatorischen Herausgabeanspruch könnte mithin wegen der Option des § 818 Abs. 4 an praktischer Bedeutung verlieren.

b) §§ 818 Abs. 4, 281 im Rahmen einer Vindikationslage

aa) Zur Anwendbarkeit des § 283 a. F. im Bereicherungsrecht

Unter Geltung der alten Rechtslage gingen sowohl der BGH[114] als auch die herrschende Ansicht im Schrifttum[115] von einer grundsätzlichen Anwendbarkeit des § 283 a. F. auch auf § 812 aus. Allerdings war eine damit etwaig einhergehende Haftungserweiterung des Schuldners entgegen den Wertungen sowohl des Bereicherungsrechts als auch des Eigentümer-Besitzer-Verhältnisses zu vermeiden. Insbesondere sollte der Kondiktionsschuldner, der nach den Grundsätzen des § 818 Abs. 2 bei Unmöglichkeit der Herausgabe grundsätzlich nur *Wert*ersatz zu leisten hat, nicht über den Umweg der §§ 818 Abs. 4, 283 a. F. weitergehend auf *Schadens*ersatz in Anspruch genommen werden können. Das Bereicherungsrecht sollte mithin – anders gewendet – nicht über § 818 Abs. 4 zu einer Schadensersatzpflicht führen, obgleich die speziellen Regelungen der §§ 989, 990 eine solche im konkreten Fall nicht vorsahen.[116]

bb) Übertragbarkeit auf § 281

Für die heutige Rechtslage muss freilich Entsprechendes gelten, weil auch die Frage nach der Anwendbarkeit des § 281 auf das Bereicherungsrecht untrennbar mit der Kontroverse verbunden ist, ob und inwieweit ein entsprechendes Vorgehen im Hinblick auf eine konkurrierende Vindikation möglich erscheint.[117] Im Rahmen einer Vindikationslage ist die verschärfte Bereicherungshaftung des unrechtmäßigen Besitzers daher an den Wertungen des Eigentümer-Besitzer-Verhältnisses auszurichten, so dass im Lichte der bisherigen Ergebnisse davon auszugehen ist, dass der Eigentümer weder bei Rechtshängigkeit der Kondiktion (§ 818 Abs. 4) noch bei Kenntnis vom fehlenden Rechtsgrund (§ 819 Abs. 1) von

---

[114] BGH, NJW 2000, 1031, 1032.

[115] Statt vieler: Staudinger/*Löwisch* (2001), § 283 Rn. 8; MüKo/*Emmerich*, BGB, 4. Aufl. 2001, § 283 Rn. 8; vgl. zudem Soergel/*Hadding*, BGB, 13. Aufl. 2011, § 818 Rn. 69.

[116] BGH, NJW 2000, 1031, 1032.

[117] So auch MüKo/*Schwab*, BGB, 7. Aufl. 2017, § 818 Rn. 321 ff., 324; vgl. zudem Soergel/*Benicke/Hellwick*, 13. Aufl. 2014, § 281 Rn. 29 a. E.

seinem Herausgabeanspruch gemäß § 812 auf einen Schadensersatz nach § 281 übergehen kann. § 818 Abs. 4 stünde dem bisherigen Befund, wonach § 281 auf das Eigentümer-Besitzer-Verhältnis grundsätzlich nicht zur Anwendung gebracht werden kann, mithin nicht entgegen.

5. Das Urteil des BGH vom 18.3.2016[118]

In einem erst jüngst entschiedenen Fall, in dem die Klägerin von der sich im unmittelbaren Besitz befindlichen und hierzu nicht berechtigten Beklagten Herausgabe ihrer Videogerätesysteme und im Anschluss wegen ernster und endgültiger Erfüllungsverweigerung das Interesse verlangte, ließ der BGH die bisher dargelegten Bedenken unberücksichtigt und erkannte die Möglichkeit einer Substituierung des vindikatorischen Herausgabeanspruchs mittels der Vorschrift des § 281 sowohl im Falle der Rechtshängigkeit des § 985 als auch bei Unredlichkeit des Besitzers grundsätzlich an. Zur Begründung kam er im Wesentlichen auf die frühere Rechtslage zurück.

a) Die wesentlichen Argumente des BGH

Hiernach seien die allgemeinen Vorschriften des Schuldrechts, insbesondere diejenigen über die Folgen der Nichterfüllung, grundsätzlich weiterhin auf § 985 anwendbar, weil die Herausgabepflicht des Besitzers gegenüber dem Eigentümer einen obligationsähnlichen Charakter habe.[119] Anhaltspunkte dafür, dass ein entsprechender Übergang zum Schadensersatz nunmehr mittels der Vorschriften des allgemeinen Leistungsstörungsrechts entgegen der früheren Rechtslage nicht mehr möglich sein soll, fänden sich insbesondere in den Materialien zur Schuldrechtsmodernisierung nicht. Im Gegenteil entspreche es den Vorstellungen des Gesetzgebers, mit der Einfügung von § 281, der an die Stelle des § 283 a. F. getreten sei, die Gläubigerrechte zu stärken. Der dingliche Gläubiger dürfe insbesondere bei seiner Rechtsverfolgung nicht schlechter gestellt werden als der schuldrechtliche, denn der Eigentümer habe gleichermaßen ein Interesse an einem rechtssicheren Übergang zum Schadensersatz, gerade wenn die Erfolgsaussichten einer Herausgabevollstreckung ungewiss sind. Der Eigentümer sei allerdings analog § 255 Zug um Zug zur Übereignung der Sache verpflichtet.

---

118 BGHZ 209, 270 = NJW 2016, 3235 (m. Anm. *Kaiser*).

119 Zur rechtlichen Natur der Vindikationslage siehe bereits oben: A. I.

b) Erste Kritik[120]

Die Begründung des BGH ist schon deshalb bedenklich, weil § 281 – wie an früherer Stelle bereits angedeutet wurde[121] und im Einzelnen noch darzulegen sein wird[122] – gerade nicht einfach an die Stelle von § 283 a. F. getreten ist, sondern zum Teil erheblich von der früheren Rechtslage abweicht. Aber auch im Übrigen erweisen sich die Ausführungen des BGH als angreifbar.

aa) Vorstellungen des Gesetzgebers

Bereits der Verweis, der Gesetzgeber wollte mit der Einfügung des § 281 die Gläubigerrechte stärken, erscheint zur Begründung einer entsprechenden Substituierung des § 985 nicht hinreichend geeignet.

Obgleich die Stellung des Gläubigers mit der Neuregelung tatsächlich in vielerlei Hinsicht gestärkt wurde[123] und nach dem Willen des Normverfassers auch gestärkt werden sollte,[124] stand doch in erster Linie die Vereinfachung der vom Gesetzgeber an mehreren Stellen selbst als „kompliziert"[125] und „unübersichtlich"[126] bezeichneten Rechtslage *insgesamt* im Vordergrund der Reform und damit auch des § 281. So zeigt beispielsweise die Überlegung, dass ein entsprechender Übergang zum Schadensersatz statt der Leistung an besondere Voraussetzungen geknüpft werden müsse, weil ein solcher für den Schuldner grundsätzlich „lästiger" sei als die Erbringung der Primärleistung,[127] dass es dem Gesetzgeber bei der Schaffung des § 281 ebenso auf eine angemessene Berücksichtigung der Schuldnerinteressen ankam.

Letzteres ergibt sich insbesondere auch aus der ersatzlosen Streichung des § 279 a. F. Der Wegfall dieser Vorschrift führte im Vergleich zur früheren Rechtslage sogar zu einer Besserstellung des Gattungsschuldners, der nunmehr bei unverschuldetem Unvermögen grundsätzlich sowohl von seiner Leistungspflicht (§ 275

[120] Eine weiterführende kritische Auseinandersetzung mit der Begründung des BGH soll an jeweils geeigneter Stelle sowie insbes. unter B. III. 3, dort vor allem unter b), erfolgen.

[121] B. I. 2.

[122] Insbes.: B. III. 3., dort insbes. b).

[123] So ist es beispielsweise für den Regelfall des Schadensersatzes statt der Leistung nicht weiter erforderlich, dass der Gläubiger kein Interesse mehr an der Leistung hat (insoweit besteht eine Verbesserung zu § 286 Abs. 2 S. 1 a. F.) und das Erfordernis eines rechtskräftigen Urteils (§ 283 a. F.) sowie einer Ablehnungsandrohung, (§§ 283, 326 a. F.) ist ebenfalls zugunsten des Gläubigers gestrichen worden.

[124] BT-Drucks. 14/6040, 137 („Im Übrigen ist das geltende Recht für den Gläubiger verhältnismäßig ungünstig.").

[125] BT-Drucks. 14/6040, 220, 268.

[126] BT-Drucks. 14/6040, 137.

[127] BT-Drucks. 14/6040, 137.

Abs. 2, 3)[128] als auch von einer Schadensersatzhaftung (§ 280 Abs. 1 S. 2)[129] befreit ist. Dies war vor Inkrafttreten der Schuldrechtsreform nicht der Fall, da insbesondere eine Haftung nach § 326 a.F. trotz Unvermögens fortbestand.[130]

Dass es dem Normverfasser bei der Einfügung des § 281 ausschließlich auf die Stärkung der Gläubigerrechte ankam, dürfte in dieser Pauschalisierung mithin nicht zutreffen.

Eine genauere Analyse der Materialien erhellt zudem, dass die konkreten Vorstellungen des Gesetzgebers zur Möglichkeit des Gläubigers, von einem Rück- bzw. Herausgabeanspruch auf einen Schadensersatz gemäß § 281 überzugehen, lediglich *schuldrechtliche* Ansprüche betrafen, namentlich die heutigen §§ 546, 604, 812.[131] Schon deshalb kann nicht ausgeschlossen werden, dass die besonderen Unwägbarkeiten, die mit einer Anwendung des § 281 gerade im Rahmen einer Vindikationslage einhergehen,[132] nicht oder zumindest nicht hinreichend Berücksichtigung gefunden haben.

Als weiteres Indiz hierfür kann der Umstand herangezogen werden, dass ein entsprechender ausdrücklicher Hinweis auf § 985 in den Gesetzesmaterialien fehlt, obgleich ein solcher etwa zur „allgemein anerkannten" Anwendbarkeit des § 281 a.F. (nunmehr: § 285) auf das Rückabwicklungsschuldverhältnis ausdrücklich erfolgte.[133] Dass dies für die wesentlich kontroversere Frage nach einem Übergang vom vindikatorischen Herausgabeanspruch zum Schadensersatz mittels der Vorschriften des allgemeinen Leistungsstörungsrechts unterblieben ist, obschon die Problematik – wie bereits im Ansatz dargelegt wurde und im Einzelnen noch aufzuzeigen sein wird – durch die Gesetzesneugestaltung erheblich an Brisanz hinzugewonnen hat, erscheint zumindest bemerkenswert.

Mangels Eindeutigkeit der Materialien lässt sich die Frage zur Anwendbarkeit des § 281 im Rahmen einer Vindikationslage daher nicht mit den (vermeintlichen) Vorstellungen des Gesetzgebers, sondern ausschließlich anhand der von diesem mit der Einführung der Vorschrift objektiv geschaffenen Rechtslage beantworten.[134] Die Möglichkeit eines Übergangs vom Herausgabeanspruch ge-

---

[128] Jauernig/*Stadler*, 17. Aufl. 2018, § 281 Rn. 5.

[129] Eine Garantiehaftung im Sinne von § 279 a.F. setzt nunmehr stets eine entsprechende vertragliche Vereinbarung gemäß § 276 Abs. 1 S. 1 voraus, MüKo/*Ernst*, BGB, 7. Aufl. 2016, § 280 Rn. 25.

[130] MüKo/*Emmerich*, BGB, 4. Aufl. 2001, § 279 Rn. 13; vgl. auch Soergel/*Wiedemann*, 12. Aufl. 1990, § 279 Rn. 10.

[131] BT Drucks. 14/6040, 138 f.

[132] Hierzu ausführlich unten, B. II. und III.

[133] Vgl. BT Drucks 14/6040, 194 („Es ist allgemein anerkannt, dass der bisherige § 281 (= § 285) auf Ansprüche aus dem durch den Rücktritt begründeten Rückgewährschuldverhältnis anwendbar ist. Der Entwurf geht davon aus, dass die Neufassung des § 346 hieran nichts ändert.").

[134] Dieses Vorgehen entspricht jedenfalls der herrschenden objektiven Theorie, wonach der

mäß § 985 auf § 281 hängt mithin in erster Linie davon ab, ob sich die zuletzt genannte Vorschrift überhaupt systematisch in das Rechtsverhältnis zwischen dem Eigentümer und dem unrechtmäßigen Besitzer einfügt.[135] Eine entsprechende Prüfung ist der BGH indes im Wesentlichen schuldig geblieben.[136]

bb) Gleichstellung des dinglichen Gläubigers

Endlich scheint die Argumentation des BGH, der dingliche Gläubiger dürfe bei seiner Rechtsverfolgung hinsichtlich seines Herausgabeanspruchs nicht schlechter gestellt werden als der schuldrechtliche, gleich in zweifacher Hinsicht angreifbar.

(1) Kein Grundsatz der Besserstellung des dinglichen Gläubigers

Zum einen ist der dingliche Gläubiger durch das Gesetz keinesfalls stets bessergestellt. So mutet es gerade im Rahmen einer Vindikationslage typisch an, dass der Eigentümer insbesondere in schadensersatzrechtlicher Hinsicht im Vergleich zum obligatorischen Herausgabegläubiger durch die erhöhten Hürden der §§ 989 f. eher benachteiligt ist.[137] Hinzukommt die bereits an früherer Stelle[138] dargelegte Besonderheit des § 985, wonach die hieraus resultierende Herausgabepflicht bereits mit dem Wegfall der Anspruchsvoraussetzung „Besitz“ erlischt, während dies bei einer schuldrechtlichen Verschaffungs- oder Rückgabepflicht (etwa aus § 546) nur dann der Fall ist, wenn die Sache nicht mehr (zurück-)verschafft werden *kann*, weil der obligatorische Schuldner erst im Falle der Unmöglichkeit gemäß § 275 von seiner Leistungspflicht frei wird.[139]

Der mietrechtliche Herausgabeanspruch scheint im Vergleich zu § 985 auch deshalb günstiger, weil der unrechtmäßige Besitzer dem Eigentümer im Rahmen der Vindikation lediglich den Zugriff auf die Sache zu verschaffen hat, und zwar in dem Zustand, in dem sich diese gerade befindet.[140] Zwar ist die Beschaffenheit der Mietsache auch für § 546 insoweit ohne Bedeutung, als hiernach ebensowenig

---

in der Gesetzesbestimmung zum Ausdruck kommende objektivierte Wille des Gesetzgebers für die Gesetzesinterpretation ausschlaggebend ist, wenn und soweit ein eindeutig entgegenstehender Wille des Gesetzgebers fehlt, vgl. nur BVerfGE 1, 299 ff. = NJW 1952, 737 (Ls.); BGHZ 49, 221, 223 ff. = MDR 68, 381; NJW 1997, 1695; MüKo/*Säcker*, BGB, 7. Aufl. 2015, Einleitung zu Band I Rn. 124; zur subjektiven Theorie: *Rüthers*, JZ 2006, 53 ff.

[135] Vgl. BGHZ 49, 263, 265 f. = NJW 1968, 788 (zu § 888); MüKo/*Baldus*, BGB, 7. Aufl. 2017, § 985 Rn. 143.

[136] Hierzu im Einzelnen: B. II. und III.

[137] So auch *Kohler*, NZM 2014, 729, 738 m. w. N.; vgl. zudem *Gursky*, JURA 2004, 433, 435.

[138] A. I.

[139] Vgl. nur MüKo/*Medicus*, BGB, 4. Aufl. 2004, 985 Rn. 35; *Gursky*, JURA 2004, 433, 434 f.

[140] BGHZ 148, 252, 255 = NJW 2001, 2966; Soergel/*Stadler*, 13. Aufl. 2006, § 985 Rn. 21;

eine Verpflichtung begründet wird, etwaige Beschädigungen zu reparieren, so dass die vertraglich geschuldete Rückgabe selbst dann als bewirkt anzusehen ist, wenn der Mieter die Sache defekt oder verwahrlost an den Vermieter herausgibt.[141] Allerdings hat Ersterer alle signifikanten Einrichtungen, mit denen er die Sache während der Dauer des Mietverhältnisses versehen hat, zu entfernen, insbesondere die in einer Wohnung oder auf einem Grundstück vorgenommenen erheblichen Ein- oder Aufbauten zu beseitigen,[142] weil er ansonsten seiner ebenfalls aus § 546 resultierenden *Räumungs*pflicht nicht nachkommt.[143] Eine derartige Verpflichtung vermag der auf bloße Auskehrung gerichtete Anspruch aus § 985 gerade nicht zu begründen.[144] Der lediglich vindizierende Eigentümer gerät mithin auch dann in Gläubigerverzug,[145] wenn er die ihm angebotene Sache nicht annimmt, weil diese noch in beträchtlichem Umfang mit Einrichtungen des Schuldners versehen ist.[146] Auch insoweit bleibt § 985 hinter § 546 Abs. 1 zurück.

Die letztgenannte Vorschrift ist zudem weiterhin anwendbar, wenn sich der Mieter eigentlich auf einen Umstand berufen kann, der ein Zurückbehaltungsrecht zu begründen vermag (§ 570), während § 985 in einem derartigen Fall nicht zur Geltung gelangt.[147] Das Schuldrecht erweist sich hier ebenfalls als für den Gläubiger günstiger.

Das vom BGH letztlich geltend gemachte *argumentum a maiore ad minus*, der dingliche Gläubiger dürfe bei seiner Rechtsverfolgung hinsichtlich seines Herausgabeanspruchs nicht schlechter stehen als der obligatorische,[148] scheint nach

---

Staudinger/*Gursky* (2012), § 985 Rn. 60; MüKo/*Baldus*, BGB, 7. Aufl. 2017, § 985 Rn. 78; Palandt/*Herrler*, 77. Aufl. 2018, § 985 Rn. 8.

141 BGHZ 104, 285, 289 = NJW 1988, 2665; BGH, NJW 2014, 143, 144 (Rn. 15); BGH, NZM 2018, 320, 323 (Rn. 24); BGH, NZM 2018, 717, 718 (Rn. 20); Palandt/*Weidenkaff*, 77. Aufl. 2018, § 546 Rn. 5 (dann aber Schlechterfüllung, die Schadensersatzansprüche begründen kann).

142 BGHZ 96, 141, 144 = NJW 1986, 309; OLG Koblenz, NZM 2006, 181.

143 BGHZ 104, 285, 289 = NJW 1988, 2665 (unzulässige Teilräumung); BGH, NJW-RR 2015, 433 (Rn. 16); vgl. zudem: OLG Koblenz, NZM 2006, 181. Anders, wenn lediglich einzelne Gegenstände nicht entfernt werden, weil dann wegen Unerheblichkeit der Einrichtungen bloße Schlechterfüllung der Rückgabe anzunehmen ist, die lediglich einen Schadensersatzanspruch auszulösen vermag, vgl. BGHZ 104, 285, 289 = NJW 1988, 2665; Palandt/*Weidenkaff*, 77. Aufl. 2018, § 546 Rn. 5.

144 BGHZ 104, 285, 289 = NJW 1988, 2665; BGHZ 148, 252, 255 = NJW 2001, 2966; MüKo/*Baldus*, BGB, 7. Aufl. 2017, § 985 Rn. 74 („Für den dinglichen Anspruch kommt es auf diese Frage nicht an.").

145 Zur Anwendbarkeit der §§ 293 ff. auf § 985 vgl. nur: Palandt/*Herrler*, 77. Aufl. 2018, § 985 Rn. 12; BeckOGK/*Spohnheimer*, BGB, 1.7.2018, § 985 Rn. 27.

146 Vgl. BGHZ 148, 252, 255 = NJW 2001, 2966; MüKo/*Baldus*, BGB, 7. Aufl. 2017, § 985 Rn. 74.

147 BGH, NZM 1998, 779 f. (zu § 556 a. F.); MüKo/*Häublein*, BGB, 7. Aufl. 2016, § 570 Rn. 3.

148 BGHZ 209, 270, 277 (Rn. 23) = NJW 2016, 3235 (m. Anm. *Kaiser*).

alldem schon deshalb unpassend, weil schuldrechtliche Rück- bzw. Herausgabeansprüche gerade nicht als Minus in § 985 enthalten, sondern vielmehr als *Aliud* hierzu aufzufassen sind.

(2) Keine Aushöhlung des normativen Rechts mithilfe von Billigkeitsargumenten

Da sich der Gedanke der Gleichbehandlung des dinglichen Gläubigers freilich ebensowenig mit dem Wortlaut oder der Systematik des § 281 selbst noch anhand der Wertungen des Eigentümer-Besitzer-Verhältnisses rechtsdogmatisch begründen lässt, handelt es sich bei dem Einwand des BGH im Ergebnis um ein reines Billigkeitsargument. Es erscheint jedoch in höchstem Maße zweifelhaft, ob und inwieweit eine auf Billigkeitserwägungen fußende Begründung der Anwendbarkeit des § 281 im Rahmen einer Vindikationslage anzuerkennen ist. Um zu verhindern, dass allein das Streben nach einer gerechten Entscheidung zur Verkehrung gesetzlicher Vorschriften führt, ist die Zuhilfenahme des unbestimmten Rechtsbegriffs der „Billigkeit" nämlich grundsätzlich nur insoweit möglich, als die hiervon betroffenen gesetzlichen Bestimmungen dies auch zulassen.[149] Ansonsten wäre ein lediglich im Vorfeld intuitiv als richtig empfundenes Ergebnis schließlich selbst dann zu rechtfertigen, wenn die normative Rechtslage ein solches nicht hergibt.[150] Der BGH hätte daher weitaus umfassender prüfen müssen, ob die von einer Anwendung des § 281 insoweit betroffenen gesetzlichen Bestimmungen der §§ 985, 989 f. hiermit überhaupt in Einklang zu bringen sind.[151] Darüber hinaus wäre der Frage nachzugehen gewesen, ob das angestrebte Ergebnis nicht in sonstiger Weise erreicht werden kann, nämlich anhand konkreter Alternativnormen und damit im Rahmen des bestehenden positiven Rechts.[152] Dies gilt umso mehr, als die Substituierung des § 985 wegen der anspruchsausschließenden Wirkung des § 281 Abs. 4 jedenfalls auf die dingliche Rechtslage ausstrahlt[153] und auf der Ebene des Sachenrechts von wertenden Betrachtungen grundsätzlich nur sehr zurückhaltend Gebrauch zu machen ist.[154]

---

[149] *Medicus*, VersR 1981, 593, 596, *Larenz*, Methodenlehre, 348.

[150] *Medicus*, VersR 1981, 593, 596; *Larenz*, Methodenlehre, 348; *Weiss*, JuS 2012, 965, 968 (zu §§ 985, 281); in diese Richtung auch *Schwerdtner*, 20, 132 (zu § 283 a. F.: Gefahr „reiner Billigkeits- und Falljurisprudenz").

[151] Vgl. nur BGHZ 49, 263, 265 f. = NJW 1968, 788 (zu § 888); MüKo/*Baldus*, BGB, 7. Aufl. 2017, § 985 Rn. 143.

[152] Vgl. *Henkel*, 136; *Medicus*, VersR 1981, 593, 596.

[153] Zur Wirkung des § 281 Abs. 4 auf § 985 im Einzelnen sogleich: B. II., vor allem B. II. 2. und 4. c).

[154] BGH, NJW 2014, 550 (Rn. 14).

II. Sachenrechtliche Besonderheiten

Ungeachtet der bislang bereits aufgezeigten und im Einzelnen noch darzulegenden Unterschiede zur Situation vor Einführung des § 281 scheint die vom BGH übernommene Begründung, die sich sowohl auf die Motive zum BGB als auch auf die frühere Rechtslage bezieht,[155] zunächst einmal zu oberflächlich über die Besonderheiten des § 985 hinwegzugehen. Zwar ist der Eigentumsherausgabeanspruch nach zutreffender und zu Beginn dieser Untersuchung bereits dargelegter[156] Ansicht nicht bloß obligationsähnlich, wie vom Gerichtshof mit Blick auf die Erwägungen des historischen Gesetzgebers[157] angenommen, sondern begründet sogar ein Schuldverhältnis im Sinne von § 241.[158] Wie jedoch in diesem Zusammenhang ebenfalls klargestellt worden ist, darf allein dieser Umstand gerade nicht zur Außerachtlassung der Eigenheiten dinglicher Ansprüche führen. Vielmehr bleibt es dabei, dass schuldrechtliche Vorschriften insoweit nur dann ergänzend zur Anwendung gelangen können, wenn sachenrechtliche Besonderheiten nicht entgegenstehen.[159]

Um die Rechtslage insoweit richtig würdigen zu können, sind zunächst grundlegende Kenntnisse über die Auswirkungen, die eine – von den Haftungsverschärfungen der §§ 989, 990 einmal abgesehen – *uneingeschränkte* Anwendung des § 281 auf das rechtliche Gesamtgefüge des Anspruchs aus § 985 einerseits sowie der (übrigen) Rechtsbeziehung zwischen Eigentümer und Besitzer andererseits zeitigen würde, unerlässlich.

Die folgende Darstellung soll daher zunächst einen Überblick bieten, welche rechtlichen Konsequenzen ein Übergang von § 985 zum Schadensersatz statt der Leistung gerade im Hinblick auf die Besonderheiten einer Vindikationslage haben kann (sogleich: 1.–3.). Soweit nicht an jeweils betroffener Stelle bereits geschehen, werden im Anschluss daran die in Betracht kommenden Lösungsmöglichkeiten eingehend beleuchtet (4.). In diesem Zusammenhang wird freilich insbesondere zu prüfen sein, ob sich der vom BGH vorgeschlagene und im Einzelnen noch darzulegende Weg über eine entsprechende Anwendung des § 255 als gangbar erweist.

---

155 Vgl. BGHZ 209, 270, 275 f. (Rn. 18) = NJW 2016, 3235 (m. Anm. *Kaiser*).

156 A. I.

157 Mugdan III, 221 f.

158 Soergel/*Stadler*, 13. Aufl. 2006, Vor § 987, dort Fn. 6; *Becker*, 27; *Wilhelm*, Sachenrecht, 5. Aufl. 2016, Rn. 109; a. A.: Staudinger/*Gursky* (2012), Vorbem zu §§ 987–993 Rn. 37; MüKo/*Raff*, BGB, 7. Aufl. 2017, § 989 Rn. 1; (erst mit Eintritt der Rechtshängigkeit bzw. Kenntnis vom Mangel des Besitzrechts).

159 Baur/*Stürner*, § 11 Rn. 43; MüKo/*Baldus*, BGB, 7. Aufl. 2017, § 985 Rn. 143; Erman/*Ebbing*, 15. Aufl. 2017, § 985 Rn. 1; wohl auch *Medicus/Petersen*, BR, Rn. 447 ff. („lässt sich nicht einheitlich beantworten“).

1. Der rechtliche Charakter des vindikatorischen Herausgabeanspruchs

Teile des Schrifttums[160] halten eine Heranziehung des § 281 auf die Vindikationslage bereits deshalb für mit der Natur des § 985 unvereinbar, weil eine solche zu einer unzulässigen Wesensänderung des Eigentumsherausgabeanspruchs führe. In diesem Zusammenhang werden insbesondere zwei Charakteristika des § 985 ins Feld geführt, die sich nicht immer exakt voneinander abgrenzen lassen und daher stellenweise ineinander übergehen können.

a) Unselbstständigkeit der Vindikation

aa) Ausgangsüberlegung

Während die auf Besitzauskehrung gerichtete Vindikation[161] nur ein unselbstständiges „Hilfsmittel" zur Beendigung des rechtswidrigen Zustands (Besitz ohne Besitzrecht) darstelle und sich als Folgeanspruch aus dem Eigentum lediglich auf die „Verteidigung" desgleichen beschränke, begründete § 281 im Rahmen eines Eigentümer-Besitzer-Verhältnisses einen von diesem Zweck losgelösten *selbstständigen* Zahlungsanspruch, der – weil schuldrechtlich und deshalb vom dinglichen Recht losgelöst – mit der beschriebenen „Hilfsfunktion" des § 985, der ohne das Stammrecht nicht bestehen kann, unvereinbar wäre.[162]

bb) Stellungnahme

Eine derartige Begründung setzt sich freilich fundamental in Widerspruch zu den Regelungen der §§ 989f., die ebenfalls durch Schaffung eines eigenständigen (schuldrechtlichen)[163] Zahlungsanspruchs eine „Entkopplung" vom dinglichen Recht bewirken.[164]

Insbesondere *Gursky* hält dem indes entgegen, es könne im Rahmen der §§ 989, 990 jedenfalls nicht zu der für § 281 typischen Situation kommen, dass der Übergang zum Schadensersatz ausschließlich durch die willkürliche Ausübung eines (einseitigen) „Wahlrechts" des Eigentümers herbeigeführt werde. Denn § 989 setze zusätzlich noch den Untergang, die Verschlechterung oder die Herbeiführung der Unmöglichkeit der Herausgabe und damit ein vom Eigen-

---

[160] Vgl. nur Picker, 158; *Gursky*, JURA 2004, 433, 435; *Katzenstein*, AcP 206 (2006), 96, 104f.; *Kohler*, NZM 2014, 729, 738.

[161] Hierzu bereits: A. II. 1.

[162] In diese Richtung etwa: *Gursky*, JURA 2004, 433, 435; *Kohler*, NZM 2014, 729, 738; zur Untrennbarkeit von § 985 und Stammrecht ausführlich sogleich: B. II. 2.

[163] Zur schuldrechtlichen Natur der §§ 987ff. vgl. nur Soergel/*Stadler*, 13. Aufl. 2006, Vor § 985 Rn. 4.

[164] Dies selbst ins Feld führend: *Gursky*, JURA 2004, 433, 435.

tümer nicht zu steuerndes, die Vindikation vereitelndes Verhalten des Schuldners voraus.[165]

Im Ergebnis vermag jedoch allein dieser Gesichtspunkt nicht, den aufgezeigten Widerspruch zu entkräften. Denn zum einen lässt sich die Herausgabe auch dadurch vereiteln, dass der Besitzer die Sache vor dem Eigentümer verbirgt.[166] Zum anderen hat das in § 281 verankerte „Wahlrecht" keinen direkten Bezug zu der aufgeworfenen Frage, ob aus der vom Stammrecht abhängigen Vindikation *ganz grundsätzlich* ein vom Eigentum losgelöster Ersatzanspruch hervorgehen kann. Dass der Gläubiger mit Fristablauf gemäß § 281 Abs. 4 zwischen Primär- und Sekundärleistung wählen darf, ist vielmehr ein damit nicht unmittelbar in Zusammenhang stehender Umstand, der die geltend gemachte Argumentation, die schließlich von dem Befund ausgeht, dass die Vindikation gerade wegen ihrer unselbstständigen Natur prinzipiell nicht als eigenständiger Schadensersatzanspruch fortbestehen kann, mit Blick auf § 989 nicht schlüssig erscheinen lässt.

Indessen bedarf es einer abschließenden Klärung dieser Frage an hiesiger Stelle schon aus zweierlei Gründen nicht: Zum einen vermag der genannte Aspekt des „Wahlrechts" jedenfalls in anderer Hinsicht erhebliche Zweifel an der Anwendbarkeit des § 281 zu begründen.[167] Zum zweiten steht die Argumentation, wonach die Schadensersatzhaftung gemäß §§ 989 f. ausnahmsweise deshalb zu rechtfertigen sei, weil es zu ihrer Begründung eines schuldhaften, auf die Vindikationsvereitelung hinauslaufenden und vom Eigentümer nicht zu steuernden Verhaltens des Besitzers bedarf,[168] der hier vertretenen Lösung[169] gerade nicht entgegen. Auf beides wird an jeweils betroffener Stelle zurückzukommen sein.

b) Pekuniäre Wertlosigkeit der Vindikation

aa) Ausgangsüberlegung

Von Teilen des Schrifttums[170] wird in diesem Zusammenhang zudem auf die bereits dargelegte[171] These zurückgegriffen, wonach die Vindikation nicht auf Vermögensaufstockung, sondern allein auf den Rückzug des Besitzers aus der fremden Herrschaftssphäre gerichtet sei. Wegen dieser rein negatorischen Natur des § 985 komme dem Eigentumsherausgabeanspruch schon kein eigenständiger

165 *Gursky*, JURA 2004, 433, 435.

166 Zu diesen Konstellationen ausführlich unten: C.

167 Vgl. hierzu insbes. B. III. 3. („Zwangskauf").

168 So insbes. *Gursky*, JURA 2004, 433, 435.

169 Vgl. C.

170 Insbes. *Picker*, 158; *Katzenstein*, AcP 206 (2006), 96, 104 f.

171 A. II. 1.

wirtschaftlicher Wert zu.[172] Hieraus folge wiederum, dass § 281 nicht zur Anwendung gebracht werden könne, weil die damit grundsätzlich angestrebte Substituierung des § 985 in einen Zahlungsanspruch eine unzulässige inhaltliche Änderung der ursprünglich geschuldeten Leistung bewirken würde. Denn der Eigentümer könnte – so die Argumentation – mittels des § 281 die Umwandlung eines pekuniär wertlosen Anspruchs (§ 985) in eine geldwerte Forderung (§ 281) herbeiführen.[173]

Bei einer solch isolierten Betrachtungsweise – so möchte man hinzufügen – stünde die Heranziehung des § 281 auf die Vindikation wohl zugleich im Widerspruch zu den Wertungen des Schadensersatzrechts, das in erster Linie einen Ausgleich für erlittene materielle[174] Nachteile herbeizuführen bezweckt.[175] Die Substituierung des § 985 in eine Geldforderung wäre dann nämlich allenfalls unter dem Gesichtspunkt der Bestrafung des seiner Herausgabepflicht nicht nachkommenden Besitzers zuzulassen, was zur Überdehnung der Systematik des deutschen Schadensersatzrechts führte, dem ein solcher Gedanke gerade fremd ist.[176]

bb) Stellungnahme

Obschon sich der Eigentumsherausgabeanspruch in vermögensrechtlicher Hinsicht tatsächlich deutlich von schuldrechtlichen Forderungen unterscheidet, weil er in erster Linie auf die Verwirklichung der dinglichen Rechtslage gerichtet ist,[177] so erscheint es im Ergebnis nicht nur zu weitgehend, dem Eigentümer allein deshalb die Möglichkeit zu verwehren, von § 985 auf einen Schadensersatz mittels der Vorschriften des allgemeinen Leistungsstörungsrechts überzugehen. Vielmehr wäre eine auf diese Annahme gestützte Ablehnung des § 281 auch aus grundsätzlichen Erwägungen heraus verfehlt, was nachfolgend aufzuzeigen sein wird.

---

[172] So insbes. *Picker*, 158; *Katzenstein*, AcP 206 (2006), 96, 104 f.

[173] *Katzenstein*, AcP 206 (2006), 96, 104 f.; Westermann/*Gursky*, 8. Aufl. 2011, § 30 Rn. 23.

[174] Dass es sich um materielle, also *finanzielle* Nachteile handeln muss, ergibt sich schon aus einem Umkehrschluss aus § 253, der bestimmt, dass wegen eines Schadens, der nicht Vermögensschaden ist, Entschädigung in Geld nur in den durch das Gesetz bestimmten Fällen gefordert werden kann.

[175] Sog. Ausgleichsfunktion des Schadensersatzrechts, MüKo/*Oetker*, BGB, 7. Aufl. 2016, § 249 Rn. 8.

[176] *Medicus,* VersR 1981, 593, 601; Soergel/*Ekkenga/Kuntz*, 13. Aufl. 2014, Vor § 249 Rn. 31; MüKo/*Oetker*, BGB, 7. Aufl. 2016, § 249 Rn. 8; jurisPK/*Rüßmann*, BGB, 8. Aufl. 2017, § 249 Rn. 15; vgl. ferner *Ebert*, 442 ff.

[177] Westermann/*Gursky*, 8. Aufl. 2011, § 30 Rn. 23.

(1) Kein Nachweis der Vermögensrelevanz des Anspruchs aus § 985 anhand der §§ 989f.

Entgegen einer vereinzelt gebliebenen Stimme in der Literatur[178] lässt sich eine Vermögensrelevanz der Vindikation jedoch nicht bereits aus den Vorschriften der §§ 989 f. ableiten, weil diese zur Bestimmung des Schadens gerade nicht an den Inhalt des Herausgabeanspruchs selbst, sondern an Vermögenseinbußen anknüpfen, die insbesondere auf die Beschädigung, Zerstörung oder erschwerten Verfolgung der Sache zurückzuführen sind.[179] Ebensowenig wird der nach §§ 990 Abs. 2, 286 zu ersetzende Vorenthaltungsschaden[180] am Inhalt der Vindikation ausgerichtet, sondern stellt lediglich die Kompensation entgangener Nutzungen dar.[181]

(2) § 906 Abs. 2 S. 2 als Indiz für die Werthaltigkeit negatorischer Ansprüche

Demgegenüber scheint die Bestimmung des § 906 Abs. 2 S. 2 einen Hinweis darauf zu geben, dass selbst negatorischen Ansprüchen eine gewisse Werthaltigkeit zukommt. Die Vorschrift gewährt dem Grundstückseigentümer einen Entschädigungsanspruch für von ihm zu duldende Einwirkungen auf sein Grundstück, wenn er wegen einer aus § 906 folgenden Duldungspflicht von seinem Recht aus § 1004 keinen Gebrauch machen kann; der Geldanspruch aus § 906 Abs. 2 S. 2 tritt insoweit an die Stelle des negatorischen Unterlassungsanspruchs.[182] Obgleich es sich bei der zuletzt genannten Vorschrift in erster Linie um eine Spezialregelung des zivilrechtlichen Nachbarschutzes handelt, so dürfte ihr doch auch hinsichtlich der Werthaltigkeit des § 985 eine gewisse Indizwirkung zukommen, und zwar insbesondere auch dann, wenn man sich der dogmatisch schwierigen These anschließt, wonach der vindikatorische Herausgabeanspruch lediglich auf Rückzug aus der Rechtssphäre des Eigentümers ausgerichtet und damit rein negatorisch ausgestaltet ist.[183]

---

178 *Bezzenberger*, JZ 2005, 373, 376.

179 Vgl. etwa BGH, NJW 1964, 2414.

180 Hierzu bereits oben, B. I. 3. a) bb).

181 BGH, NJW 1964, 2414; a.A. aber *Bezzenberger*, JZ 2005, 373, 376, der in § 990 Abs. 2, 286 allgemein die Wertung sieht, dass dingliche Ansprüche grundsätzlich Vermögensbezug haben.

182 NK/*Ring*, BGB, 3. Aufl. 2013, § 906 Rn. 257.

183 So etwa *Picker*, 158; dem folgend: *Katzenstein*, AcP 206 (2006), 96, 104f.; a.A. die h.M., z.B. BGH, NJW-RR 2015, 433 (Rn. 16); Staudinger/*Gursky* (2012), § 985 Rn. 60; MüKo/*Baldus*, BGB, 7. Aufl. 2017, § 985 Rn. 78ff.; Soergel/*Stadler*, 13. Aufl. 2006, § 985 Rn. 20; (jeweils: positives Tun, Besitzauskehrung); vgl. zudem oben: A. II. 1.

(3) Erforderlichkeit einer Gesamtbetrachtung zur wertmäßigen Bestimmung der zu surrogierenden Leistung gemäß § 281

Dessen ungeachtet lässt sich die Anwendbarkeit des § 281 ohnehin nicht allein mit dem Argument ablehnen, der Vindikation fehle die hierzu erforderliche wirtschaftliche Werthaltigkeit, da sie lediglich negatorisch auf Unterlassung gerichtet sei. Denn selbst wenn man die Richtigkeit dieser These unterstellt, hätte dies noch nicht zwingend zur Folge, dass § 281 keine Geltung erlangen kann. Es ist zwar richtig, dass zur inhaltlichen Ausrichtung des anstelle der Leistung geltend gemachten Schadensersatzes zunächst die Höhe der ursprünglich geschuldeten Forderung in den Blick zu nehmen ist.[184] Entgegen der zuvor dargestellten Ansicht darf man hierbei jedoch nicht stehenbleiben. Denn zur vollständigen Bestimmung der gemäß § 281 zu ersetzenden Leistung bedarf es stets einer Gesamtbetrachtung aller Vor- und Nachteile.[185] Bei einer Vindikationslage wäre deshalb auch und vor allem dem bereits dargelegten[186] Umstand Rechnung zu tragen, dass der Eigentümer gemäß § 281 Abs. 4 nicht lediglich den Anspruch aus § 985,[187] sondern faktisch zugleich sein Eigentum an der Sache verlieren würde, weil er fortan mangels Vindikationsmöglichkeit keinerlei Handhabe mehr gegen den Besitzer hätte, um seine Sache zurückzuerlangen. Ließe man diesen Aspekt bei der Frage nach der Anwendbarkeit des § 281 auf § 985 außer Acht, würde man dem Prinzip zuwiderhandeln, wonach der Gläubiger gemäß der §§ 280 ff. grundsätzlich alle Schäden ersetzt verlangen können muss, die ihm unmittelbar und mittelbar durch das schädigende Verhalten des Schuldners entstehen.[188]

Schließlich beschränkt sich § 281 auch in anderen Zusammenhängen nicht auf den reinen Wert der Gegenleistung. So besteht der Ersatzanspruch des Käufers bei Nichtleistung des Verkäufers keinesfalls lediglich in Höhe der Differenz zwischen Kaufpreis und Wert der Kaufsache. Vielmehr kann Ersterer auch die Mehrkosten eines Deckungsgeschäfts[189] sowie einen auf das Ausbleiben der Leistung zurückzuführenden entgangenen Gewinn[190] gemäß § 281 ersetzt verlangen.[191] Bei genauerer Betrachtung sind aber auch solcherlei Kosten erst im Rahmen ei-

---

184 Hierzu bereits: B. I. 3. a) aa) (2).

185 Vgl. nur: MüKo/*Emmerich*, BGB, 7. Aufl. 2016, Vor § 281 Rn. 3 f.

186 B. I. 3. a) aa) (2).

187 Inwieweit dies bei § 985 tatsächlich zutrifft wird nachfolgend erörtert: B. II. 2.

188 Vgl. hierzu etwa: Soergel/*Benicke/Hellwig*, 13. Aufl. 2014, § 280 Rn. 285; Palandt/*Grüneberg*, 77. Aufl. 2018, § 280 Rn. 32.

189 BGHZ 197, 357, 361 ff. = JuS 2014, 167 (m. Anm. *Schwab*).

190 MüKo/*Emmerich*, BGB, 7. Aufl. 2016, Vorbem zu § 281 Rn. 45.

191 Allg. zur Bemessung des Umfangs des Anspruchs aus § 281 anhand eines Deckungs- oder Gewinngeschäfts: *Flume*, AcP 215 (2015), 282, 317 ff.

ner Gesamtschau unter § 281 zu fassen. Denn die Vornahme eines Deckungsgeschäfts ist in erster Linie eine Reaktion des Käufers auf das Ausbleiben der Leistung[192] und beim entgangenen Gewinn wird der konkrete Schaden ebenfalls erst durch den *zusätzlichen Umstand* begründet, dass der Käufer entsprechende Vereinbarungen mit einem Dritten getroffen hat. In derartigen Konstellationen ist zur Bestimmung der Höhe der gemäß § 281 zu ersetzenden Leistung mithin ebensowenig isoliert auf den Wert der nach § 433 Abs. 1 geschuldeten Übereignungspflicht, sondern auf die Gesamtsituation abzustellen.[193]

Bei Schuldverhältnissen, die auf ein Unterlassen gerichtet sind, gilt nichts anderes. Nimmt man etwa mit dem vertraglichen Wettbewerbsverbot eine typische Unterlassungspflicht in den Blick, so besteht dem Grunde nach kein Zweifel daran, dass der Gläubiger denjenigen Schaden ersetzt verlangen kann, der unter Abwägung aller Umstände adäquat kausal auf einer Zuwiderhandlung des Konkurrenten beruht. Führt der Verstoß beispielsweise zu niedrigeren Umsätzen oder Gewinnverlusten, so sind diese Einbußen unstrittig als Schadensersatz statt der Leistung ersatzfähig,[194] obgleich derartige Vermögenspositionen gerade *nicht* mit dem Wert der Unterlassungspflicht gleichzusetzen sind.[195]

Für die Frage, ob § 281 im Rahmen einer Vindikationslage anzuwenden ist, kann es folglich ebensowenig allein auf die rechtliche Natur bzw. die Werthaltigkeit des zugrundeliegenden Primäranspruchs aus § 985 ankommen. Vielmehr sind auch hier sämtliche relevanten Umstände zu beurteilen, mithin alle rechtlichen und insbesondere ökonomischen[196] Auswirkungen des schädigenden Verhaltens auf die Position des Eigentümers in den Blick zu nehmen.

---

192 *Schwab*, JuS 2014, 167.

193 Ebenso *Becker*, 204 (sämtliche Nachteile und Folgewirkungen, z. B. entgangener Gewinn).

194 Vgl. nur: EBJS/*Boecken*, HGB, 3. Aufl. 2014, § 74 Rn. 58; MüKo/*Ernst*, BGB, 7. Aufl. 2016, § 283 Rn. 14 (jew. abstellend auf § 283, da absolutes Fixgeschäft); ErfK/*Oetker*, 18. Aufl. 2018, § 74 HGB Rn. 23 (§ 281); allgemeiner: *Bauer/Diller*, NJW 2002, 1609, 1611; MüKo/*Müller-Glöge*, BGB, 7. Aufl. 2016, § 611 Rn. 1107; Staudinger/*Richardi/Fischinger* (2016), § 611 Rn. 1181; Palandt/*Weidenkaff*, 77. Aufl. 2018, § 611 Rn. 43c; vgl. zudem: *Köhler*, AcP 190 (1990), 496, 531; *Nieder*, GRUR 2013, 32, 34 (jew. zu § 818).

195 *Fuchs*, 160; *Köhler*, AcP 190 (1990), 496, 531 f. (allein die Unterlassung ist das „erlangte Etwas" und damit Gegenstand der Leistungskondiktion, Gewinnhaftung nur nach § 818); im Erg. ebenso, wenngleich nicht im Hinblick auf Unterlassungspflichten, sondern allg.: MüKo/*Schwab*, BGB, 7. Aufl. 2017, § 818 Rn. 125 ff. („gegenständliche Betrachtungsweise"); a. A. *Henckel*, AcP 174 (1974), 97, 125 (durch die Unterlassung erlangt und gem. § 812 herauszugeben = Gewinn, den der andere durch Unterlassung erzielt hat).

196 Insoweit bestehen gewisse Parallelen zu der Kontroverse, ob die Causa der Schadensersatzleistung gem. § 812 Abs. 1 2. Alt. 1 wegfällt, wenn der Eigentümer wieder in den Besitz der Sache gelangt. Zutreffenderweise kommt es bei dieser Frage nämlich ebensowenig isoliert auf den Umstand an, dass der Rechtsgrund im Zeitpunkt der Zahlung in Gestalt von § 281 bestand

2. Die Vindikation als Verkörperung des Eigentums

a) Unzulässige Trennung des § 985 vom Stammrecht gemäß § 281 Abs. 4

Die Rechtsfolge des § 281 Abs. 4, die soeben noch zum Anlass genommen wurde, den Schaden des Eigentümers in Höhe des Substanzwertes zu begründen, ließe sich freilich ebensogut gegen die Möglichkeit einer entsprechenden Substituierbarkeit des vindikatorischen Herausgabeanspruch in einen Schadensersatz statt der Leistung ins Feld führen. Denn bei konsequenter und uneingeschränkter Rechtsanwendung hätte der dort angeordnete Ausschluss der Primärleistung das Erlöschen des Anspruchs aus § 985 zur Folge, während die dingliche Rechtslage hiervon grundsätzlich unberührt bliebe, weil ein bloßes Schadensersatzverlangen keinerlei sachenrechtliche Wirkungen zu zeitigen vermag. Die in § 281 Abs. 4 enthaltende Bestimmung hätte mithin die Abspaltung der Vindikation vom Eigentum zur Folge, wodurch dieses gleichsam zu einem Recht ohne Inhalt, einem „ius nudum" verkäme. Da der vindikatorische Herausgabeanspruch jedoch gerade die Verwirklichung des dem Eigentum entsprechenden Zustands gegenüber demjenigen ermöglicht, der den gegenteiligen Zustand aufrechterhält,[197] ist § 985 nach ganz herrschender Ansicht untrennbar mit dem Stammrecht verbunden und kann deshalb bei fortbestehender Vindikationslage grundsätzlich nicht „ausgeschlossen" und auf diesem Wege zum Erlöschen gebracht werden.[198]

Dass letzteres in der Tat zutreffen muss, erhellt sich insbesondere aus dem Umstand, dass der Eigentümer auch ohne die Existenz des § 985 (im Sinne eines ausdrücklich normierten Anspruchs) vom unrechtmäßigen Besitzer ohne Weiteres Herausgabe seiner Sache verlangen könnte, weil er schlechterdings umfassend über diese zu bestimmen vermag und insbesondere andere von jeder Einwirkung auszuschließen berechtigt ist (§ 903). Da ein entsprechender Herausgabeanspruch des Eigentümers mithin nicht erst aus der Normierung des § 985, sondern bereits aus dem Stammrecht selbst folgt,[199] diesem gleichsam immanent ist, passt schon die in § 281 Abs. 4 vorgesehene Rechtsfolge nicht. Jedenfalls insoweit dürfte in der Tat fraglich sein, ob die Vindikation einer Anwendung des § 281 überhaupt zugänglich sein kann.

---

und durch die Zahlung erfüllt wurde (so aber Palandt/*Grüneberg*, 77. Aufl. 2018, § 255 Rn. 9). Vielmehr sind auch in diesem Zusammenhang zuvorderst wirtschaftliche Erwägungen anzustellen, vgl. hierzu unten: B. II. 3. a) cc).

[197] BGHZ 60, 235, 240 = NJW 1973, 703.

[198] Vgl. nur BGHZ 60, 235, 240 = NJW 1973, 703; NJW 2007, 2183, 2184; OLG München, NJW-RR 1996, 907; Staudinger/*Gursky*, (2012), § 985 Rn. 3 m. w. N.; Soergel/*Stadler*, 13. Aufl. 2006, § 985 Rn. 3 m. w. N.; *Gernhuber*, BR, 3. Aufl. 1991, 208; *Henckel*, AcP 174 (1974), 97, 130 f.; *Walsmann*, 82.

[199] *Gernhuber*, BR, 3. Aufl. 1991, 208; so auch *Henckel* AcP 174 (1974), 133 f.

b) Keine gesetzlich vorgesehenen Fälle einer Vindikationsabspaltung

Dieser Anwendungszweifel lässt sich jedenfalls nicht mit dem Argument zerstreuen, das normative Recht setze die Trennbarkeit des § 985 vom Stammrecht auch an anderer Stelle, namentlich im Rahmen der §§ 931, 185 Abs. 1, voraus.

aa) § 931

Selbst wenn die Annahme des historischen Gesetzgebers und des Reichsgerichts zuträfe, wonach es sich bei § 985 um einen von § 931 erfassten Herausgabeanspruch handeln soll,[200] so ließe sich hieraus jedenfalls nicht auf eine Abspaltbarkeit der Vindikation vom Eigentum schließen. Weil nämlich die Zession des § 985 gerade den Übergang des dinglichen Rechts zur Folge hätte, käme es bei § 931 in aller Regel gar nicht zu einer Trennung von Stammrecht und § 985. Vielmehr wären Eigentum und Herausgabeanspruch bereits im Zeitpunkt der Abtretung sogleich in der Person des Erwerbers wieder vereint. Demgegenüber führte die stringente Anwendung des § 281 Abs. 4 zur *dauerhaften* Abspaltung der Vindikation.

Die historischen Überlegungen zu § 931 lassen sich im Übrigen schon deshalb nicht auf die heutige Rechtslage übertragen, weil sie noch auf dem im römischen Recht wurzelnden und vom BGB nicht übernommenen Institut der Vindikationszession beruhten, mithin einem System, in dem die Vindikationsklage als solche abtretbar war.[201] Nach heutigem Recht soll dem Veräußerer einer beweglichen Sache durch § 931 aber lediglich die Möglichkeit eingeräumt werden, die zur Eigentumsübertragung nach § 929 S. 1 an sich erforderliche Übergabe zu ersetzen. Die Abtretung des Herausgabeanspruchs erfolgt daher im Rahmen des § 931 allein zur Verschaffung des Besitzes, weil es sich hierbei gerade um den zu surrogierenden und für den Eigentumsübergang zwingend notwendigen Publizitätsakt handelt. Folglich kann es sich bei den in der Norm zum Ausdruck gebrachten Herausgabeansprüchen nur um solche handeln, die dem Erwerber die tatsächliche Sachherrschaft einräumen und damit insbesondere um Forderungen aus einem bestehenden Besitzmittlungsverhältnis des Eigentümers zu einem Dritten im Sinne der §§ 868, 870.[202]

---

200 RGZ 52, 385, 394; Prot. III, 209; vgl. zudem *Ortmann*, JherJb 1912, 44, 64.

201 *Neumayer*, FS Lange, 305, 307; MüKo/*Oechsler*, BGB, 7. Aufl. 2017, § 931 Rn. 11; Staudinger/*Wiegand*, (2017) § 931 Rn. 15 f.; BeckOGK/*Lieder*, BGB, 1.9.2018, § 399 Rn. 43.2.

202 *Neumayer*, FS Lange, 305, 308 m. w. N.; MüKo/*Oechsler*, BGB, 7. Aufl. 2017, § 931 Rn. 15; Palandt/*Herrler*, 77. Aufl. 2018, § 931 Rn. 3.

bb) § 185 Abs. 1

Ebensowenig kann § 185 Abs. 1 als Beleg für eine Trennbarkeit des Anspruchs aus § 985 vom Stammrecht und damit – mittelbar – zur Rechtfertigung der Anwendbarkeit des § 281 auf das Eigentümer-Besitzer-Verhältnis herangezogen werden. Hiernach ist es zwar zulässig, einen Dritten zu ermächtigen, die Vindikation im eigenen Namen geltend zu machen. Eine Abspaltung dergleichen vom Stammrecht hat dies indes gerade nicht zur Folge, weil der Ermächtigte lediglich das beim Eigentümer verbleibende Recht im eigenen Namen geltend machen kann.[203]

c) Reduktion der Wirkung des § 281 Abs. 4

Da eine Trennung von Eigentum und Vindikation mithin nicht in Betracht kommt, ließe sich allenfalls vertreten, die Wirkung des § 281 Abs. 4 zwar hinsichtlich der „Vindikations*möglichkeit* als spezifischen Schutzmechanismus", nicht aber auch bzgl. des Rechts aus § 985 selbst eintreten zu lassen.[204] Auf diesem Wege verbliebe der Herausgabeanspruch beim Eigentümer und wäre lediglich in seiner Durchsetzbarkeit gehemmt, womit ein Auseinanderfallen von Vindikation und Stammrecht vermieden wäre. Ein entsprechender Übergang zum Schadensersatz statt der Leistung hätte dann jedoch die dauerhafte Trennung von Eigentum und Besitz und damit gleichwohl die Entstehung eines faktischen „ius nudum" zur Folge, weil der in § 281 Abs. 4 angeordnete Ausschluss der Primärleistungspflicht nach der Normkonzeption freilich endgültig erfolgt.

d) § 197 Abs. 1 Nr. 2 als Beleg für die Zulässigkeit des dauerhaften Auseinanderfallens von Eigentum und Besitz?

Im Gegensatz zur vollständigen „Abspaltung" des vindikatorischen Herausgabeanspruchs könnte letzteres indes mit der gesetzlichen Wertung des § 197 Abs. 1 Nr. 2 zu rechtfertigen sein. Weil hiernach auch Herausgabeansprüche aus Eigentum verjähren, ist der unrechtmäßige Besitzer mit Zeitablauf befugt, die nach § 985 eigentlich geschuldete Besitzauskehr gegenüber dem Eigentümer zu verweigern, so dass Letzterer seinen an sich fortbestehenden Herausgabeanspruch nicht mehr zwangsweise durchzusetzen vermag. Vergleichbar mit der Situation, die über einen entsprechend reduzierten § 281 Abs. 4 herbeigeführt werden würde, schafft das Gesetz daher mittels der Bestimmung des § 197 Abs. 1 Nr. 2 die Voraussetzungen für eine dauerhafte Trennung von Eigentum und Besitz.

---

[203] BGH, WM 1964, 426; a.A. *Selb*, FS Larenz, 517ff., 534ff.; Erman/*Ebert*, 15. Aufl. 2017, § 255 Rn. 5.

[204] MüKo/*Baldus*, BGB, 7. Aufl. 2017, § 985 Rn. 99.

Dieser Zustand ist jedenfalls mit Blick auf das Verjährungsrecht zu akzeptieren, weil es sich bei der zuletzt genannten Norm um eine eindeutige und ganz bewusste Entscheidung des Gesetzgebers handelt.[205] Ob hieraus zugleich auch der allgemeingültige Schluss einer dauerhaft durch Rechtsvorschrift bewirkten Trennbarkeit von Eigentum und Besitz zu ziehen ist, erscheint indes fraglich.

aa) Kein entsprechender Willensentschluss des Gesetzgebers bei § 281 Abs. 4

Schließlich fehlt es hinsichtlich der besonderen Wirkung, die dem § 281 Abs. 4 im Rahmen einer Vindikationslage zukäme, schon an einem vergleichbaren Willensentschluss des Normverfassers. Insbesondere findet sich in den Gesetzgebungsmaterialien zur Schuldrechtsreform an keiner Stelle ein Hinweis auf eine Auseinandersetzung mit der Frage, ob ein Übergang vom Herausgabeanspruch gemäß § 985 zum Schadensersatz statt der Leistung mittels der Vorschrift des § 281 möglich sein soll. Die hiermit grundsätzlich in Zusammenhang stehende und an späterer Stelle[206] noch darzulegende Problematik des sogenannten „Zwangskaufs" wurde vielmehr allein mit Blick auf schuldrechtliche Heraus- und Rückgabeansprüche, nicht hingegen für die Vindikation diskutiert.[207]

bb) Grundsätzliche rechtspolitische Bedenken gegen § 197 Abs. 1 Nr. 2

Hinzukommt, dass hinsichtlich der Wirkung des § 197 Abs. 1 Nr. 2 ganz grundsätzliche rechtspolitische Bedenken bestehen, die ein Überdenken der Regelung jedenfalls de lege ferenda erforderlich machen könnten.[208] Eine Übertragbarkeit der in der Bestimmung zum Ausdruck gebrachten Wertungen auf andere Vorschriften dürfte dann allerdings – wenn überhaupt – nur sehr restriktiv in Betracht zu ziehen sein.

Ein grundsätzliches Problem des § 197 Abs. 1 Nr. 2 besteht darin, dass durch die dort angeordnete Verjährung gerade der bösgläubige oder gar deliktische Be-

---

[205] Einem Diskussionsentwurf zur Schuldrechtsreform, wonach eine Verjährung der Vindikation nicht möglich sein sollte (vgl. *Peters/Zimmermann*, Verjährungsfristen, Gutachten und Vorschläge zur Überarbeitung des SchuldR I, 1981, 77, 186) ist der Gesetzgeber bewusst nicht gefolgt, vgl. BT-Drucks. 14/7052, 179 („Der Ausschuss ist der Frage nachgegangen, ob Herausgabeansprüche (auch) bei beweglichen Sachen unverjährbar sein sollen, wie dies im Schrifttum teilweise gefordert wird. Er hat sich mit der Bundesregierung dagegen entschieden."); Palandt/*Ellenberger*, 77. Aufl. 2018, § 197 Rn. 2; vgl. zudem OLG Frankfurt a. M., NJW-RR 2018, 857, 859 (Rn. 33 ff.) (Verjährung selbst bei sog. „Raubkunst"; keine teleologische Reduktion des § 197 Abs. 1 Nr. 2).

[206] B. III. 3., dort insbes. unter b).

[207] Vgl. BT-Drucks. 14/6040, 139.

[208] *Armbrüster*, FS Westermann, 53, 57; so auch Palandt/*Ellenberger*, 77. Aufl. 2018, § 197 Rn. 2.

sitzer begünstigt wird, weil derjenige, der an sein Besitzrecht glaubt und dies auch darf, nach Ablauf der Zehnjahresfrist des § 937 das Eigentum an der Sache ohnehin durch Ersitzung erwirbt. Die in diesem Zusammenhang vom Gesetzgeber ins Feld geführte Begründung, dem gutgläubigen Besitzer müsse durch § 197 Abs. 1 Nr. 2 die Sorge genommen werden, dass ihm entgegen den Erwerbstatbeständen der §§ 932, 937 eines Tages Bösgläubigkeit vorgeworfen werden könnte,[209] überzeugt nicht, obliegt es doch demjenigen, der sein Eigentum an der Sache behauptet, die Unredlichkeit des Erwerbes gemäß §§ 932 Abs. 1 S. 1 bzw. 937 Abs. 2 im maßgeblichen Zeitpunkt darzutun.[210] Weil daher bereits in der Beweislastverteilung ein hinreichender Schutzmechanismus zugunsten des gutgläubigen Erwerbers besteht, spielt die Vindikationsverjährung tatsächlich *allein* dem unredlichen Besitzer in die Hände, dem hierdurch sogar noch zusätzliche Anreize geschaffen werden, die Sache 30 Jahre im Verborgenen zu halten, um sich sodann auf Verjährung berufen zu können.[211] Schließlich handelt es sich bei Sachen, deren Vindikation auch nach so langer Zeit noch angestrebt wird, in aller Regel um besonders wertvolle Kunstwerke und sonstige Kulturgüter, die mit fortschreitendem Alter oftmals noch an Wert hinzugewinnen.

Die Bösgläubigkeit des Anspruchsgegners ist freilich keine Kategorie des Verjährungsrechts,[212] weshalb sich insbesondere auch der arglistig Täuschende mit Erfolg auf § 214 Abs. 1 berufen kann, was namentlich in den §§ 438 Abs. 3, 634a Abs. 3 sowie – wenn auch nicht dem Verjährungsrecht im technischen Sinne zugehörig – in § 124 Abs. 2 zum Ausdruck gebracht wird.[213] Weil jedoch die Regelung des § 197 Abs. 1 Nr. 2 *ausschließlich* zugunsten des bösgläubigen Besitzers praktisch wird, erscheint eine Korrektur der Vorschrift mit Blick auf die Zukunft insoweit dringend erforderlich und eine Übertragung der dort zum Ausdruck gebrachten Wertungen auf § 281 Abs. 4 daher nicht geboten.

cc) Keine vergleichbare Interessenlage

Darüber hinaus unterscheiden sich die vom Gesetzgeber bei der Schaffung der beiden Normen jeweils ins Auge gefassten Interessenlagen erheblich voneinander.

Während die Verjährung insbesondere der Wahrung der „Sicherheit des Verkehrs“ sowie dem „Rechtsfrieden“ dient und damit in erster Linie Allgemein-

---

209 BT-Drucks. 14/7052, 179.

210 *Armbrüster*, FS Westermann, 53, 63.

211 *Armbrüster*, FS Westermann, 53, 63.

212 OLG Frankfurt a. M., NJW-RR 2018, 857, 860 (Rn. 43) (Guter Glaube wird nicht vorausgesetzt; Verjährung selbst dann, wenn Besitzer Sache bewusst und zielgerichtet verbirgt); *Armbrüster*, FS Westermann, 53, 63 f.

213 *Armbrüster*, FS Westermann, 53, 63 f.

interessen zu schützen bestimmt ist,[214] zielt der in § 281 Abs. 4 angeordnete Anspruchsausschluss zuvorderst auf die Wahrung der individuellen Belange der Vertragsparteien ab, namentlich auf den Schutz des Schuldners vor doppelter Inanspruchnahme. Dass jedoch derartige Individualinteressen ein dauerhaftes Auseinanderfallen von Eigentum und Besitz gerade nicht zu rechtfertigen vermögen, verdeutlicht die Bestimmung des § 902 Abs. 1 S. 1, wonach „Ansprüche aus eingetragenen Rechten" – und damit insbesondere auch § 985[215] – der Verjährung gerade deshalb nicht unterliegen, weil die Eigentumslage bei Grundstücken durch die Grundbucheintragung klargestellt und deren Fortbestehen gemäß § 891 Abs. 1 vermutet wird. Anders als bei beweglichen Sachen besteht das Risiko einer durch Zeitablauf „verdunkelten" Beweislage und einer damit einhergehenden Gefährdung von Allgemeininteressen bei eingetragenen Rechten mithin nicht, weshalb es einer zur Rechtssicherheit führenden Verjährung gerade nicht bedarf.[216] Hinzukommt, dass ein dauerhaftes Auseinanderfallen von Eigentum und Besitz mittels der Vorschrift des § 197 Abs. 1 Nr. 2 überhaupt erst nach sehr langer Zeit in Betracht kommt, während ein solcher Zustand bei § 281 schon sehr kurzfristig eintreten würde.

3. Überkompensation des Eigentümers durch Fortgeltung der dinglichen Rechtslage

Eine durch § 281 Abs. 4 bewirkte Trennung von Eigentum und Besitz sowie die inhaltliche Ausrichtung des Anspruchs am Sachsubstanzwerts könnte darüber hinaus dazu führen, dass der Eigentümer in sachlich nicht zu rechtfertigender Weise überkompensiert, der Besitzer hingegen unzulässig benachteiligt wäre.

a) Wiedererlangung des Besitzes und Wiederaufleben des § 985 bei Drittbesitz

Denkbar erscheint zunächst der Fall, dass der Eigentümer nach Erhalt der Schadensersatzzahlung wieder in den Besitz der Sache gelangt und diese fortan aufgrund seiner weiterhin bestehenden dinglichen Berechtigung ungestört nutzen könnte. Wegen der absoluten Wirkung des § 985 bliebe er ferner gegenüber jedem neuen Besitzer zur Vindikation befugt, weil ein Erlöschen der Vindikationsmöglichkeit aufgrund der schuldrechtlichen Wirkung des § 281 Abs. 4 allenfalls im Verhältnis zum jeweils Inanspruchgenommenen Wirkung entfalten würde.

---

214 BGHZ 59, 72, 74 = NJW 1972, 1460; BT-Drucks. 14/7052, 179.

215 BGH, NJW 2007, 2183.

216 Staudinger/*Gursky* (2012), § 985 Rn. 108; MüKo/*Kohler*, BGB, 7. Aufl. 2017, § 902 Rn. 1.

aa) Besitzübertragung auf Dritte

So wäre der Eigentümer etwa bei einer durch den Schuldner veranlassten Weitergabe der Sache an einen Dritten befugt, diese von Letzterem gemäß § 985 herauszuverlangen und sodann um die mit der Wiederinbesitznahme verbundene Nutzungsmöglichkeit überkompensiert. Insbesondere § 986 Abs. 1 S. 2 wird man hiergegen nicht ins Feld führen können, da dem Schadensersatzschuldner ein Besitzrecht nicht zukommt. § 281 Abs. 4 passt zur Begründung eines solchen nicht, weil eine dahingehende Auslegung der Vorschrift weder mit deren Natur noch mit dem Wortlaut („ausgeschlossen") in Einklang zu bringen ist und es darüber hinaus an einer für obligatorische Besitzrechte charakteristischen dinglichen Besitzzuordnung sowie einem hieraus ableitbaren Anspruch auf Besitzüberlassung mangelt.[217] § 242 hilft ebensowenig, da der Grundsatz von Treu und Glauben der Vindikation allenfalls in engen Ausnahmefällen entgegengehalten werden kann,[218] etwa wenn der Eigentümer durch erhebliche Pflichtverletzungen die zum Herausgabeanspruch führende Situation erst herbeiführt,[219] was jedoch in den hier typischerweise zugrundeliegenden Konstellationen praktisch ausgeschlossen erscheint. Zuletzt vermag nach zutreffender Ansicht auch ein dem Schuldner etwaig zustehendes Zurückbehaltungsrecht (gemäß §§ 273, 255 analog[220]) ein Besitzrecht nicht zu begründen, weil ein solches lediglich zur Verurteilung Zug um Zug und gerade nicht zu einer auf § 986 gestützten Klageabweisung führt (vgl. § 274).[221]

Insoweit ließe sich allenfalls über eine analoge Anwendung des § 198 nachdenken, mit der Folge, dass ein durch Schadensersatzzahlung etwaig begründetes Zurückbehaltungsrecht des früheren Besitzers zugunsten des neuen fortwirkt. Die vergleichbare Interessenlage wäre zumindest insoweit begründbar, als sowohl im Falle der Verjährung als auch des zahlungsbedingten Untergangs der Vindikationsmöglichkeit gemäß § 281 Abs. 4[222] der zunächst undurchsetzbar gewordene Eigentumsherausgabeanspruch wegen dessen dinglicher Wirkung

---

[217] Zu den genannten Charakteristika eines Besitzrechts: Staudinger/*Gursky* (2012), § 985 Rn. 103; *Plambeck*, 157 (jeweils zur Verjährung des § 985); vgl. zudem BVerfG, NJW 1993, 2035, 2036.

[218] BGH, NJW 2007, 2183 (Rn. 9 f.).

[219] So OLG Naumburg, NJOZ 2006, 2066; ebenso: jurisPK/Hans, BGB, 8. Aufl. 2017, § 985 Rn. 15.

[220] Hierzu ausführlich unten, B. II. 4. c).

[221] So die g. h. M. im Schrifttum, vgl. nur Staudinger/*Gursky* (2012), § 986 Rn. 28 m. zahlr. w. N.; MüKo/*Baldus*, BGB, 7. Aufl. 2017, § 986 Rn. 45; Palandt/*Herrler*, 77. Aufl. 2018, § 986 Rn. 5; so auch schon *Köbl*, 110 ff.; a. A. st. Rspr., etwa: BGHZ 64, 122, 124 = NJW 1975, 1121; BGHZ 101, 37, 42 f. = NJW 1987, 2861.

[222] Vgl. hierzu B. II. 2. c).

durch die Weitergabe der Sache an einen Dritten gegenüber diesem neu zur Entstehung gelangt. Indessen bezweckt das Verjährungsrecht und damit auch § 198 gerade den Schutz von Allgemeininteressen und kann daher – wie bereits dargelegt[223] – nicht ohne Weiteres auf die Situation des § 281 übertragen werden. Ein entsprechendes Vorgehen würde schließlich das Auseinanderfallen von Eigentum und Besitz im Wege der Analogie (!) weiter perpetuieren, obgleich dies im Rahmen des § 281 nach bisherigem Kenntnisstand rechtsdogmatisch eben gerade nicht rechtfertigbar erscheint.

bb) Sachverlust und Ansprüche des Eigentümers aus Fundrecht

Verliert der Schuldner die Sache, so käme eine entsprechende Heranziehung von § 198 freilich schon deshalb nicht in Betracht, weil der unmittelbare Anwendungsbereich der Vorschrift ausdrücklich und eindeutig auf die Besitzerlangung durch *Rechtsnachfolge* beschränkt und sie daher keinesfalls auf abhandengekommene Sachen (analog) heranzuziehen ist.[224]

Erwirbt ein Finder (§§ 973, 974) oder die Gemeinde des Fundorts (§ 976) Eigentum an dieser, so könnte der bisher dinglich Berechtigte (und nur dieser) sogar gemäß § 977 vom Dritten (Rück-)Übereignung oder Wertersatz[225] fordern, und zwar unabhängig von der Durchsetzbarkeit der Vindikation.[226] Kommt es gemäß §§ 966 Abs. 2, 979 zur Versteigerung der Sache, so stünde ebenfalls allein dem bisherigen Eigentümer der Versteigerungserlös nach § 979 Abs. 2 aufgrund dinglicher Surrogation zu.[227]

cc) Bereicherungsansprüche des Schuldners gegen den wieder in Besitz der Sache gelangenden Eigentümer?

Da jedoch die Schadensersatzzahlung gemäß § 281 gerade dazu bestimmt ist, den Eigentümer für den durch § 281 Abs. 4 grundsätzlich bewirkten dauerhaften Besitzverlust zu kompensieren, kann jedenfalls vom Wegfall des mit der Leistung verfolgten Zwecks und damit des die Zahlung legitimierenden Rechtsgrundes ausgegangen werden, sobald der dinglich Berechtigte die Sache wieder in Besitz nimmt. Der Schuldner könnte dann zumindest Rückerstattung des geleisteten Schadensersatzes gemäß § 812 Abs. 1 S. 2 Alt. 1 verlangen,[228] so dass eine

223 B. II. 2. d) cc).

224 MüKo/*Grothe*, BGB, 7. Aufl. 2015, § 198 Rn. 2 („Rechtsnachfolge“ = Übertragung des Besitzes mit Willen des bisherigen Besitzers auf den neuen Besitzer).

225 BeckOK/*Kindl*, BGB, 47. Ed. 1.8.2018, § 977 Rn. 2 (Anspruch kann auch in Wertersatzanspruch münden).

226 Vgl. hierzu *Kähler*, NJW 2015, 1041, 1045 (zur Verjährung der Vindikation).

227 BeckOGK/*Schermaier*, BGB, 1.6.2018, § 979 Rn. 6; *ders.*, a. a. O., § 966 Rn. 18 m. w. N.

228 Ebenso: BeckOK/*Lorenz*, BGB, 47. Ed. 1.8.2018, § 255 Rn. 10 a. E.

Bevorteilung des Eigentümers in derartigen Fallkonstellationen jedenfalls mittels der Regelungen des Bereicherungsrechts vermeidbar wäre.

Dies wird zwar von einem Teil des Schrifttums[229] bestritten, weil der Besitzer im Zeitpunkt der Zahlung Schadensersatz geschuldet und mit der Hingabe des Geldes die Schuld zum Erlöschen (§ 362 Abs. 1) gebracht habe, weshalb die Leistung mit Rechtsgrund erfolgt sei. Eine derartige Betrachtungsweise trägt indes den bereicherungsrechtlichen Prinzipien nicht hinreichend Rechnung, wonach die §§ 812 ff. gerade als Korrektiv „irregulärer Vermögenszuordnungen" ausgestaltet sind.[230] Hinzukommt, dass im Rahmen einer bereicherungsrechtlichen Rückabwicklung stets auch dem Umstand Rechnung zu tragen ist, dass die Zuwendung für den Leistenden grundsätzlich „in Verfolgung einer wirtschaftlichen Sinngebung" erfolgt.[231] Zur Beantwortung der Frage, ob etwas mit Rechtsgrund geleistet wurde, sind mithin zwingend auch *ökonomische Erwägungen* anzustellen.[232] Weil durch die Zahlung des Substanzwertes gemäß § 281 zuvorderst der Tatsache Rechnung getragen werden soll, dass der Eigentümer wegen § 281 Abs. 4 dauerhaft auf den Sachbesitz verzichtet, kann eine Causa für das „Behaltendürfen" des Geldes mithin nur angenommen werden, solange dieser Zustand auch fortbesteht.

Es ist freilich zu beachten, dass der Schuldner gerade bei verlorengegangenen Sachen in aller Regel keine Kenntnis davon erlangen wird, dass der Eigentümer wieder in den Besitz der Sache gelangt ist bzw. eine entsprechend surrogierte Geldleistung nach den Vorschriften des Fundrechts erhalten hat. Der Anspruch aus § 812 dürfte daher in derartigen Fallkonstellationen meist nicht praktisch werden, so dass zumindest die Gefahr einer *faktischen* Überkompensation des Eigentümers weiter im Raum steht.

b) Unerlaubte Handlungen Dritter

aa) Ansprüche des Eigentümers

Der Eigentümer könnte bei unverändert fortbestehender dinglicher Rechtslage zudem insoweit bevorteilt sein, als ihm auch nach erfolgter Kompensation weiterhin potentiell Ansprüche aus unerlaubter Handlung zustehen.

Zwar dürfte er hinsichtlich eines vom Besitzer selbst vorgenommenen Eingriffs in die Sachsubstanz auch dann als durch die Schadensersatzzahlung end-

---

229 Palandt/*Grüneberg*, 77. Aufl. 2018, § 255 Rn. 9.

230 MüKo/*Schwab*, BGB, 7. Aufl. 2017, § 818 Rn. 128 m. w. N.

231 *Martinek*, JZ 2014, 948.

232 Hier besteht die bereits aufgezeigte Parallele zu der an früherer Stelle behandelten Kontroverse, inwieweit es für die Anwendbarkeit des § 281 isoliert auf den Wert des Anspruchs aus § 985 ankommen kann. Im Erg. sind nämlich auch bei dieser Frage zuvorderst die wirtschaftlichen Folgen des § 281 Abs. 4 zu berücksichtigen, vgl. B. II. 1. b) sowie B. Fn. 196.

gültig entschädigt anzusehen sein, wenn die Sache im Laufe der Zeit eine Wertsteigerung erfährt. Denn für die Bemessung der Schadenshöhe ist allein der Zeitpunkt maßgeblich, in dem der Gläubiger das volle wirtschaftliche Äquivalent für das beschädigte Recht erhält,[233] während später eintretende Preisveränderungen weder zulasten noch zugunsten des Schädigers gehen dürfen.[234]

Allerdings wird man die auf der Grundlage des (als anwendbar unterstellten) § 281 erfolgte Kompensation nicht zum Anlass nehmen können, dem Eigentümer einen deliktischen Anspruch zu verwehren, wenn und soweit die unerlaubte Handlung von einem außenstehenden Dritten vorgenommen wird. Denn eine Anrechnung der vom Besitzer gemäß § 281 getätigten Zahlung auf einen anschließend gegen einen Dritten begründeten deliktischen Schadensersatzanspruch des Eigentümers käme überhaupt nur dann in Betracht, wenn mit der Hingabe des Sachwertes seitens des Besitzers zumindest auch der Zweck einherginge, etwaige (spätere) Drittschädiger zu entlasten.[235] Dies kann in den hier interessierenden Fällen freilich gänzlich ausgeschlossen werden. Der Besitzer wird den Substanzwert nämlich in aller Regel allein deshalb zahlen, um die eigene Verbindlichkeit aus § 281 zu erfüllen und sodann – was noch zu beleuchten sein wird[236] – selbst Eigentum an der Sache zu erwerben.

Ebenso unbeachtlich dürfte insoweit der Einwand sein, aufgrund der entfallenen Vindikationsmöglichkeit (§ 281 Abs. 4) sei die Sache für den Eigentümer faktisch nicht mehr zurückzuerlangen und ein Eingriff in die Sachsubstanz daher für diesen gar nicht „spürbar".[237] Denn die deliktsrechtlichen Ansprüche bezwecken nicht in erster Linie die Kompensation entgangener (tatsächlicher) Nutzungsmöglichkeiten, sondern vielmehr die Herstellung des vorherigen Zustands bzw. – praktisch am bedeutsamsten – den Ersatz der hierzu erforderlichen Kosten (§ 249 Abs. 2 S. 1).[238] Letztere kann der Geschädigte wahlweise tatsächlich zur Reparatur aufwenden oder anderweitig verwerten,[239] weshalb er den zur Wiederherstellung erforderlichen Betrag auch dann zu fordern berechtigt ist, wenn eine Reparatur der Sache für ihn nicht in Frage kommt, etwa weil er diese gar nicht (mehr) nutzen will oder kann.[240]

---

233 BGHZ 169, 263 (Rn. 16) = NJW 2007, 67; MüKo/*Oetker*, BGB, 7. Aufl. 2016, § 249 Rn. 314 (= Zeitpunkt der Erfüllung der Schadensersatzpflicht).

234 MüKo/*Oetker*, BGB, 7. Aufl. 2016, § 249 Rn. 314.

235 Vgl. nur MüKo/*Oetker*, BGB, 7. Aufl. 2016, § 249 Rn. 254.

236 Vgl. B. II. 4. b) und c).

237 Vgl. *Bitter*, AcP 205 (2005) 743, 769 f.; *Kähler*, NJW 2015, 1041, 1045.

238 *Kähler*, NJW 2015, 1041, 1045; HK/*Reiner Schulze*, BGB, 9. Aufl. 2017, § 249 Rn. 3.

239 St. Rspr. vgl. nur BGHZ 66, 239 = NJW 1976, 1396.

240 BGHZ 66, 239, 241 ff. = NJW 1976, 1396.

bb) Eigene Anspruchsberechtigung des Besitzers?

Bei unerlaubten Handlungen Dritter ist darüber hinaus zu bedenken, dass der gemäß § 281 in Anspruch genommene unberechtigte Besitzer womöglich nicht selbst gegen den Schädiger nach §§ 823 ff. vorgehen und nur ein solch eigener deliktischer Anspruch des Besitzers die insoweit fortbestehende Anspruchsberechtigung des Eigentümers noch verdrängen könnte.[241] Daher würde sich die Frage stellen, ob der unrechtmäßige,[242] aber nach § 281 Abs. 4 faktisch auf Dauer vom Eigentümer zu duldende Besitz ein „sonstiges Recht" im Sinne von § 823 Abs. 1 begründen würde.

Jedenfalls nach herrschender Ansicht[243] wäre dies wohl abzulehnen, weil deliktsrechtlich nur derjenige befugt ist, aufgrund einer unerlaubten Handlung entgangene Nutzungen an der Sache geltend zu machen, der einerseits zum Besitz und andererseits zum Gebrauch dergleichen berechtigt ist.[244] Wie jedoch bereits an früherer Stelle[245] aufgezeigt wurde, bewirkt der Wegfall der Vindikationsmöglichkeit gemäß § 281 Abs. 4 gerade kein Besitzrecht im Sinne von § 986.

Andererseits besteht im Rahmen des § 281 eben die Besonderheit, dass der Schuldner den Eigentümer wegen § 281 Abs. 4 dauerhaft vom Sachzugriff auszuschließen vermag. Eine derartige „Ausschlussfunktion" wird zumindest von einem Teil des Schrifttums[246] zum Anlass genommen, auch demjenigen Besitzer, der sich zwar nicht auf § 986, wohl aber auf eine anderweitige Nutzungsbefugnis an der Sache berufen kann, ein „sonstiges Recht" im Sinne von § 823 Abs. 1 zuzubilligen.

Nach den bisherigen Erkenntnissen dürfte jedenfalls letzteres zugunsten des gemäß § 281 in Anspruch genommenen Besitzers anzunehmen sein, weil sich der Eigentümer durch Ausübung seines aus § 281 Abs. 4 folgenden „Wahlrechts" und des damit einhergehenden faktischen Verzichts auf § 985 jedenfalls seiner Nutzungsmöglichkeit an der Sache begeben würde, ein Umstand der auch bei der

---

241 Vgl. *Plambeck*, 186.

242 Zur Frage des Besitzrechts: B. II. 3. a) aa).

243 St. Rspr., vgl. nur BGHZ 114, 305, 312 = NJW 1991, 2420; zuletzt BGH, NJW 2015, 1174 (Rn. 17) (berechtigter Besitz ist geschützt, wenn er dazu dient, eine bestimmte Nutzung zu ermöglichen); OLG Celle, NJOZ 2014, 850, 851; MüKo/*Wagner*, BGB, 7. Aufl. 2017, § 823 Rn. 288 m. w. N.; Palandt/*Sprau*, 77. Aufl. 2018, § 823 Rn. 13; BeckOGK/*Spindler*, BGB, 1.3.2018, § 823 Rn. 170.

244 A. A. *Medicus/Petersen*, BR, Rn. 607; *Medicus*, AcP 165 (1965), 115, 117; Jauernig/*Teichmann*, 17. Aufl. 2018, § 823 Rn. 16.

245 B. II. 3. a) aa).

246 *Medicus/Petersen*, BR, Rn. 607 (Abwehrrecht und Nutzungsbefugnis für § 823 Abs. 1 ausreichend); vgl. zudem: *Medicus*, AcP 165 (1965), 115, 117 (abstellend auf die Dauerhaftigkeit der Nutzungsmöglichkeit) *Plambeck*, 186 (zur Verjährung von § 985); Jauernig/*Teichmann*, 17. Aufl. 2018, § 823 Rn. 16 (entgeltlicher redlicher Besitzer vor Rechtshängigkeit, da diesem die Nutzungen gem. § 993 Abs. 1 Hs. 2 verbleiben).

Hingabe von Sicherungseigentum[247] sowie in den Fällen der Untervermietung[248] den maßgeblichen Anknüpfungspunkt zur Bestimmung des Zuweisungsgehalts der Gebrauchsbefugnis darstellt:[249] Die Nutzungen sind in den zuletzt genannten Konstellationen gerade deshalb nicht dem Eigentümer, sondern dem Besitzer zugewiesen, weil die Sache (Sicherungsgut, Mietobjekt) Letzterem im Rahmen einer obligatorischen Abrede zum Gebrauch überlassen wird.[250] Ähnlich verhielte es sich, wenn der Eigentümer von seinem Herausgabeanspruch aus § 985 auf Schadensersatz gemäß § 281 übergehen könnte. Denn der nach § 281 Abs. 4 schuldrechtlich bewirkte endgültige Wegfall der Vindikationsmöglichkeit führte dann faktisch ebenso zur Überlassung der Sache, da sich diese bereits beim Schuldner befindet. Wenn hieraus schon kein Recht zum Besitz erwächst,[251] so muss doch jedenfalls die Entstehung eines „dauerhaften obligatorischen Nutzungsrechts" an der Sache bejaht werden.[252] Schließlich entschädigt der Schuldner den Eigentümer mit der Hingabe des Substanzwertes im Rahmen des § 281 gerade dafür, dass Letzterer praktisch nicht mehr in den Besitz der Sache gelangen und diese fortan nicht mehr nutzen kann.[253]

Folgte man der zuvor dargestellten Gegenansicht zur herrschenden Meinung, so könnte dem unrechtmäßigen Besitzer mithin wegen § 281 Abs. 4 durchaus deliktsrechtlicher Schutz zukommen.

c) *Unterlassungsansprüche*

Der Umstand, dass der Wortlaut des § 1004 allein an das Eigentum des Anspruchsstellers anknüpft, spricht im Übrigen dafür, dem Eigentümer auch nach Wegfall der Vindikationsmöglichkeit weiterhin einen entsprechenden Unterlassungsanspruch zuzugestehen, sofern er an dessen Geltendmachung ein berechtigtes und über die Sachherausgabe hinausgehendes Interesse hat.[254] Der Eigen-

---

247 BGH, NJW 2007, 216 f.; MüKo/*Schwab*, BGB, 7. Aufl. 2017, § 812 Rn. 296 f.

248 BGHZ 131, 297, 304 ff. = NJW 1996, 838; MüKo/*Schwab*, BGB, 7. Aufl. 2017, § 812 Rn. 289 ff.

249 BGH, NJW 2007, 216 f.; MüKo/*Schwab*, BGB, 7. Aufl. 2017, § 812 Rn. 296 f.

250 BGH, NJW 2007, 216 f. (Sicherungseigentum); BGHZ 131, 297, 306 = NJW 1996, 838 (Untervermietung).

251 Hierzu: B. II. 3. a) aa).

252 So *Schwab*, NZM 2003, 50, 51 (zu § 546 Abs. 1).

253 Vgl. *Schwab*, NZM 2003, 50, 51 (zu § 546 Abs. 1); in dieselbe Richtung wohl auch: *Kähler*, NJW 2015, 1041, 1044 (Zuweisungsgehalt zugunsten des Eigentümers nur dann, wenn § 985 besteht).

254 *Beispiel* angelehnt an *Kähler*, NJW 2015, 1041, 1042: *E* erbt ein seit vielen Generationen im Besitz seiner Familie befindliches Ölgemälde. Dieses befindet sich jedoch bei seinem Bruder *B*. Weil *B* die Herausgabe des Gemäldes ernsthaft und endgültig verweigert und *E* die Einschaltung des Gerichtsvollziehers gegen seinen Bruder scheut, verlangt er stattdessen Scha-

tümer wäre hierdurch jedenfalls insoweit bevorteilt, als ihm weiterhin Eigentümerbefugnisse gegen den Besitzer zustünden.[255]

Zwar wird vereinzelt vertreten, demjenigen Eigentümer, der nicht einmal mehr die Herausgabe der Sache verlangen kann, müsse auch der Störungsabwehranspruch aus § 1004 verwehrt bleiben.[256] Ein derart an die Vindikation anknüpfendes Normverständnis ist indessen mit der eigenständigen Funktion des § 1004 nicht zu vereinbaren, wonach ausdrücklich nur Fälle erfasst sein sollen, die gerade nicht in den Anwendungsbereich des § 985 fallen. Da eine echte Anspruchskonkurrenz mithin gar nicht denkbar ist, sind beide Vorschriften unabhängig voneinander zu bewerten.[257] Schon deshalb dürfte § 1004 von § 281 Abs. 4 unberührt bleiben.

d) Herausgabe des Übererlöses nach § 816

Der Eigentümer wäre darüber hinaus bevorteilt, wenn der schadensersatzleistende Besitzer die Sache an einen Dritten gemäß § 932 wirksam veräußert und der hierbei erzielte Erlös über den auf Grundlage des § 281 gezahlten Verkehrswert hinausgeht. Denn weder durch den Wegfall der Vindikationsmöglichkeit noch durch die Leistung des Schadensersatzes wird der Schuldner zur Verfügung über die Sache berechtigt, weil allein der Umstand, dass er die Herausgabe verweigern kann, freilich keine Verfügungsmacht zu begründen vermag.[258] Jedenfalls nach der Rechtsprechung des BGH[259] sowie der herrschenden Meinung im Schrifttum[260] hätte der Besitzer einen solchen Übererlös an den Eigentümer gemäß § 816 Abs. 1 S. 1 herauszugeben, weil die Verwertung eines Gegenstandes und somit auch der dabei erwirtschaftete Gewinn grundsätzlich dem dinglich Berechtigten zusteht[261] und daher im Rahmen des Bereicherungsausgleichs nach § 816 Abs. 1 S. 1 insgesamt herauszugeben ist.[262]

---

densersatz in Höhe des Wertes des Bildes. Nun stellt sich heraus, dass *B* das Gemälde in seinem Keller lagert, wo es aufgrund von Feuchtigkeit zu verschimmeln droht. *E* verlangt von *B*, dass Bild aus dem Keller zu holen.

255 *Kähler*, NJW 2015, 1041, 1042 f.; a.A. *Plambeck*, 189 (keine Vorteile des Eigentümers).

256 So BeckOGK/*Piekenbrock*, BGB, 1.8.2018, § 197 Rn. 16 f.

257 Staudinger/*Gursky* (2012), § 1004 Rn. 82; *Kähler*, NJW 2015, 1041, 1042.

258 MüKo/*Schwab*, BGB, 7. Aufl. 2017, § 816 Rn. 30; im Erg. ebenso: *Plambeck*, 212 ff. (jew. zur Verjährung des § 985).

259 Vgl. nur BGHZ 29, 157, 159 = NJW 1959, 668; WM 1975, 1179; NJW 1997, 190, 191; NZM 2005, 837.

260 Siehe die umfänglichen Nachweise zur h. M. bei MüKo/*Schwab*, BGB, 7. Aufl. 2017, § 816 Rn. 39, dort Fn. 114.

261 MüKo/*Schwab*, BGB, 7. Aufl. 2017, § 812 Rn. 288.

262 A.A. MüKo/*Schwab*, BGB, 7. Aufl. 2017, § 816 Rn. 44 ff. m. w. N. („durch die Verfügung Erlangte" = Schuldbefreiung aus dem Kausalgeschäft = objektiver Wert der Leistung).

4. Lösungsansätze

a) Beschränkung der Rechtsfolgenanordnung des § 281

Um die aufgezeigten Schwierigkeiten aufzulösen, ließe sich vertreten, eine dauerhafte Trennung von Eigentum und Besitz, wie sie § 281 Abs. 4 grundsätzlich bewirken würde, zwar in Kauf zu nehmen, diesen Umstand jedoch im Rahmen der Schadensbemessung entsprechend zu berücksichtigen, etwa indem man die Höhe des Ersatzanspruchs nicht am Verkehrswert der Sache bemisst.

Entgegen der an früherer Stelle[263] zum Inhalt des § 281 gemachten Ausführungen scheint ein derartiges Vorgehen jedenfalls aufgrund der besonderen Natur des § 985 sowie der mit dem Fortbestand der dinglichen Rechtslage einhergehenden Unwägbarkeiten rechtfertigbar und auch im Übrigen rechtsdogmatisch begründbar zu sein. Denn anders als etwa der Bereicherungsgläubiger, der vom Besitzer im Regelfall die Rückübertragung des Eigentums[264] an der rechtsgrundlos erlangten Sache verlangen kann, weshalb ihm über § 812 die Sachsubstanz in Gestalt der Kondiktion schuldrechtlich zugewiesen ist, richtet sich der Anspruch aus § 985 gerade nicht darauf, dem Gläubiger die Rechtszuständigkeit an der Sache zu verschaffen, weil ihm diese ohnehin bereits kraft seiner Eigentümerstellung zusteht.[265] Da sich die Vindikation mithin auf die Beseitigung der unrechtmäßigen Trennung von Stammrecht und Sachherrschaft beschränkt,[266] könnte der Eigentümer – freilich den bisherigen Erkenntnissen zuwider – hinsichtlich eines Anspruchs aus § 281 tatsächlich zu beschneiden sein.

aa) Vorenthaltungsschaden

So wird teilweise vorgeschlagen, § 281 im Rahmen einer Vindikationslage auf den Ersatz des Vorenthaltungsschadens zu kürzen, wenn der Schuldner noch zur Rückgabe der Sache im Stande ist und auch nicht die Unmöglichkeit der Herausgabe behauptet.[267]

Obgleich hierdurch zum einen der Tatsache Rechnung getragen wäre, dass dem Eigentümer durch die Fortgeltung der dinglichen Rechtslage die aufgezeigten Vorteile verbleiben und zum anderen die damit verbundenen Benachteiligungen des Besitzers durch die Beschränkung auf bloße Begleitschäden nicht ins

---

263 Insbes. B. I. 3. a) aa) (2) sowie B. II. 1. b) bb) (3).

264 Eine Ausnahme stellt freilich der Fall des doppelnichtigen Erwerbs dar, weil hier aufgrund der nichtigen Übereignung das Eigentum noch beim Anspruchsteller verblieben ist.

265 Vgl. nur *Katzenstein*, AcP 206 (2006), 96, 107.

266 Staudinger/*Gursky* (2012), § 985 Rn. 60; *Katzenstein*, AcP 206 (2006), 96, 107.

267 So etwa Palandt/*Heinrichs*, 68. Aufl. 2009, § 281 Rn. 4 („Anspruch ist mit dem aus §§ 280 Abs. 2 i. V. m. § 286 identisch").

Gewicht fallen würden, so entfernt sich eine derartige Modifikation des § 281 doch allzu weit von der der Norm zugrundeliegenden Intention, dem Gläubiger Ersatz des vollen Erfüllungsinteresses in Geld zu gewähren.[268] Auch im Übrigen dürfte eine solche Verkürzung des § 281 nur dann den Belangen des Eigentümers gerecht werden, wenn auch die Anordnung des § 281 Abs. 4 nicht zur Anwendung gelangen und § 985 mithin fortbestehen würde, womit der Bestimmung jedoch ein völlig anderer Charakter zukäme.[269] Zudem wäre hierdurch die Wertung des § 990 Abs. 2, wonach nur der bösgläubige Besitzer zum Ersatz des durch bloße Vorenthaltung der Sache entstandenen Schadens verpflichtet ist, dann unterlaufen, wenn man § 281 – mit dem BGH[270] – auch auf den redlichen Prozessbesitzer anwendet.

bb) Wert der „Besitzauskehr"

Denkbar erscheint daher allenfalls, das Erfüllungsinteresse des § 281 auf den Wert der im Rahmen des § 985 lediglich geschuldeten „Besitzauskehr"[271] zu beschränken. Der Anspruch des Eigentümers aus § 281 könnte folglich auf den im reinen Besitz verkörperten Gegenwert oder gar nur auf die Kosten, die zur Besitzerlangung erforderlich sind, zu begrenzen sein.

Eine Konkordanz zu § 285 ließe sich herstellen, wonach der Eigentümer bei einer vom Besitzer vorgenommenen Veräußerung der Sache an einen Dritten Herausgabe des Verkaufserlöses nach dieser Vorschrift gerade deshalb nicht verlangen kann, weil der vom Dritten gezahlte Kaufpreis die Gegenleistung für das Eigentum und nicht für den Besitz darstellt, weshalb keine Identität zwischen dem nach § 985 geschuldeten Gegenstand (Besitzauskehr) und dem erlangten Surrogat (der an die Stelle des Eigentums rückende Kaufpreis) besteht.[272] Auf den ersten Blick erscheint Entsprechendes ebenso für den Übergang von § 985 auf § 281 vertretbar. So ließe sich argumentieren, dass auch nach der zuletzt genannten Vorschrift dem Eigentümer grundsätzlich nur dasjenige gebührt, was an die Stelle der ursprünglich geschuldeten (zu surrogierenden) Leistung tritt.[273] Dem Vindikanten ist jedoch gemäß § 985 allein die Verschaffung des unmittel-

[268] *Gursky*, JURA 2004, 433, 436.

[269] *Gursky*, JURA 2004, 433, 436.

[270] BGHZ 209, 270 (Ls.) = NJW 2016, 3235 (m. Anm. *Kaiser*).

[271] Zur „Auskehrungspflicht" gem. § 985: A. I., II.

[272] *Katzenstein/Hüftle*, NZM 2004, 601, 603 (zu § 546); *Becker*, 199; Staudinger/*Caspers* (2014), § 285 Rn. 19 m. w. N; MüKo/*Emmerich*, BGB, 7. Aufl. 2016, § 285 Rn. 15 m. w. N.; Palandt/*Grüneberg*, 77. Aufl. 2018, § 285 Rn. 4; BeckOGK/*Dornis*, BGB, 1.9.2018, § 285 Rn. 37; a. A. etwa *Weiss*, JuS 2012, 967.

[273] Vgl. *Jochem*, MDR 1975, 177, 179 (zu § 281 a. F. = § 285).

baren Besitzes geschuldet,[274] weshalb er strenggenommen nicht den Wert des Eigentums an der Sache, sondern lediglich denjenigen des Besitzes bzw. der Verschaffung desgleichen „statt der Leistung“ zu verlangen berechtigt wäre.[275]

Bei genauerem Hinsehen erscheint jedoch auch dieser Weg für § 281 weder angezeigt noch praktikabel.

(1) Anknüpfung an den kapitalisierten Nutzungswert

Stellt man nämlich zur inhaltlichen Ausrichtung des § 281 nicht auf eine mit § 281 Abs. 4 einhergehende faktische Eigentumsaufgabe, sondern schlicht auf den damit bewirkten dauerhaften Verzicht auf die Gebrauchsvorteile der Sache ab, die durch deren Besitz vermittelt werden,[276] so käme zwar eine höhenmäßige Bestimmung des Schadensersatzes anhand des kapitalisierten Nutzungswertes der Sache in Betracht, weil dem Schuldner – wie dargelegt[277] – wegen § 281 Abs. 4 zugleich die Nutzungsbefugnis an dieser dauerhaft zugewiesen wäre.[278] Im Ergebnis entspräche der auf diese Weise ermittelte verbleibende Gebrauchswert indes regelmäßig mehr oder weniger dem Substanzwert, weil sich auch dieser an dem jeweiligen „Restnutzwert“ bezogen auf die durchschnittliche „Lebensdauer“ der Sache auszurichten hätte.[279] Hiermit wäre jedoch insbesondere dem Interesse des Besitzers nicht gedient, weil dieser im Hinblick auf die Höhe des zu entrichtenden Ersatzes nicht oder doch jedenfalls kaum bessergestellt wäre.

(2) Kosten der Besitzerlangung

Schuldnerfreundlicher wäre freilich, lediglich an die zur Erlangung des unmittelbaren Besitzes erforderlichen Kosten anzuknüpfen.[280] Dies entspräche jedoch in keiner Weise den Interessen des Eigentümers, der zur Aufgabe seiner Vindika-

[274] Vgl. nur BGHZ 148, 252, 255 = NJW, 2001, 2966; Palandt/*Herrler*, 77. Aufl. 2018, § 985 Rn. 8; vgl. zudem bereits oben: A. I, II.

[275] Vgl. *Jochem*, MDR 1975, 177, 180 (zu § 281 a.F. = § 285); zum Erfordernis einer Gesamtbetrachtung zur Bestimmung der zu surrogierenden Leistung vgl. jedoch: B. I. 3. a) aa) (2) u. insbes. B. II. 1. b) bb) (3).

[276] So *Schwab*, NZM 2003, 50, 53 (zu § 546); vgl. zudem *Medicus*, AcP 165 (1965), 115, 119 ff. (zu § 823); a.A. *Katzenstein/Hüftle*, NZM 2004, 601, 603 f.

[277] B. II. 3. c) bb).

[278] So *Schwab*, NZM 2003, 50, 53 (zu § 546 Abs. 1); *ders./Novokmet*, ZGS 2004, 187, 188; vgl. zudem *Medicus*, AcP 165 (1965), 115, 119 ff. (zu § 823); a.A. *Katzenstein/Hüftle*, NZM 2004, 601, 603 f. (zu § 546).

[279] Vgl. *Schwab*, NZM 2003, 50, 51 („voraussichtliche Restnutzungsdauer“); *ders./Novokmet*, ZGS 2004, 187, 188 („Restnutzwert“) (jeweils zu § 546); in diese Richtung wohl auch: *Bitter*, AcP 205 (2005) 743, 770 („Nicht Waren, sondern Nutzungsmöglichkeiten werden gekauft.“).

[280] So *Katzenstein/Hüftle*, NZM 2004, 601, 603 f.; wohl auch BeckOGK/*Zehelein*, BGB, 1.7.2018, § 546 Rn. 121 („Wert der Rückgabeleistung“) (jeweils zu § 546).

tionsmöglichkeit nur bereit sein wird, wenn er im Gegenzug auch den vollen Substanzwert der Sache ersetzt verlangen kann.

b) Unmittelbare Auswirkungen des Schadensersatzverlangens auf die dingliche Rechtslage

Am einfachsten wären die aufgezeigten Widersprüche aufzulösen, wenn mit dem Schadensersatzverlangen gemäß § 281 Abs. 4 auch automatisch das Eigentum an der Sache auf den Schuldner übergehen würde.[281] Dies kommt freilich schon deshalb nicht in Betracht, weil § 281 als schuldrechtliche Norm zur Begründung einer dinglichen Rechtsänderung grundsätzlich ungeeignet ist.[282] Darüber hinaus wäre ein solches Normverständnis mit dem Wortlaut des § 281 Abs. 4 unvereinbar, der schließlich nur den „Ausschluss" des Primäranspruchs anordnet[283] bzw. wäre die Vorschrift unzutreffend formuliert, wenn schon die Geltendmachung des Schadensersatzanspruchs den Übergang des Eigentums zur Folge hätte, weil die Vindikation dem Stammrecht ohnehin folgen würde und daher nicht „ausgeschlossen" werden müsste.[284]

Allenfalls denkbar erscheint insoweit, das Schadensersatzbegehren im Wege der Auslegung zugleich als Abgabe einer *konkludenten* dinglichen Erklärung zu verstehen, etwa gerichtet auf Aufgabe (§§ 928, 959) oder Übertragung des Eigentums an der zu vindizierenden Sache (§ 929 S. 2). Ein ähnliches Vorgehen wurde bereits zu § 283 a. F. im Hinblick auf die dort vorausgesetzte Ablehnungsandrohung diskutiert,[285] musste im Ergebnis jedoch schon deshalb abgelehnt werden, weil diese nicht mit dem erforderlichen Willen und in dem Bewusstsein abgegeben wurde, eine Rechtsfolge unmittelbar herbeizuführen und schon gar nicht die Eigentumslage zu verändern. Im Gegenteil sollte hierdurch regelmäßig der Druck auf den Schuldner erhöht werden, um die primär geschuldete Herausgabe schließlich doch noch zu bewirken.[286] Außerdem begründete nicht schon die Ablehnungsandrohung, sondern erst der Fristablauf den Wegfall des Erfüllungsanspruchs.[287]

---

[281] Dies in Erwägung ziehend: *Gursky*, JURA 2004, 433, 436; zum alten Recht: *Flach*, 38.

[282] *Gursky*, JURA 2004, 433, 436.

[283] *Gursky*, JURA 2004, 433, 436.

[284] So auch schon zum alten Recht: *Schäfer*, 50 f.

[285] Vgl. nur *Wallerath*, JR 1970, 161, 163 f. (konkludente Dereliktionserklärung); *Schäfer*, 41 ff. (Dereliktion oder Einigungsangebot); *Falk*, 20 („Genehmigung zum Eigentumsübergang" oder „Herrenloswerden" der Sache).

[286] Vgl. nur *Schäfer*, 41; MüKo/*Emmerich*, BGB, 4. Aufl. 2001, § 326 Rn. 65 f.

[287] Staudinger/*Löwisch* (2001), § 283 Rn. 24.

Bei § 281 könnte es sich indes anders verhalten, weil das Entfallen der Vindikationsmöglichkeit nicht mehr allein vom Fristablauf, sondern gemäß § 281 Abs. 4 in erster Linie von einer Erklärung des Eigentümers abhängig gemacht ist.

aa) Konkludente Dereliktion

Die Annahme einer konkludenten Dereliktionserklärung wird man indes schon aufgrund der wertsetzenden Bedeutung des Art. 14 Abs. 1 S. 1 Alt. 1 GG abzulehnen haben, wonach im Zweifel eine Eigentumsaufgabe nicht gewollt ist.[288] Hinzukommt, dass die Dereliktion gerade keine Eigentumsübertragung, sondern gemäß § 959 lediglich die Herrenlosigkeit der Sache zur Folge hat, so dass die Annahme einer konkludenten Eigentumsaufgabe sogar noch zusätzliche Risiken zu Lasten des in Anspruch genommenen Schuldners mit sich brächte. Dieser könnte zwar gemäß § 958 durch Aneignung Eigentümer der herrenlosen Sache werden. Gerade in den Konstellationen eines mittelbaren Besitzes bestünde jedoch die Gefahr, dass der Inanspruchgenommene gegenüber seinem Besitzmittler hinsichtlich einer solchen Aneignung ins Hintertreffen geriete, etwa weil Letzterer durch Übergang von Fremd- zu Eigenbesitzwillen selbst gemäß § 959 Eigentum an der (herrenlosen) Sache begründet.[289]

bb) Konkludente Übereignung

Ebensowenig wird man eine im Schadensersatzbegehren enthaltene konkludente Übereignungserklärung annehmen können, weil hierdurch jedenfalls das Ausfallrisiko des Vindikanten unangemessen erhöht wäre. Für § 929 S. 2 wäre es nämlich grundsätzlich unbeachtlich, ob dieser tatsächlich Schadensersatz vom Schuldner erhielte, weshalb das Eigentum schon mit der Erklärung übertragen wäre, ohne dass der Gläubiger zugleich Gewissheit hätte, die Ersatzforderung auch tatsächlich zu erhalten.[290] Bei Zahlungsunfähigkeit des Schuldners wäre er sodann auf Bereicherungsansprüche beschränkt, um jedenfalls die Sache zurückzuerlangen.

---

[288] MüKo/*Oechsler*, BGB, 7. Aufl. 2017, § 959 Rn. 3.

[289] In diesem Fall wäre die (hier offen zu lassende) Frage zu klären, ob dem Schadensersatzschuldner ein Anspruch gegen den Dritten unter dem Gesichtspunkt der Eingriffskondiktion zukäme, etwa weil Ersterem wegen § 281 die Sache zugewiesen wäre und die Aneignung durch Letzteren daher „auf dessen Kosten" geschehen würde. Dies erscheint indes zweifelhaft, weil im Falle einer Dereliktion nur schwerlich ein Zuweisungsgehalt dahingehend angenommen werden kann, dass die Sache lediglich von einer ganz bestimmten Person angeeignet werden darf.

[290] So auch schon zum alten Recht: *Horstmann*, 55; *Schäfer*, 50 f.; gleiches gilt freilich für die Dereliktion.

Eine ergänzende Auslegung, wonach die schlüssige Übereignungserklärung unter die Bedingung der vollständigen Ersatzleistung gestellt wird, erscheint schon deshalb nicht möglich, weil aus dem Umstand, dass gemäß § 158 Abs. 1 die Wirkung eines Rechtsgeschäfts von einem zukünftigen *ungewissen* Ereignis abhängig gemacht werden soll,[291] zu folgern ist, dass zur Annahme einer solchen Bedingung die Feststellung von *Zweifeln*[292] und damit zugleich ein auf diese Ungewissheit zurückführender (zusätzlicher) Geschäftswille erforderlich ist. Dass der Eigentümer bei der Geltendmachung des § 281 stets einen solchen bildet, wird man indes nicht unterstellen dürfen. Denn damit wären die Interessen des Eigentümers im Rahmen ergänzender Auslegung zur schlüssig erklärten Bedingung erhoben[293] und der Rechtsanwender nicht mehr hinreichend in der Lage, den besonderen Umständen des Einzelfalls angemessen Rechnung zu tragen.[294]

cc) Untauglichkeit bei Grundstücken

Bei Grundstücken kommt das Problem hinzu, dass Eigentum ohnehin nur durch Eintragung ins Grundbuch aufgegeben (§ 928) bzw. übertragen (§ 873) werden kann, weshalb eine einfache (konkludente) Erklärung des Eigentümers jedenfalls insoweit keinerlei Auswirkungen auf die dingliche Rechtslage zeitigen kann. Bei der Grundstücksübereignung wäre darüber hinaus noch die Formvorschrift des § 925 zu beachten, die nach deren Absatz 2 im Übrigen gar nicht unter eine Bedingung gestellt werden kann. Auch insoweit erscheint die Annahme einer konkludenten dinglichen Einigung gänzlich ungeeignet.

c) Schadensersatz nur Zug um Zug gegen Übereignung der Sache analog § 255

In diesem Lichte dürfte allenfalls eine schuldrechtliche Übereignungspflicht des Eigentümers analog § 255 in Betracht zu ziehen sein, Zug um Zug gegen Zahlung des Sachwertes. Wie an früherer Stelle[295] bereits angedeutet wurde, entspricht dies sodann auch der herrschenden Ansicht und insbesondere dem Vorgehen des BGH.[296]

---

[291] Palandt/*Ellenberger*, 77. Aufl. 2018, Einf v § 158 Rn. 1.

[292] MüKo/*Westermann*, BGB, 7. Aufl. 2015, § 158 Rn. 10.

[293] Vgl. MüKo/*Westermann*, BGB, 7. Aufl. 2015, § 158 Rn. 4, 50.

[294] *BVerfG*, NJW 2011, 1339, 1341 (Rn. 43); BGH, NJW 2013, 991, 993 (Rn. 36).

[295] B. I. 5. a).

[296] BGHZ 209, 270, 276 (Rn. 21) = NJW 2016, 3235 (m. Anm. *Kaiser*); OLG Köln NJW-RR 2004, 1391; jurisPK/*Rüßmann*, BGB, 8. Aufl. 2017, § 255 Rn. 17; Palandt/*Grüneberg*, 77. Aufl. 2018, § 255 Rn. 9; PWW/*Luckey*, 13. Aufl. 2018, § 255 Rn. 5; a.A.: MüKo/*Oetker*, BGB, 7. Aufl. 2016, § 255 Rn. 14, 18; BeckOK/*Lorenz*, BGB, 47. Ed. 1.2.2018, § 255 Rn. 10; BeckOGK/*Röver*, BGB, 1.4.2018, § 255 Rn. 58 f.

Wie jedoch nachfolgend aufzuzeigen sein wird, ist auch dieser Lösungsweg nicht völlig frei von rechtsdogmatischen Bedenken. So bestehen etwa bereits Zweifel am Vorliegen der Analogievoraussetzungen, weil eine Vergleichbarkeit der jeweils zugrundeliegenden Interessenlagen nicht ohne Weiteres zu erkennen ist.

aa) Vergleichbarkeit der Interessenlagen

Die Bestimmung des § 255 setzt voraus, dass dem Eigentümer wegen des Verlustes seiner Sache grundsätzlich zwei Schuldner gegenüberstehen. Geht der Gläubiger nunmehr gegen einen der beiden Verpflichteten vor, so hat dieser Schadensersatz gemäß § 255 nur gegen „Abtretung" der Ansprüche zu leisten, die dem Geschädigten „auf Grund des Eigentums" an der Sache gegen den Dritten zustehen.[297]

(1) Schwierige Erreichbarkeit der Sache wegen Unkenntnis des unmittelbaren Besitzers als Rechtfertigung des § 255

Eine solche Rechtsfolgenanordnung ergibt jedoch nur dann einen Sinn, wenn sich der Inanspruchgenommene gerade nicht mehr im Besitz der Sache befindet.[298] Hieraus lässt sich folgern, dass mit der Vorschrift insbesondere dem Umstand Rechnung getragen werden soll, dass die Sache in den zugrundeliegenden Dreipersonenkonstellationen gerade aufgrund der Unkenntnis des unmittelbaren Besitzers für den Eigentümer nur schwer oder gar nicht zu beschaffen ist.[299] Paradigmatisch ist die Inanspruchnahme des Mieters, der fahrlässig den Diebstahl der Sache durch den unbekannten Dieb ermöglichte.[300] § 255 stellt daher in erster Linie auch ein „Hilfsmittel" des Gläubigers dar, dessen er sich bei Ungewissheit über den Verbleib der Sache oder bei sonstiger schwieriger Erreichbarkeit dergleichen bedienen kann.[301] Er soll – ähnlich dem Mechanismus des § 421[302] – hinsichtlich der Person des Schuldners ein Wahlrecht haben, um nicht gezwun-

[297] Erfasst sind insbes. die Rechte aus §§ 861, 1007 Abs. 1 und 2 S. 1, §§ 823, 989, 990 sowie die bereicherungsrechtlichen Ansprüche gemäß §§ 812, 816, soweit letztere auf dem Eigentum an der Sache beruhen, vgl. nur Palandt/*Grüneberg*, 77. Aufl. 2018, § 255 Rn. 8.

[298] OLG Brandenburg, NJOZ 2013, 1253; jurisPK/*Rüßmann*, BGB, 8. Aufl. 2017, § 255 Rn. 3.

[299] *Gursky*, JURA 2004, 433, 436; jurisPK/*Rüßmann*, BGB, 8. Aufl. 2017, § 255 Rn. 3.

[300] Vgl. Jauernig/*Teichmann*, 17. Aufl. 2018, § 255 Rn. 4 a.E.

[301] Staudinger/*Bittner* (2014), § 255 Rn. 31.

[302] Bei den von § 255 ins Auge gefassten Konstellationen handelt es sich schon mangels Gleichstufigkeit nicht um Fälle der Gesamtschuld im Sinne der §§ 421 ff., weil der vom Eigentümer zur Verantwortung gezogene Schuldner weiter vom Schaden entfernt ist als der Dritte und daher nach der gesetzlichen Wertung des § 255 nur vorübergehend einstehen soll, vgl. nur MüKo/*Bydlinski*, BGB, 7. Aufl. 2016, § 421 Rn. 62.

gen zu sein, den der Schädigung zwar näherstehenden, aber meist unbekannten Dritten (z. B. Dieb) ausfindig machen zu müssen.[303]

(2) Kenntnis des unmittelbaren Besitzers als Regelfall des § 985

Dieser Zweck dürfte in den für eine Vindikationslage wohl als Regelfall zu bezeichnenden Zweipersonenkonstellationen grundsätzlich nicht erreichbar sein. Denn zumindest über die Person des Schuldners und damit auch den Belegenheitsort der Sache besteht regelmäßig Klarheit, so dass die von § 255 grundsätzlich vorausgesetzte unsichere Tatsachenlage im Rahmen des § 985 insoweit oftmals gar nicht gegeben sein wird.[304]

Zwar sind auch für § 985 Fallgestaltungen denkbar, in denen der Verbleib der Sache ungewiss ist, etwa weil der Besitzer diese innerhalb seiner Sachherrschaftssphäre verlegt oder sie ganz bewusst durch vollstreckungsvereitelnde Maßnahmen dem Zugriff des Eigentümers bzw. des von diesem beauftragten Gerichtsvollziehers entzieht. Solche Ausnahmelagen dürften indes zum Nachweis einer vergleichbaren Interessenlage kaum geeignet sein. Hinzukommt, dass gerade derartige Konstellationen auch ohne die Heranziehung des § 281 einer befriedigenden Lösung zugeführt werden können, was an späterer Stelle noch zu belegen sein wird.[305]

(3) Vorteilsausgleichung und schadensrechtliches Bereicherungsverbot als gemeinsame Anknüpfung

Dessen ungeachtet erschöpft sich die ratio legis von § 255 freilich nicht darin, eine schwierige Erreichbarkeit der Sache bzw. des der Schädigung näherstehenden Schuldners zugunsten des Eigentümers zu überwinden. Vielmehr steht die dort normierte Abtretungspflicht zugleich in einem sachlichen Zusammenhang mit den Grundsätzen der Vorteilsausgleichung[306] und ist Ausdruck des schadensrechtlichen Bereicherungsverbots.[307] Jedenfalls insoweit lässt sich § 255 übertragen,[308] weil es auch im Rahmen des § 281 um die Vermeidung einer Besserstellung des Eigentümers geht, die – wie aufgezeigt wurde[309] – bei unverändert fortbestehender dinglicher Rechtslage einzutreten droht.

---

303 BGH, FamRZ 2010, 1154, 1158 (Rn. 34).

304 Staudinger/*Bittner* (2014), § 255 Rn. 31 (bei Erreichbarkeit der Sache besteht für § 255 „kein Bedürfnis").

305 Hierzu unten: C.

306 MüKo/*Oetker*, BGB, 7. Aufl. 2016, § 255 Rn. 1.

307 BGH, NJW 1997, 1008, 1012.

308 Ebenso OLG Brandenburg, NJOZ 2013, 1253, 1254 f.; *Becker*, 222.

309 B. II. 3.

bb) § 255 als dogmatische Begründung einer Übereignungspflicht

Damit ist jedoch noch nicht belegt, dass die Vorschrift auch im Übrigen auf den Übergang vom vindikatorischen Herausgabeanspruch zum Schadensersatz gemäß § 281 passt. Denn wie nachfolgend darzulegen sein wird, erscheint zumindest die Tauglichkeit des § 255 als rechtsdogmatische Grundlage einer Übereignungspflicht des Vindikanten zweifelhaft.

(1) „Abtretung" als faktische Übereignungspflicht wegen Unselbstständigkeit des § 985?

Eine solche ließe sich zwar grundsätzlich aus § 255 ableiten, wenn man die dort angeordnete Abtretungspflicht so verstünde, dass der Eigentümer auch die Abtretung des § 985 schuldet. Denn dann wäre er jedenfalls faktisch zur Übereignung verpflichtet, weil die Vindikation – wie dargelegt[310] – nur gemeinsam mit dem Eigentum übertragen werden kann.[311]

Dies erscheint jedoch schon deshalb bedenklich, weil bei einem derartigen Normverständnis das Stammrecht einem aus diesem resultierenden einzelnen Anspruch folgen und somit letztlich ein Annex zum Eigentum mittelbar über die dingliche Rechtslage bestimmen würde. Das aber wäre eine Verkehrung von Ursache und Wirkung und darüber hinaus mit der Grundregel des § 952 unvereinbar, wonach prinzipiell das „Hauptrecht" für das rechtliche Schicksal eines mit diesem verbundenen Rechts maßgeblich ist, wenn Letzteres lediglich als „Anhang" zu Ersterem anzusehen ist.[312]

Im Übrigen geriete man bei einer solchen Lesart des § 255 abermals an unüberwindbare Grenzen, sobald es um die Herausgabe eines Grundstücks geht, weil dann bloße Willenserklärungen zur Eigentumsübertragung nicht mehr ausreichen. Anders als bei beweglichen Sachen, deren Eigentum schon durch schlichte Einigung etwa gemäß § 931 übertragen werden kann,[313] entfernt sich der Terminus der „Abtretung" mithin allzu weit von den Regeln des Immobiliar-

---

[310] B. II. 2.

[311] So etwa OLG Köln, NJW-RR 2004, 1391; OLG Brandenburg, NJOZ 2013, 1253, 1254; Staudinger/*Bittner* (2014), § 255 Rn. 21 m. w. N.; Soergel/*Forster*, 13. Aufl. 2014, § 255 Rn. 9; PWW/*Luckey*, 13. Aufl. 2018, § 255 Rn. 5; Palandt/*Grüneberg*, 77. Aufl. 2018, § 255 Rn. 9; *Becker*, 219 f.; a. A. MüKo/*Oetker*, BGB, 7. Aufl. 2016, § 255 Rn. 15, 18 (nur Abtretung des § 985 ohne Eigentumsübergang).

[312] RGRK/*Pikart*, § 952 Rn. 1; vgl. zudem Palandt/*Herrler*, 77 Aufl. 2018, § 952 Rn. 1 (§ 952 ist zwingende gesetzliche Eigentumszuordnung).

[313] Dies gilt jedenfalls dann, wenn die Sache abhandengekommen ist für § 931, vgl. MüKo/*Oechsler*, BGB, 7. Aufl. 2017, § 931 Rn. 11; auch nach § 929 S. 2 bedarf der Eigentumsübergang über die Einigung hinaus keiner weiteren Momente, vgl. BGH, NJW 2007, 2844.

sachenrechts, wonach gemäß § 873 Abs. 1 zwingend jedenfalls die Eintragung der Rechtsänderung ins Grundbuch vorausgesetzt wird.

(2) Unbilligkeit eines generellen Übereignungszwangs gemäß § 255

Entgegen anderslautenden Stimmen im Schrifttum[314] ist § 255 insoweit auch nicht als im Sinne eines Redaktionsversehens zu eng formuliert anzusehen. Nähme man dies an und verstünde die dort statuierte Pflicht zur „Abtretung" generell als eine solche zur Übertragung des Eigentums nach den jeweils gültigen Regeln (§§ 929 ff. oder §§ 873, 925),[315] so würde dies zu dem unbilligen Ergebnis führen, dass der Geschädigte selbst in den der Vorschrift des § 255 typischerweise zugrundeliegenden Konstellationen eines Diebstahls[316] gezwungen wäre, sein Eigentum an den in Anspruch genommenen Schuldner zu übertragen. Dies widerspräche nicht nur ganz grundsätzlich der Wertung des § 935, wonach der Berechtigte sein Eigentum an abhandengekommenen Sachen gerade nicht verlieren soll, sondern regelmäßig auch den konkreten Interessen des Gläubigers, der sein Eigentum in den typischen Fallgestaltungen des § 255 oftmals gar nicht preisgeben möchte. Im Gegenteil dürfte es dem Eigentümer regelmäßig daran gelegen sein, die Sache im Falle ihres Auftauchens wieder in Eigenbesitz zu nehmen, freilich gegen Rückgewähr der Ersatzleistung an den in Anspruch genommenen Schuldner.[317]

Letzteres ließe sich in den unmittelbaren Anwendungsfällen gewiss auch über die Regeln des Bereicherungsrechts bewältigen, wobei sich dann die im Einzelfall schwer zu beantwortende, aber dennoch lösbare Frage nach der Höhe des Bereicherungsanspruchs aufgrund eines etwaigen Sachwertverlustes stellen würde.[318]

Im Falle des § 281 könnte § 812 hingegen nicht ohne Weiteres zur Anwendung gebracht werden, weil die Eigentumsübertragung zumindest in den Konstellationen, in denen sich der Eigentümer aus reiner Bequemlichkeit für das Interesse entscheidet, etwa um die Mühen eines Prozesses zu umgehen, kondiktionsfest sein dürfte.[319] Anders als etwa beim Diebstahl durch einen unbekannten Dritten bleibt der auf einer entsprechenden Heranziehung des § 255 beruhende Rechts-

---

314 Etwa jurisPK/*Rüßmann*, BGB, 8. Aufl. 2017, § 255 Rn. 17.

315 So jurisPK/*Rüßmann*, BGB, 8. Aufl. 2017, § 255 Rn. 17.

316 *Beispiel:* Die Sache wird beim fahrlässig verwahrenden Mieter entwendet.

317 So etwa MüKo/*Oetker*, BGB, 7. Aufl. 2016, § 255 Rn. 18; Erman/*Ebert*, 15. Aufl. 2017, § 255 Rn. 5; in diese Richtung auch Staudinger/*Bittner* (2014), § 255 Rn. 21 f. (jedenfalls, wenn die Sache in ihrem Wert nicht gemindert ist).

318 Staudinger/*Bittner* (2014), § 255 Rn. 22 a. E.

319 Zu den anders gelagerten Fällen, in denen praktisch keine andere Möglichkeit besteht, als von § 985 auf einen Schadensersatz überzugehen: C. dort insbes. III. 2. a) (= Bereicherungsanspruch des Eigentümers; Wahlrecht).

grund der Übereignung in derartigen Fällen nämlich unberührt, weil der Eigentümer, der bewusst und aus freien Stücken auf das Interesse übergeht, sich hieran festhalten lassen muss.

(3) Zumutbarkeit einer Übereignungspflicht im Regelfall des § 281

Obgleich eine generell aus § 255 folgende Übereignungspflicht des Eigentümers im Lichte des bisher Gesagten durchaus kritisch zu sehen ist,[320] so erhellt doch gerade der zuletzt aufgezeigte Umstand, dass jedenfalls im Regelfall eines (als zulässig unterstellten) Übergangs von § 985 zum Schadensersatz gemäß § 281 eine andersartige Interessenlage besteht. Denn gegenüber dem Bestohlenen erweist sich derjenige, der sich durch „Verlangen" gemäß § 281 Abs. 4 mehr oder weniger selbstbestimmt für Schadensersatz entscheidet, als weniger schutzbedürftig.[321] Im Gegensatz zu den für § 255 charakteristischen „Diebstahlsfällen" steht dem Eigentümer in den Konstellationen des § 281 nämlich in aller Regel die Möglichkeit offen, einen Vindikationsprozess gegen den ihm regelmäßig bekannten Anspruchsgegner anzustrengen sowie – erforderlichenfalls – alle Maßnahmen des Vollstreckungsrechts auszuschöpfen. Entscheidet er sich demgegenüber für das Interesse, so erscheint eine daraus im Gegenzug erwachsende Übereignungspflicht, die nach jetzigen Erkenntnissen aufgrund der vielen Unterschiedlichkeiten wohl doppelt analog § 255 zu begründen sein wird, durchaus gerechtfertigt und ein hiergegen vorgebrachter Einwand seitens des Eigentümers geradezu widersprüchlich. Aus eben diesen Gründen stünde auch die Wertung des § 935 nicht entgegen, weil die im Normalfall des § 281 noch als freiwillig[322] zu bezeichnende Aufgabe der Vindikationsmöglichkeit gemäß § 281 Abs. 4 mit einem „Abhandenkommen" im Sinne der zuerst genannten Norm nicht gleichzustellen wäre.

Freilich sind auch Szenarien möglich, in denen entweder eine derartige Freiwilligkeit nicht gegeben ist oder aber eine Übereignung des Vindikationsgegenstandes aus tatsächlichen Gründen von vornherein nicht in Betracht kommt.

Verbleibt dem Eigentümer praktisch keine andere Möglichkeit, als von § 985 auf einen Schadensersatz überzugehen, etwa weil eine Herausgabevollstreckung bereits fruchtlos verlaufen oder eine solche von vornherein nicht erfolgsverspre-

---

320 Eine Übereignungspflicht ablehnend: MüKo/*Oetker*, BGB, 7. Aufl. 2016, § 255 Rn. 14, 18; BeckOK/*Lorenz*, BGB, 47. Ed. 1.8.2018, § 255 Rn. 10; BeckOGK/*Röver*, BGB, 1.4.2018, § 255 Rn. 58 f.; anders indes die wohl h. M., vgl. nur: RGZ 59, 367, 370 f.; OLG Köln, NJW-RR 2004, 1391; Soergel/*Forster*, 13. Aufl. 2014, § 255 Rn. 9; Staudinger/*Bittner* (2012), § 255 Rn. 21; Palandt/*Grüneberg*, 77. Aufl. 2018, § 255 Rn. 9.

321 Vgl. OLG Köln, NJW-RR 2004, 1391.

322 Nochmals: Die Freiwilligkeit ist darin zu sehen, dass der Eigentümer selbstbestimmt auf eine Herausgabevollstreckung oder gar eine Vindikationsklage verzichtet.

chend erscheint,[323] so ist die Substituierung des § 985 gemäß § 281 selbst für denjenigen Eigentümer, der seine Sache unbedingt zurückerhalten möchte und hierfür auch bereits alles Erforderliche unternommen hat, der einzige Ausweg. Von einem freiwilligen Übergang auf den Schadensersatz kann bei derartigen Sachlagen nur schwerlich gesprochen werden.

Zudem sind Fallgestaltungen denkbar, in denen § 255 schon ganz grundsätzlich nicht zur Anwendung gelangen kann, etwa weil eine Übereignung des Vindikationsgegenstandes überhaupt nicht in Betracht kommt. Dies gilt namentlich, wenn § 985 auf ein Grundstücks- oder Gebäudeteil beschränkt ist,[324] wie dies beispielsweise bei der Räumung eines einzelnen Raumes[325] oder einer nicht sondereigentumsfähigen Wohnung[326] der Fall ist. Dann bestünde nämlich das Problem, dass die herauszugebende Sache – da wesentlicher Bestandteil – grundsätzlich nicht getrennt von der Hauptsache übertragen werden kann (§§ 93, 94), während § 281 freilich auf die Nichtherausgabe des betroffenen Teils beschränkt bliebe.[327]

Im zuletzt aufgezeigten Fall ließe sich freilich einwenden, dass für den Gläubiger bei derartigen Sachlagen jedenfalls kein Bedürfnis besteht, seinen Herausgabeanspruch in einen Schadensersatz umzuwandeln, da eine Räumungsvollstreckung (§ 885 ZPO) ohne Weiteres möglich ist[328] und die Anwendung des § 281 daher sogar gemäß § 242 als rechtsmissbräuchlich angesehen werden könnte.[329] Auf die zuvor aufgeworfene Frage nach den Rechten des Eigentümers, wenn sich dieser wegen fehlender Erfolgsaussichten der Vindikation *gezwungen* sieht, auf einen Schadensersatzanspruch überzugehen, um am Ende nicht gänzlich mit leeren Händen dazustehen, wird hingegen an späterer Stelle ausführlich einzugehen sein.[330]

5. Zwischenergebnis und Kurzstellungnahme

Zur Frage, ob die maßgeblich auf Billigkeitserwägungen fußende Heranziehung des § 281 mit den sachenrechtlichen Besonderheiten des Eigentumsherausgabeanspruchs in Einklang zu bringen ist, bleibt nach alldem Folgendes festzuhalten:

---

323 Hierzu ausführlich: C.

324 *Wallerath*, JR 1970, 161, 166; Soergel/*Wiedemann*, 12. Aufl. 1990, § 283 Rn. 9; *Brauer*, NotBZ 2002, 402, 404 f.; *Gursky*, JURA 2004, 433, 436.

325 Vgl. hierzu etwa LG Braunschweig, ZMR 1988, 339, 340 (wobei dem Besitzer aufgrund der absoluten Ausnahmekonstellation des Falles ein Recht zum Besitz nach § 242 eingeräumt wurde).

326 Soergel/*Wiedemann*, 12 Aufl. 1990, § 283 Rn. 9.

327 Vgl. nur *Schwerdtner*, 152; *Gursky*, JURA 2004, 433, 436.

328 Soergel/*Wiedemann*, 12 Aufl. 1990, § 283 Rn. 9; so auch *Wallerath*, JR 1970, 161, 166.

329 So etwa BMJ, Abschlussbericht, 135.

330 C.

Die bloße Umwandlung der Vindikation in eine schuldrechtliche und damit vom Stammrecht losgelöste Geldforderung spricht nicht bereits gegen die Anwendbarkeit des § 281, da eine solche auch im Rahmen der §§ 989 f. stattfindet. Darüber hinaus kann § 281 nicht mit der Begründung abgelehnt werden, dass es sich bei § 985 um einen pekuniär wertlosen Anspruch handele, der nicht in eine geldwerte Forderung gewandelt werden könne. Denn letztlich führt der mit § 281 Abs. 4 einhergehende Wegfall der Vindikationsmöglichkeit bei wirtschaftlicher Betrachtung zum faktischen Verlust des Eigentums.

Die damit letztlich bewirkte Trennung von Besitz und Eigentum würde einer Anwendbarkeit des § 281 wohl entgegenstehen, wenn und soweit sie sich auf Dauer perpetuierte. Ein entsprechender Verweis auf § 197 Abs. 1 Nr. 2 scheidet jedenfalls aus, weil die verjährungsrechtliche Vorschrift in erster Linie dem Allgemeininteresse zu dienen bestimmt ist (Rechtssicherheit), während § 281 Abs. 4 lediglich den Belangen der Parteien Rechnung tragen soll. Die Bestimmung des § 197 Abs. 1 Nr. 2 ist zudem rechtspolitisch höchst umstritten, weshalb eine Übertragung der dort zum Ausdruck gebrachten Wertungen ohnehin ganz grundsätzlich in Zweifel zu ziehen ist. Diese an sich mit der Natur des § 985 nicht in Einklang zu bringende Wirkung des § 281, die nicht zuletzt auch zu einer Überkompensation des Eigentümers führen kann, lässt sich mit einer entsprechenden Anwendung des § 255 (doppelt analog) zu weiten Teilen auflösen, indem der Eigentümer zur Übereignung der Sache verpflichtet wird, sobald er von seinem vindikatorischen Herausgabeanspruch auf den Schadensersatz statt der Leistung gemäß § 281 übergeht. Hiermit dürften insbesondere sowohl etwaige Ansprüche des Gläubigers, die dieser während der Schwebelage (zwischen Fristablauf und Übereignung) aufgrund seines fortbestehenden Eigentums gegen Dritte erlangt, als auch ein im Wege einer Veräußerung der Sache erzielter Erlös schuldrechtlich dem in Anspruch genommenen Besitzer zustehen.

III. Die Systematik von Restitution und Verantwortlichkeit im Rahmen der §§ 989, 990

Fraglich bleibt jedoch insbesondere, inwieweit eine Heranziehung des § 281 im Übrigen den Besonderheiten der schadensersatzrechtlichen Bestimmungen der §§ 989, 990 entgegensteht. Weil nämlich die dort statuierten Ansprüche in erster Linie gemäß § 249 Abs. 1 in Form der Naturalrestitution geschuldet sind,[331] las-

[331] Vgl. nur OLG Celle, BeckRS 2001, 13422 (Rn. 3 f.); Soergel/*Stadler*, 13. Aufl. 2006, § 989 Rn. 16; Staudinger/*Gursky* (2012), § 989 Rn. 32; vgl. zudem B. I. 3. a) aa) (1).

sen sowohl die prinzipielle Ausrichtung des § 281 am Substanzwert[332] als auch die eigenartige Konstruktion der zuletzt genannten Vorschrift ganz erhebliche Zweifel an deren Vereinbarkeit mit dem speziellen Leistungsstörungsrecht des Eigentümer-Besitzer-Verhältnisses zu (hierzu: 1.–3.). Aber auch der Umstand, dass der redliche Prozessbesitzer durch § 281 mit Fristablauf faktisch für den zufälligen Untergang der Sache einzustehen hätte, scheint gegen eine Heranziehung der allgemeinen Leistungsstörungsnorm auf die Vindikation zu sprechen, weil eine derartige Verantwortlichkeit des Gutgläubigen im Rahmen der §§ 989 f. nicht vorgesehen ist (hierzu: 4.).

1. Schadensersatz statt der ganzen Leistung gemäß § 281 Abs. 1 S. 2

So könnte etwa der eine Sacheinheit vindizierende Eigentümer bei einer vom Besitzer erbrachten bloßen Teilherausgabe seinen Anspruch gemäß §§ 281 Abs. 1 S. 2, 251 Abs. 1 auf den Substanzwert der *ganzen* Sache ausweiten, wenn er an dem herausgegebenen Teil kein Interesse hat.[333] Fehlen beispielsweise nicht unerhebliche Teile einer komplexen Maschine, so wäre der Eigentümer befugt, Geldersatz in Höhe des Wertes der gesamten Maschine zu fordern,[334] obgleich dies gegen die Wertungen des Eigentümer-Besitzer-Verhältnisses verstößt. Denn eine entsprechende Ausdehnung des § 989 auf die ganze Sache ist nicht denkbar, weil solch ein Vorgehen mit dem der Norm zugrundeliegenden Restitutionsprinzip gemäß § 249 nicht übereinstimmt.[335] Um den Zustand wiederherzustellen, der bei Hinwegdenken des schädigenden Ereignisses bestehen würde, reicht es nämlich aus, den tatsächlich eingetretenen Schaden zu beseitigen, etwa indem eine beschädigte Sache repariert oder eine verlorene wiederbeschafft wird bzw. die hierzu erforderlichen Kosten erstattet werden.[336] Folgerichtig kann der Eigentümer gemäß §§ 989, 249 den Wert der ganzen Sache nur dann ersetzt verlangen, wenn diese irreparabel zerstört und eine Ersatzbeschaffung unmöglich ist.[337]

Ebenso dürfte § 281 Abs. 1 S. 2 in Fallgestaltungen relevant werden, in denen es um die Herausgabe mehrerer selbständiger Sachen geht (Sachgesamtheiten), auf deren Vollständigkeit es dem Eigentümer bzw. dem Rechtsverkehr aber gerade ankommt, etwa weil die besondere Bedeutung nicht den einzelnen Gegenstän-

---

[332] Hierzu etwa B. I. 3. a) aa) (2); zu Alternativansätzen: B. II. 4. a).

[333] In diese Richtung auch: MüKo/*Medicus*, BGB, 4. Aufl. 2004, § 985 Rn. 40 (der freilich nur den Rechtsgedanken des Interessefortfalls auf § 989 übertragen will).

[334] Vgl. BGH, MDR 1973, 402.

[335] Hierzu bereits: B. I. 3. a) aa) (1).

[336] Vgl. nur BGHZ 92, 85, 87 = NJW 1984, 2282; PWW/*Luckey*, 13. Aufl. 2018, § 249 Rn. 3; vgl. zudem: B. I. 3. a) aa) (1).

[337] BGHZ 92, 85, 87 = NJW 1984, 2282.

den, sondern der Einheit aller Sachen zukommt. Verlangt der Eigentümer etwa Herausgabe einer abgeschlossenen Sammlung von (an sich selbstständigen) Einzelgegenständen, so könnte er bei unvollständiger Leistung gemäß § 989 lediglich Ersatz für das fehlende Teil und ggf. einen aufgrund der Unvollständigkeit der Sammlung entgangenen Gewinn[338] verlangen. Nach §§ 281 Abs. 1 S. 2, 251 Abs. 1 wäre der Eigentümer hingegen befugt, auch bei solchen Sachinbegriffen unter Opferung seiner Vindikationsmöglichkeit gemäß § 281 Abs. 4 den Substanzwert aller Gegenstände vom Schuldner zu verlangen,[339] sofern er an den geleisteten Sachen wegen der Unvollständigkeit kein Interesse hat. Dies dürfte vor allem dann in Betracht kommen, wenn die einzelnen herausgegebenen Gegenstände ansonsten nur in beschränktem Umfang nutzbar sind oder ein besonderer Gebrauchsvorteil gerade im Besitz der Sachgesamtheit liegt.[340] Neben den bereits beispielhaft genannten abgeschlossenen Sammlungen, denen nach der Verkehrsanschauung ein eigenständiger Wert erst durch ihre Vollständigkeit zugesprochen wird, dürfte dies regelmäßig bei inhaltlich oder wirtschaftlich eng zusammenhängenden Gegenständen, etwa einzelne Bände eines Gesamtwerkes[341] oder aufeinander abgestimmte und aufbauende Hard- und Softwareteile,[342] anzunehmen sein.

Bei derartigen Sachlagen vermag die Vorschrift des § 281 Abs. 1 S. 2 mithin in die Rechtsfolgenseite des § 989 und somit in das schadensersatzrechtliche Gefüge des Eigentümer-Besitzer-Verhältnisses insgesamt einzugreifen, weil die Haftung des Besitzers nach § 989 grundsätzlich auf den ausgebliebenen Teil beschränkt ist, solange und soweit die Teilleistung nicht mit einem wirtschaftlichen Totalverlust oder -schaden gleichzusetzen ist.[343] Hiergegen lässt sich auch nicht ins Feld führen, dass eine mit § 281 Abs. 1 S. 2 vergleichbare Möglichkeit nach früherer Rechtslage gemäß §§ 283 Abs. 2, 280 Abs. 2 S. 1 a. F. bereits bestand. Ein entscheidender Unterschied zum heutigen Recht ist nämlich schon darin zu sehen, dass die Teilleistung gerade wegen tatsächlicher (§ 280 Abs. 2 S. 1 a. F.) oder fingierter Unmöglichkeit (§ 283 a. F.) nicht erbracht wurde, so dass die Option des Schuldners, den ausgebliebenen Teil noch zu beschaffen, außer Betracht zu bleiben hatte. Dies erschien im Übrigen und im Gegensatz zur Situation bei § 281 auch insoweit gerechtfertigt, als der Gläubiger im Rahmen des § 283 a. F.

---

338 Zum entgangenen Gewinn gemäß § 989 vgl. nur: BGH, NJW 1982, 1751 sowie oben: B. I. 3. a) bb).

339 Freilich gegen Übereignung der noch vorhandenen Sachen (doppelt analog § 255), vgl. B. II. 4. c).

340 Vgl. LG Saarbrücken, NJW 1988, 347 (zu Teillieferungsverträgen).

341 Vgl. LG Saarbrücken, NJW 1988, 347 (zu Teillieferungsverträgen).

342 MüKo/*Stresemann*, BGB, 7. Aufl. 2015, § 90 Rn. 39.

343 RGRK/*Pikart*, 12 Aufl. 1979, § 989 Rn. 10, 19.

sehr hohe Hürden zu überwinden hatte, um vom Primär- auf den Schadensersatzanspruch überzugehen.[344]

2. Die Haftung des mittelbaren Besitzers alternativ gemäß § 989 Var. 3 oder § 281

Eine weitere Möglichkeit des Eigentümers, das in den §§ 989 f. angelegte Restitutionsprinzip zu umgehen, besteht in Konstellationen, in denen der verklagte[345] oder grob fahrlässig vom Mangel seines Rechts in Unkenntnis befindliche Besitzer nach Eintritt der Haftungsverschärfung ein Besitzmittlungsverhältnis mit einem Dritten eingeht und so seinen unmittelbaren zu einem mittelbaren Besitz abschwächt.[346]

a) Ausgangsüberlegung

Denn wie bereits dargelegt,[347] begründet das mit der Weitergabe der Sache bewirkte Herausgabeunvermögen im Sinne von § 989 Var. 3[348] wegen § 249 Abs. 1 lediglich eine Wiederbeschaffungspflicht des mittelbaren Besitzers.[349] Dieser hat die Sache daher in erster Linie durch Beendigung des zugrundeliegenden Besitzmittlungsverhältnisses (ggf. mittels Zahlung einer Entschädigung[350]) vom Dritten zurückzuholen und an den Eigentümer herauszugeben.[351] Ist dieses Ziel gleichwohl vorübergehend nicht zu erreichen, so ist der mittelbare Besitzer zusätzlich verpflichtet, den Eigentümer auf Grundlage des § 989 insoweit zu entschädigen, als bei Letzterem ein adäquat kausal auf dem *zeitweiligen Sachverlust* beruhender Schaden eingetreten ist.[352] Schließlich kommt es im Rahmen des

344 Vgl. *Gursky*, JURA 2004, 433, 435.

345 Zur Anwendbarkeit des § 281 auf den redlichen Prozessbesitzer vgl. nur: BGHZ 209, 270 (Ls.) = NJW 2016, 3235 (m. Anm. *Kaiser*); Palandt/*Herrler*, 77 Aufl. 2018, § 985 Rn. 14.

346 Vgl. hierzu das oben gebildete Beispiel (B. I.), bei dem der mittelbare Besitzer (*M*) im maßgeblichen Zeitpunkt des Abschluss des Pachtvertrages freilich unverklagt und redlich war.

347 B. I. 3. a) aa) (1) sowie B. III. 1.

348 Strittig ist allein, ob ein Herausgabeunvermögen i. S. d. § 989 Var. 3 auch bei sehr kurzfristigen Besitzmittlungsverhältnissen vorliegt. Bejahend: Soergel/*Stadler*, 13. Aufl. 2006, § 989 Rn. 8; Staudinger/*Gursky* (2012), § 989 Rn. 12; ablehnend: MüKo/*Raff*, BGB, 7. Aufl. 2017, § 989 Rn. 9; Palandt/*Herrler*, 77. Aufl. 2018, § 989 Rn. 4; zu dieser Frage: B. I. 3. a) bb) sowie nachfolgend.

349 H. M., vgl. nur Soergel/*Stadler*, 13. Aufl. 2006, § 989 Rn. 16; Staudinger/*Gursky* (2012), § 989 Rn. 32 m. w. N.; NK/*Schanbacher*, BGB, 3. Aufl. 2013, § 989 Rn. 2.

350 Die Pflicht, das Besitzmittlungsverhältnis notfalls auch durch Entschädigungszahlungen zu beenden, dürfte bis zur Grenze der Unverhältnismäßigkeit (§ 251 Abs. 2) von dem aus § 989 Var. 3 folgenden Schadenersatzanspruch gedeckt sein, vgl. *Katzenstein*, AcP 206 (2006), 99, 112; BeckOGK/*Spohnheimer*, BGB, 1.7.2018, § 989 Rn. 29.

351 *Katzenstein*, AcP 206 (2006), 99, 112.

352 *Katzenstein*, AcP 206 (2006), 99, 112 ff.; hierzu bereits oben: B. I. 3. a) bb).

§ 985 gerade nicht darauf an, ob der Schuldner im obligatorischen Sinne (§ 275) zur Herausgabe außer Stande ist.[353] Nach zutreffender, aber nicht unumstrittener Meinung liegt Unvermögen gemäß § 989 vielmehr schon dann vor, wenn der Schuldner nur kurzzeitig nicht in der Lage ist, die Sache herauszugeben.[354] Eine Substanzwerthaftung des mittelbaren Besitzers aus § 989 Var. 3 besteht mithin allein im Falle eines auf sehr lange Zeit angelegten, nicht vorzeitig beendbaren Konstituts,[355] weil die Sache dann für den Eigentümer praktisch wertlos ist.[356]

Im Übrigen bleibt der mittelbare Besitzer nach ganz herrschender Meinung weiterhin zur Herausgabe im Sinne des § 985 und nicht bloß gemäß § 870 zur Abtretung des aus dem Rechtsverhältnis zum Dritten resultierenden Herausgabeanspruchs verpflichtet,[357] weil § 985 gerade nicht zwischen den beiden Formen des Besitzes unterscheidet, die Regelung des § 991 Abs. 1 a. E. eine Passivlegitimation des mittelbaren Besitzers sogar voraussetzt[358] und ein lediglich auf Abtretung lautendes Urteil durch die Beendigung des mittelbaren Besitzes für den Eigentümer unvollstreckbar und damit wertlos werden würde.[359] Daher lägen die Voraussetzungen des § 281 regelmäßig auch gegen den nach § 989 Var. 3 haftenden mittelbaren Besitzer vor, weshalb der Eigentümer nach Fristversäumnis von seinem vindikatorischen Herausgabeanspruch auf § 281 übergehen und so von Ersterem – wahlweise und entgegen der speziellen Bestimmung des § 989 Var. 3 – anstelle der Wiederbeschaffung den Substanzwert der Sache verlangen könnte.[360]

Auch hiergegen lässt sich nicht ins Feld führen, dass diese Möglichkeit des Eigentümers bereits gemäß § 283 a. F. bestand, weil es sich hierbei eben um eine sehr seltene und von der Überwindung hoher Hürden abhängige Sondersituation

---

353 Vgl. nur *Medicus/Petersen*, BR, Rn. 447.

354 Soergel/*Stadler*, 13. Aufl. 2006, § 989 Rn. 9; Staudinger/*Gursky* (2012), § 989 Rn. 10; BeckOGK/*Spohnheimer*, BGB, 1.7.2018, § 989 Rn. 16; a. A.: BeckOK/*Fritzsche*, 47. Ed. 1.8. 2018, § 989 Rn. 9; Palandt/*Herrler*, 77. Aufl. 2018, § 989 Rn. 4.

355 Wie etwa im oben gebildeten Beispiel (B. I.), wonach der Pachtvertrag über 10 Jahre abgeschlossen wurde und der Pächter zur vorzeitigen Herausgabe der Pachtsachen an den Verpächter nicht bereit ist.

356 *Katzenstein*, AcP 206 (2006), 99, 112 ff.

357 G. h. M., vgl. nur: BGH, NJW-RR 2004, 570, 571; Staudinger/*Gursky* (2012), § 989 Rn. 71 m. w. N; einschränkend: Palandt/*Herrler*, 77. Aufl. 2018, § 985 Rn. 9 („Herausgabe der Sache aber nur, wenn er dem Eigentümer nach §§ 989 ff. bei Nichtherausgabe haftet"; so auch BGHZ 53, 29, 32 ff. = NJW 1970, 241 zu § 283 a. F.).

358 Staudinger/*Gursky* (2012), § 985 Rn. 43.

359 BGHZ 53, 29, 31 = NJW 1970, 241; MüKo/*Baldus*, BGB, 7. Aufl. 2017, § 985 Rn. 33; PWW/*Englert*, 13. Aufl. 2018, § 985 Rn. 10; BeckOK/*Fritzsche*, BGB, 47. Ed. 1.8.2018, § 985 Rn. 18 (Titel unvollstreckbar; erneute Vindikationsklage erforderlich).

360 So wohl auch *Katzenstein*, AcP 206 (2006), 99, 112 ff.; anders wohl *Gursky*, JURA 2004, 433, 437 (Haftung gem. §§ 990 Abs. 1, 989 und §§ 985, 281 durch den gleichen Vorgang „nicht denkbar").

handelte, die mit der nunmehr häufig in Erwägung zu ziehenden Option des § 281 gerade nicht vergleichbar ist.[361]

b) Kein Zurücktreten des § 281

Ebensowenig kommt ein etwa aus § 254 Abs. 2 S. 1 abgeleiteter Einwand in Betracht, der Eigentümer müsse sich bei einer derartigen Überschneidung der Anwendungsbereiche auf § 989 Var. 3 beschränken, um seiner Schadensminderungsobliegenheit nachzukommen. Denn der grundsätzlich nach § 989 Var. 3 geschuldete Wiederbeschaffungsaufwand wird im Vorfeld regelmäßig nicht ohne Weiteres zu ermitteln sein, weshalb es dem Eigentümer meist nicht vorzuwerfen sein dürfte, wenn er nach Fristablauf auf § 281 übergeht und sich im Nachhinein herausstellt, dass die Wiederbeschaffung für den Schuldner wesentlich günstiger gewesen wäre.

Vor allem aber wäre ein solches Zurücktreten des § 281 von einem merkwürdigen Widerspruch gekennzeichnet: Hält man nämlich § 281 grundsätzlich für auf die Vindikation anwendbar, so hat dies nach ganz herrschender und in der Konsequenz freilich zutreffender Ansicht jedenfalls unter dem Vorbehalt zu geschehen, dass der Schuldner gerade auch nach den Wertungen der §§ 989, 990 schadensersatzrechtlich zur Verantwortung gezogen werden kann, weil er bereits auf Herausgabe verklagt oder sich mit Blick auf sein Besitzrecht nicht in gutem Glauben befindet.[362] Denn schließlich könnte der Eigentümer das im Rahmen der §§ 987 ff. statuierte Besitzerprivileg ansonsten ohne Weiteres umgehen.

Ginge man unter dieser Prämisse jedoch davon aus, dass § 281 wegen Vorrangs des Restitutionsprinzips stets dann zurücktritt, wenn und soweit der unrechtmäßige Besitzer bereits nach den speziellen Schadensersatzregelungen des Eigentümer-Besitzer-Verhältnisses tatsächlich einzustehen hat, so verblieben für § 281 ausschließlich solche Konstellationen, in denen zwar eine Haftungsverschärfung (Rechtshängigkeit, Bösgläubigkeit) eingreift, eine Ersatzpflicht des Besitzers aber gerade mangels sonstiger Tatbestandsmäßigkeit der §§ 989 f. ausscheidet, etwa weil er zwar verklagt, aber redlich ist und sich noch im unmittelbaren Besitz der unversehrten Sache befindet. Dies befremdet und wäre allenfalls zu rechtfertigen, wenn das schuldhafte Fristversäumnis eine mit den Modalitäten der §§ 989 f. qualitativ gleichzusetzende Tathandlung darstellen und sich § 281 auch im Übrigen in das System des speziellen Haftungsregimes einfügen würde.

---

[361] Vgl. *Gursky*, JURA 2004, 433, 435.

[362] Statt vieler: BGHZ 209, 270, 278 (Rn. 24) = NJW 2016, 3235 (m. Anm. *Kaiser*); a. A. etwa *Vieweg/Werner*, Sachenrecht, 8. Aufl. 2018, § 7 Rn. 36 (Voraussetzungen der §§ 280, 281 ausreichend).

Wie jedoch an verschiedenen Stellen bereits deutlich gemacht wurde[363] und nachfolgend im Einzelnen noch aufzuzeigen sein wird, ist dies mitnichten der Fall.

3. Die Geltendmachung des § 281 als alleiniges schadensbegründendes Ereignis

Insbesondere offenbart sich anhand des für beide Haftungsregime zentralen Merkmals „Schaden", dass die speziellen Bestimmungen der §§ 989 f. durch eine ergänzende Heranziehung des § 281 nicht lediglich in den bisher aufgezeigten Ausnahmekonstellationen, sondern auch und gerade im Regelfall einer Vindikationslage förmlich außer Kraft gesetzt werden können.

a) Die unterschiedliche Bedeutung des Merkmals „Schaden" als Ausgangsproblem

aa) Schaden als bloße Rechtsfolgenanordnung des § 281

§ 281 gewährt dem Gläubiger das Recht, Schadensersatz statt der Leistung zu *verlangen*, sobald der Schuldner eine ihm gesetzte angemessene Frist schuldhaft verstreichen lässt. Aus Wortlaut und Systematik der Norm folgt mithin, dass der Gläubiger bereits durch das Fristversäumnis zwei Ansprüche erhält, nämlich einerseits auf Leistung und andererseits auf Schadensersatz statt dergleichen, unter denen er wählen kann,[364] wenngleich der Schadensersatzanspruch zunächst nur als sogenannter verhaltener Anspruch entsteht,[365] weil der Schuldner erst berechtigt ist, die geschuldete Schadensersatzleistung zu erbringen, nachdem sie vom Berechtigten gemäß § 281 Abs. 4 geltend gemacht wird.

Der mit der Erklärung einhergehende Verlust des Primärleistungsanspruchs[366] stellt sodann den Mindest-, oftmals sogar den einzigen Schaden dar, den der Gläubiger über § 281 zu liquidieren vermag. Eine bis dahin bereits eingetretene

---

[363] B. I. 2. (Verschiebung der im Eigentümer-Besitzer-Verhältnis vorgesehenen Risikoverteilung durch § 281 insbes. zu Lasten des redlichen Besitzers); B. I. 3. a)-c) (kein dogmatischer Anknüpfungspunkt einer Haftungsbeschränkung auf den bösgläubigen Besitzer); B. I. 3. d) (keine fiktive Herausgabeunmöglichkeit im Sinne des § 989 durch Fristablauf; Fristsetzung in erster Linie prozedurales Mittel).

[364] BGH, NJW 2006, 1198 f. (Rn. 17). Sehr umstritten ist indes die Frage, ob es sich bei diesem „Wahlrecht" um eine sog. elektive Konkurrenz (so z. B. BGH, NJW 2006, 1198 f. Rn. 17; Soergel/*Benicke/Hellwig*, 13. Aufl. 2014, § 281 Rn. 199 m. zahlr. w. N.) oder einen Fall der Wahlschuld i. S. d. §§ 262 ff. handelt (so etwa *Schwab*, JR 2003, 133, 134; *Samhat*, 346 ff.). Weil dies jedoch für die hier interessierende Frage nicht von entscheidender Bedeutung ist, bedarf es insoweit keiner Festlegung.

[365] Soergel/*Benicke/Hellwig*, 13 Aufl. 2014, § 281 Rn. 199.

[366] Im Falle des § 985 genauer: „Verlust der Vindikationsmöglichkeit als spezifischer

Vermögenseinbuße ist zur Anspruchsbegründung mithin nicht erforderlich, sondern wird im Regelfall des § 281 durch dessen Geltendmachung erst bewirkt und gewinnt daher allein auf Rechtsfolgenebene an Bedeutung.[367] Gerade hierin zeigt sich das Hauptcharakteristikum der Fristsetzung als prozedurales Mittel,[368] das möglichst einfach Klarheit über den Bestand bzw. die Substituierbarkeit des Primäranspruchs durch einen an dessen Stelle rückenden Schadensersatzanspruch schaffen soll.[369]

bb) Schaden als anspruchsbegründendes und -beschränkendes Element der §§ 989, 990

Demgegenüber setzt § 989 schon auf Tatbestandsebene einen im Zeitpunkt des Schadensersatzverlangens bereits *eingetretenen* Schaden voraus,[370] was bereits aus dem Wortlaut des § 989 („Schaden, der dadurch entsteht“) sowie der dort statuierten Pflicht des unrechtmäßigen Besitzers zur Wiederherstellung des vorherigen Zustands (§ 249) zu schließen ist. Daher ist es gerade in den Fällen des § 989 Var. 3 erforderlich, aber auch ausreichend, dass die Sache nur mit einer – wenn auch bloß geringfügig – kostenaufwändigeren Rechtsverfolgung wiedererlangt werden kann, etwa weil der Schuldner sie an einen Dritten weitergegeben hat und dieser zunächst noch ausfindig zu machen ist,[371] wobei sich die Ersatzpflicht dann grundsätzlich auf die Mehrkosten der Wiederbeschaffung beschränkt.[372] Umgekehrt und folgerichtig ist ein Anspruch aus § 989 Var. 3 daher abzulehnen, wenn der Eigentümer genaue Kenntnis vom Belegenheitsort der an einen Dritten weitergegebenen Sache hat und ein Vermögensnachteil ausbleibt, weil Letzterer womöglich in Anerkennung des Eigentums zur Herausgabe ohne Weiteres bereit ist.[373]

Ebenso kann der Eigentümer Ersatz wegen Vorenthaltung der Sache gemäß §§ 990 Abs. 2, 286 nur verlangen, wenn und soweit ein entsprechender, adäquat kausal auf der Verzögerung beruhender Schaden auch tatsächlich eingetreten

---

Schutzmechanismus“, MüKo/*Baldus*, BGB, 7. Aufl. 2017, § 985 Rn. 99; zur Wirkung des § 281 Abs. 4 auf § 985: B. II. 1 und 2.

367 *Gursky*, JURA 2004, 433, 435.

368 *Canaris*, FS Kropholler, 3, 8; vgl. zudem: B. I. 3. d) aa) (1).

369 BT-Drucks 14/6040, 137.

370 *Gursky*, JURA 2004, 433, 435; BeckOGK/*Spohnheimer*, BGB, 1.7.2018, § 989 Rn. 14 („der für einen Anspruch aus § 989 vorausgesetzte Schaden“).

371 *Gursky*, JURA 2004, 433, 435; NK/*Schanbacher*, BGB, 3. Aufl. 2013, § 989 Rn. 15.

372 Wie bereits dargetan, stellt die Wiederbeschaffung der Sache i. R. d. § 989 Var. 3 die in erster Linie geschuldete Form der Naturalrestitution dar, weil diese dem gemäß § 249 geschuldeten status quo ante am nächsten kommt, vgl.: B. I. 3. a) aa) (1).

373 Beispiel nach *Gursky*, JURA 2004, 433, 435.

ist.[374] Allein der Umstand, dass sich der Besitzer mit der Herausgabe in Verzug befindet, reicht eben gerade noch nicht aus, um einen Ersatzanspruch nach den speziellen Regelungen des Eigentümer-Besitzer-Verhältnisses zu begründen.

cc) Kurzstellungnahme

Der insoweit andersartige „Wirkmechanismus“ des § 281 ist mit Blick auf die grundsätzliche Ausrichtung der Vorschrift zunächst konsequent, weil der hieraus abgeleitete Schadensersatzanspruch nicht bloß an die Stelle der Erfüllung tritt, sondern insbesondere die primär geschuldete Leistung selbst ersetzt.[375] Schon aus diesem Grunde kann die Umwandlung des Primär- in den Sekundäranspruch – ganz im Gegensatz zu den auf Wiederherstellung gerichteten §§ 989 f. – gerade nicht davon abhängig gemacht werden, ob dem Gläubiger bis zum Schadensersatzverlangen ein Vermögensschaden bereits entstanden ist.

b) Die jederzeitige Möglichkeit eines „Zwangskaufs“ im Rahmen einer Vindikationslage als Folge des § 281

Rückt man jedoch den vindikatorischen Herausgabeanspruch wieder in den Mittelpunkt der Betrachtung, so zeigt sich, dass gerade die in § 281 bewusst[376] angelegte Möglichkeit des Gläubigers, die Primärleistung auch ohne vorher eingetretene Vermögenseinbuße in einen Schadensersatz umzuwandeln, einer Einbeziehung der allgemeinen Leistungsstörungsnorm in das spezielle System des Eigentümer-Besitzer-Verhältnisses entgegensteht. Der Eigentümer könnte nämlich mit der Option des § 281 nicht nur willkürlich einen Schadensersatzanspruch überhaupt erst „erzeugen“, obgleich ihm ein solcher nach den besonderen Vorschriften der §§ 989 f. mangels ersatzfähigen Schadens gar nicht zustünde. Vielmehr wäre er darüber hinaus in die Lage versetzt, durch den mit dem Wegfall der Vindikationsmöglichkeit gemäß § 281 Abs. 4 einhergehenden faktischen Verzicht auf sein Eigentum[377] einen Schaden in Höhe des Substanzwertes[378] der Sache zu konstituieren und den unrechtmäßigen Besitzer somit gleichsam in die Rolle eines Käufers zu drängen, weil Letzterer seine Verpflichtung aus § 985

---

[374] Vgl. nur Soergel/*Stadler*, 13. Aufl. 2006, § 990 Rn. 27 („Schaden *infolge* des Verzugs“); BeckOK/*Fritzsche*, BGB, 47. Ed. 1.8.2018, § 990 Rn. 41 („durch die Herausgabeverzögerung *verursachten* Schaden“) (Hervorhebungen H. O.).

[375] BT Drucks 14/6040, 136 f.

[376] Der Gesetzgeber wollte gerade einen einfachen und unkomplizierten Übergang zum Schadensersatzanspruch statt der Leistung, vgl. BT Drucks 14/6040, 138.

[377] Vgl. hierzu etwa B. II. 2.

[378] Zur Schadenshöhe: B. I. 3. a) aa) (2) sowie B. II. 4.

fortan nicht mehr durch die Herausgabe des Vindikationsgegenstandes, sondern – substituiert – nur noch durch Geldzahlung erfüllen könnte.[379]

aa) Entgegenstehende Funktion des Eigentümer-Besitzer-Verhältnisses

Gegen eine solche Wirkung des § 281 spricht jedoch insbesondere die den Bestimmungen des Eigentümer-Besitzer-Verhältnisses zugrundeliegende Gesetzesintention. Schließlich weichen die §§ 987 ff. gerade deshalb in vielen Bereichen von den allgemeinen Regelungen ab, um die zwischen Eigentümer und unrechtmäßigen Besitzer typischerweise bestehenden Interessenlagen hinreichend und angemessen berücksichtigen zu können.[380] Die auf schuldrechtliche Leistungsbeziehungen zugeschnittene Vorschrift des § 281 kann dem schon deshalb nicht gerecht werden, weil mit ihr regelmäßig gänzlich andere Zwecke verfolgt werden: Im Gegensatz zum ausdifferenzierten Haftungsregime der §§ 989 f. soll dem Gläubiger mit § 281 ein einfaches Mittel an die Hand gegeben werden, um seine Primärleistung schnell und unkompliziert in einen Schadensersatz umwandeln zu können.[381] Er soll hierdurch in erster Linie Mehrkosten eines etwaig erforderlichen Deckungsgeschäfts[382] oder ein auf dem völligen Ausbleiben der Leistung zurückzuführendes entgangenes Gewinngeschäft[383] rasch und mit hinreichender Rechtssicherheit liquidieren können.[384] Wie jedoch nachfolgend aufzuzeigen sein wird, widerspricht diese Ratio des § 281, die sich insbesondere in der einfachen Normarchitektur eines reinen Fristenmodells niedergeschlagen hat, diametral dem auf Interessenausgleich gerichteten Leistungsstörungsrecht des Eigentümer-Besitzer-Verhältnisses mit all seinen Besonderheiten.

(1) Kein Zwang zur Herausgabe während des Prozesses

So zeigt etwa eine Gegenüberstellung des § 990 Abs. 2, der ausschließlich auf die *neben* der Leistung geltend zu machenden Regelungen des Verzugs und gerade nicht auch auf § 281 verweist,[385] mit § 989, dass der Eigentümer grundsätzlich auf den Ersatz reiner Begleitschäden[386] beschränkt ist, solange und soweit der primäre Herausgabeanspruch aus § 985 noch erfüllbar ist. Durch diese ge-

---

379 Vgl. BGHZ 209, 270, 276 (Rn. 21) = NJW 2016, 3235 (m. Anm. *Kaiser*).

380 BGH, NJW 2007, 2183 (Rn. 9 f.); *Gursky*, JURA 2004, 433, 438; Soergel/*Stadler*, 13. Aufl. 2006, Vor § 987 Rn. 1; *Magnus*, NJW 2017, 1201.

381 BT Drucks 14/6040, 138.

382 BGHZ 197, 357, 361 ff. = JuS 2014, 167 (m. Anm. *Schwab*).

383 MüKo/*Emmerich*, BGB, 7. Aufl. 2016, § 281 Rn. 45.

384 BT Drucks 14/6040, 93, 138.

385 Hierzu: B. I. 3.

386 Vgl. BGHZ 197, 357, 361 ff. = JuS 2014, 167 (m. Anm. *Schwab*).

setzliche Haftungsbegrenzung soll der unrechtmäßige Besitzer insbesondere in die Lage versetzt werden, zunächst den Ausgang des Vindikationsprozesses abzuwarten, ohne hierdurch ein allzu hohes Kostenrisiko einzugehen. Nach der Konzeption der §§ 989, 990 haftet der redliche Besitzer nämlich bis zur Verurteilung gar nicht, der (lediglich) bösgläubige allenfalls gemäß § 286 auf reine Vorenthaltungsschäden, sofern die Sache noch unversehrt vorhanden ist. Schließlich ist auch der unredliche Besitzer berechtigt und im Interesse des wahren Eigentümers sogar verpflichtet, mit der Herausgabe bis zum Nachweis des Eigentums des Anspruchsgegners zu warten.[387] Die Heranziehung des § 281 würde diesen Gesetzeszweck freilich aushebeln, da eine hieraus folgende Substanzwerthaftung nur durch fristgerechte Herausgabe der Sache abzuwenden wäre.[388] Schon aus diesem Grund ist an dem bereits an früherer Stelle[389] gemachten Befund festzuhalten, wonach die Vorschrift des § 990 Abs. 2 eine für das Verhältnis zwischen Eigentümer und unrechtmäßigen Besitzer abschließende Sonderregelung für die verzögerte Herausgabe darstellt.

Indem der BGH § 281 dennoch auf § 985 anwendet, setzt er sich mithin fundamental in Widerspruch zu der von ihm in anderem Zusammenhang eigens aufgezeigten Notwendigkeit, dass es für die Haftung des unrechtmäßigen Besitzers mittels der Vorschriften des allgemeinen Leistungsstörungsrechts aufgrund der besonderen gesetzlichen Ausgestaltung der §§ 987 ff. zwingend einer entsprechenden gesetzlichen Ermächtigung bedarf.[390]

(2) Wahrung der Eigentumsverhältnisse durch Vorrang der Sachherausgabe

Weil der vindikatorische Herausgabeanspruch gerade den „Kernbestandteil des Eigentums" bildet,[391] ist dem Umstand, dass § 990 Abs. 2 ausschließlich neben § 985 geltend gemachten werden kann, darüber hinaus die gesetzliche Wertung zu entnehmen, dass die im Zeitpunkt des Eintritts der Vindikationslage bestehenden Eigentumsverhältnisse von bloßen Leistungsverzögerungen grundsätzlich unberührt bleiben sollen (Grundsatz des Vorrangs der Sachherausgabe).[392] Auch

---

387 Planck/*Brodmann*, 5. Aufl. 1933, § 989 Anm. 3; a.A. *Becker*, 122, 158 (Pflicht des unredlichen Besitzers zur sofortigen Herausgabe, Vorenthaltung ist für ihn rechtswidrige Handlung).

388 Hierzu auch unten: B. III. 3. b) ee) (2).

389 Hierzu ausführlich B. I. 3.; ebenso *Kohler*, NZM 2014, 729, 739 f.

390 BGHZ 208, 133, 137 f. (Rn. 10) = NJW 2016, 2104 (dies gilt freilich umso mehr, als man – wie der BGH – § 281 auch auf den redlichen Prozessbesitzer heranzieht).

391 BGH, NJW 2007, 2183 (Rn. 9); Soergel/*Stadler*, 13 Aufl., § 985 Rn. 2; *Kohler*, NZM 2014, 729, 739 f.; vgl. zudem: B. II. 2.

392 Vgl. BGH, NJW 2007, 2183 („§ 985 als „Kernbestandteil des Eigentums" der „nur in Ausnahmefällen" ausgeschlossen sein kann); *Kohler*, NZM 2014, 729, 739 f. (Vorrang der

insoweit fügt sich § 281 nicht in die Konzeption des Eigentümer-Besitzer-Verhältnisses ein, weil mithilfe dieser Vorschrift eine systemfremde Substanzwerthaftung wegen verspäteter Herausgabe für eine Vielzahl von Fällen möglich wäre, die aufgrund der damit zwingend einhergehenden Übereignungspflicht analog § 255[393] jedenfalls mittelbare Auswirkungen auf die dingliche Rechtslage zeitigen würde.

bb) Erhöhtes Missbrauchspotential bei Verwertungsinteresse des Eigentümers

Speziell in Konstellationen, in denen der Anspruchsberechtigte den Weg über § 281 einer Vindikation von vornherein vorzieht, etwa weil er kein echtes Interesse an der Herausgabe der Sache hat, erscheint die Anwendung des § 281 auch im Hinblick auf ein in derartigen Sachlagen bestehendes erhöhtes Missbrauchspotential problematisch. So kann der ausschließlich auf Verwertung bedachte Gläubiger – etwa ein Insolvenzverwalter, der ohnehin zur Verwertung der zur Insolvenzmasse gehörenden Gegenstände gezwungen ist[394] – allein im Hinblick auf die Herbeiführung der Anwendungsvoraussetzungen des § 281 zunächst Klage erheben, um nach sodann erfolgter Fristsetzung und Fristablauf zum Schadensersatz statt der Leistung befugt zu sein.[395] Die Vindikationsklage könnte er sodann nach Geltendmachung des § 281 entweder gemäß § 264 Nr. 3 ZPO auf das Interesse umstellen[396] oder wegen § 281 Abs. 4 für erledigt[397] erklären.[398] Eine derartige Option des Gläubigers würde jedoch den §§ 987 ff. nicht gerecht werden, die in einer Art und Weise konzipiert sind, die die Interessen sowie den Schutz der Beteiligten gerade gegeneinander abwägt und den Ausschluss der

Sachherausgabe als „Kern der im Eigentümer-Besitzer-Verhältnis getroffenen Regelung"); so wohl auch *Pinger*, 180, („Schutz vor „Zuweisungsstörungen"; „Störung der Güter- und Lastenzuweisung").

[393] Hierzu: B. II. 4., c).

[394] Vgl. OLG Karlsruhe, BeckRS 2015, 07254.

[395] Diese Gefahr bestand bei § 283 a.F. nicht, vgl. B. I. 2.

[396] Eine Umstellung gemäß § 264 Nr. 3 ZPO nach Fristablauf kommt jedenfalls dann in Betracht, wenn man im Eintritt der Rechtshängigkeit und im Ablauf der Frist eine „später eingetretene Veränderung" im Sinne des § 264 Nr. 3 ZPO erblickt. Dies erscheint jedenfalls vertretbar, weil es insoweit unerheblich ist, worauf die Veränderung letztlich beruht; „später" bedeutet nach ganz herrschender Ansicht *nach Klageerhebung*, vgl. nur OLG Hamm NJW-RR 2000, 142, 143; MüKo/*Becker-Eberhard*, ZPO, 5. Aufl. 2016, § 264 Rn. 26f.

[397] BeckOGK/*Spohnheimer*, BGB, 1.7.2018, § 985 Rn. 26.11 a.E.

[398] Eine Klagerücknahme dürfte indes aufgrund der Wirkung des § 269 Abs. 3 S. 3 ZPO nicht in Betracht kommen, weil hierdurch im Zweifel die materiell-rechtlichen Wirkungen der Rechtshängigkeit sowie die an diese geknüpften materiell-rechtlichen Folgen wegfallen (vgl. BGH, NJW 1986, 2318). Dies hätte bezogen auf § 989 zur Folge, dass keine (verschärfte) Haftung des redlichen Besitzers (mehr) begründet wäre.

Vindikation grundsätzlich nur in Ausnahmefällen rechtfertigt.[399] Dies gilt umso mehr, als gerade der gutgläubige Besitzer die Herausgabe regelmäßig verweigern wird, weil er schließlich davon ausgeht und auch davon ausgehen darf, dass er zum Besitz berechtigt ist.[400]

Der juristisch beratene und allein auf Verwertung bedachte Gläubiger könnte zudem entsprechend der bereits angesprochenen[401] Rechtsprechung des BGH[402] die Frist mittels unbestimmten Rechtbegriffs und somit ohne kalendermäßige Bestimmung in Gang setzen, um nach objektiv angemessenem Zuwarten sodann auf § 281 überzugehen. Dieses Vorgehen dürfte nämlich nicht selten den prozesstaktischen Vorteil mit sich bringen, dass sogar ein grundsätzlich herausgabebereiter Besitzer die Sache nur deshalb nicht rechtzeitig auskehrt, weil er die Frist mangels Benennung eines konkreten Zeitraumes fahrlässig verstreichen lässt,[403] was freilich mit dem dem Eigentümer-Besitzer-Verhältnis zugrundeliegenden Prinzip des Vorrangs der Sachherausgabe nicht in Einklang zu bringen ist.[404]

cc) Zusätzliche Unbilligkeiten bei Fremdbesitz und Kauf unter Eigentumsvorbehalt

Zusätzliche Unbilligkeiten bestehen im Falle der Inanspruchnahme eines Fremdbesitzers,[405] weil ein solcher regelmäßig nicht am Erwerb der Sache, sondern ausschließlich an deren (befristeter) Nutzung interessiert sein wird, weshalb ihm durch § 281 eine völlig andere als die ursprünglich angestrebte Leistung aufgezwungen würde.[406] Ein derartiger Erwerbszwang des Fremdbesitzers erscheint nicht nur unbillig, sondern insbesondere im Falle der Redlichkeit auch im Hin-

---

[399] BGH, NJW 2007, 2183 (Rn. 9 f.); vgl. zudem *Kohler*, NZM 2014, 729, 739 f. (Vorrang der Sachherausgabe).

[400] Im Erg. ebenso: *Becker*, 120 („Gefahr, dass die Norm zu Missbrauchszwecken instrumentalisiert wird", wenn man sie auf den redlichen Besitzer anwendet).

[401] Vgl. B. I. 3. b) aa) (3).

[402] BGH, NJW 2009, 3153 (zu § 281); BeckRS 2015, 07407 (zu § 323).

[403] *Beispiel: B* schließt mit dem Telekommunikationsunternehmen *E* einen „TV- und DSL-Vertrag" ab, woraufhin er verschiedene Hardware (Festplattenreceiver, Router) von *E* zur Verfügung gestellt bekommt. Nach Auslaufen des Vertrages fordert *E* den *B* auf, die Hardware „unverzüglich" an *E* zurückzuschicken. Aufgrund von Fahrlässigkeit kommt *B*, der mittlerweile entsprechende Hardware seines neuen Providers nutzt, dieser Aufforderung auch nach angemessener Frist nicht nach, woraufhin *E*, die ohnehin keine Verwendung für die gebrauchte und mittlerweile veraltete Technik hat, den Verkehrswert der Geräte i. H. v. 500 Euro von *B* verlangt.

[404] Zum Vorrang der Sachherausgabe vgl. nur *Kohler*, NZM 2014, 729, 739 f.

[405] Zum „Zwangskauf" im Mietrecht vgl. *Schwab*, NZM 2003, 50, 53; *ders./Novokmet*, ZGS 2004, 187; zum Leasingnehmer: OLG Karlsruhe, BeckRS 2015, 07254.

[406] In diese Richtung wohl auch: *Schwab/Novokmet*, ZGS 2004, 187, 193.

blick auf Art. 14 Abs. 1 S. 1 Alt. 1 GG zumindest bedenklich, wenn und soweit man das Recht, kein Eigentum erwerben zu müssen, als von der negativen Eigentumsfreiheit umfasst ansieht.[407]

Eine andere, aber dennoch vergleichbare Interessenlage besteht, wenn der Schuldner zunächst ein Besitzrecht aus einem unter Eigentumsvorbehalt abgeschlossen Kaufvertrag abgeleitet hat. Obschon sich das Interesse des Besitzers in einer solchen Konstellation grundsätzlich auf den Sacherwerb richtet und er insoweit etwa gegenüber dem Mieter oder Leasingnehmer im Hinblick auf einen über § 281 „erzwungenen Kauf" weniger schutzbedürftig erscheint, wird er doch am Eigentumserwerb regelmäßig nur aufgrund der einem solchen Rechtsverhältnis zugrundeliegenden Ratenzahlungsvereinbarung interessiert sein. Verlangt nunmehr der Vorbehaltseigentümer die Sache vom Vorbehaltskäufer etwa wegen Rücktritts vom Kaufvertrag (§ 449 Abs. 2) oder Nichtigkeit desgleichen heraus, so könnte der Besitzer über § 281 gerade entgegen der einer solchen Zahlungsabrede zugrundeliegenden Interessenlage zur sofortigen Zahlung des vollen Sachwertes gezwungen werden.[408]

dd) Das Beurkundungserfordernis aus § 311b Abs. 1 S. 1 bei Grundstücken

Hinzukommt, dass über die Option des § 281 das in § 311b Abs. 1 S. 1 statuierte Beurkundungserfordernis ausgehebelt werden könnte, wenn der Eigentümer eines Grundstücks Schadensersatz statt der Herausgabe desgleichen verlangt.[409] Insoweit käme zwar grundsätzlich in Betracht, die zuletzt genannte Norm analog anzuwenden.[410] Dies führte indes wiederum zur Verkomplizierung des § 281, was mit dem der Bestimmung zugrundeliegenden Konzept, dem Gläubiger einfach und schnell einen Schadensersatzanspruch zukommenzulassen,[411] nicht recht in Einklang zu bringen wäre.

ee) Zur Bewertung der Kontroverse durch Reformgesetzgeber und BGH

Obgleich dem Reformgesetzgeber diese als „Zwangskauf" schon im alten Recht hinreichend bekannte Problematik deutlich vor Augen stand, verzichtete er im Rahmen der Schuldrechtsmodernisierung ganz bewusst auf eine entsprechende gesetzliche Regelung,[412] da es sich hierbei um „recht theoretische" Fallgestaltun-

[407] So jedenfalls *Dausend*, 174 ff.

[408] Ähnlich: *Schwab*, NZM 2003, 50, 51 (zur sofortigen Fälligkeit des gesamten „Restnutzungswertes" im Hinblick auf die Substituierung des § 546).

[409] Hierzu etwa *Schwab/Novokmet*, ZGS 2004, 187, 191 ff. (zu § 546).

[410] So etwa *Schwab/Novokmet*, ZGS 2004, 187, 192 ff. (zu § 546).

[411] Vgl. BT Drucks 14/6040, 138.

[412] BT Drucks 14/6040, 139.

gen ohne besondere praktische Bedeutung handeln und die Lösung „seltener Missbrauchsfälle“ über § 242 möglich sein sollte.[413]

In dem nunmehr einschlägigen Urteil vom 18.3.2016[414] lässt der BGH das Argument eines „erzwungenen Kaufs“, neben den bereits dargelegten Argumenten,[415] auch und insbesondere deshalb nicht als Einwand gegen eine Heranziehung des § 281 zu, weil der Besitzer die Abwendung eines solchen selbst in der Hand habe, indem er den Vindikationsgegenstand innerhalb der Frist herausgibt, weshalb er in Wirklichkeit rechtlich gar nicht gezwungen sei, die Sache zu erwerben.[416]

Diese Überlegungen vermögen gleich in mehrfacher Hinsicht nicht zu überzeugen.

(1) Die gesetzgeberischen Vorstellungen zum „Zwangskauf“

So stellt die Möglichkeit eines erzwungenen Kaufs gerade im Rahmen des § 985 nicht bloß einen „seltenen Missbrauchsfall“ dar,[417] sondern ist insbesondere bei streitigen Vindikationslagen eine naheliegende und daher häufig zu erwägende Option des Eigentümers,[418] weshalb die Überlegungen des Gesetzgebers insoweit bereits unzutreffend und zur Begründung der Anwendbarkeit des § 281 nicht geeignet erscheinen. Hinzukommt der an früherer Stelle[419] bereits ins Feld geführte Umstand, dass dem Normenverfasser allein schuldrechtliche Rück- und Herausgabeansprüche vor Augen standen, namentlich die §§ 546, 604, 812.[420] Rückschlüsse für die Anwendbarkeit des § 281 auf die Vindikationslage mit all ihren Besonderheiten sind daher aus den in diesem Zusammenhang gemachten Ausführungen des Gesetzgebers nicht ohne Weiteres ableitbar. Im Gegenteil lassen die in den Materialien zur Schuldrechtsmodernisierung angeklungenen Erwägungen viel eher den Schluss zu, dass ein über § 281 „erzwungener Kauf“ rechtspolitisch dem Grunde nach gerade *nicht* gewollt ist, da schließlich in den vermeintlich „seltenen Missbrauchsfällen“ § 242 zur Anwendung gebracht werden soll.

---

413 BT Drucks 14/6040, 139.

414 BGHZ 209, 270 = NJW 2016, 3235 (m. Anm. *Kaiser*), oben B. I. 5.

415 B. I. 5. a).

416 BGHZ 209, 270, 276 (Rn. 21) = NJW 2016, 3235 (m. Anm. *Kaiser*) („Der Schuldner wird rechtlich nicht gezwungen, die Sache zu erwerben. Gibt er sie nach einer – für einen Anspruch aus §§ 280, 281 BGB grundsätzlich erforderlichen – Fristsetzung nicht freiwillig heraus, läuft er allerdings Gefahr, dass der Gläubiger schon vor einer rechtskräftigen Entscheidung über den Anspruch aus § 985 BGB Schadensersatz statt der Leistung verlangt“).

417 So aber BT Drucks 14/6040, 139.

418 OLG Karlsruhe, BeckRS 2015, 07254 (Rn. 40).

419 B. I. 5. b) aa).

420 BT-Drucks14/6040, 138 f.

(2) Die vom BGH angedeutete Abwendungsmöglichkeit durch Herausgabe

Insbesondere in den Fällen des redlichen Prozessbesitzers, auf den § 281 nach Ansicht des BGH ebenfalls Anwendung finden soll,[421] greift das im gegenständlichen Urteil zum Ausdruck gebrachte Argument, dieser könne den Zwangskauf jederzeit durch Herausgabe der Sache vermeiden,[422] zu kurz. Der gutgläubige Besitzer geht nämlich mangels grober Fahrlässigkeit stets mit Recht davon aus, dass ein gegnerischer Anspruch, den es durch die Sachherausgabe abzuwenden gilt, gerade nicht besteht, weshalb er durch die Bestimmungen der §§ 987 ff. schließlich besonders zu schützen ist.[423]

Weil der BGH hinsichtlich des Übergangs vom vindikatorischen Herausgabeanspruch zum Schadensersatz wegen Fristablaufs schlicht auf die alte Rechtslage zurückkommt, ist zu besorgen, dass die mit der Neukonzeption nunmehr im Vergleich zum früheren Recht erhöhte Gefahr einer Umgehung der Bestimmungen des Eigentümer-Besitzer-Verhältnisses bei der Bewertung der Frage, ob § 281 auf § 985 Anwendung finden kann, nicht hinreichend Berücksichtigung gefunden hat. Denn anders als unter Geltung des § 283 a. F., wonach eine Ersatzpflicht gerade von einer den Besitzer im Hinblick auf sein fehlendes Recht positiv in Kenntnis setzenden rechtskräftigen Herausgabeverurteilung abhängig war, findet eine solche, über die Haftungsverschärfung der §§ 989 f. hinausgehende Zäsur im Rahmen des § 281 nicht mehr statt.[424]

ff) Lösungsansätze und weitere Überlegungen

(1) Ausschluss des § 281 bei höherwertigen Sachen gemäß § 242?

Um § 281 im Rahmen einer Vindikationslage dennoch Geltung zu verschaffen, wäre zu erwägen, die Substituierung des § 985 zwar grundsätzlich zuzulassen, im Einzelfall jedoch gemäß § 242 zu verwehren, wenn es sich bei dem Vindikationsobjekt um eine hochwertige Sache handelt. Ein solches Vorgehen trüge nicht nur den Interessen des Besitzers Rechnung, weil hierdurch das mit der sofortigen Fälligstellung des Substanzwertes oftmals einhergehende Insolvenzrisiko minimiert wäre, sondern entspräche wohl auch den in den Gesetzesmaterialien zum Ausdruck gebrachten Vorstellungen des Gesetzgebers. Denn der Umstand, dass die Folge des „Zwangskaufs“ im Rahmen des Gesetzesentwurfs anhand eines verliehenen Buches und damit einer geringwertigen Sache diskutiert und für den Fall des Rechtsmissbrauchs auf § 242 verwiesen wurde, lässt

---

421 BGHZ 209, 270 (Ls.) = NJW 2016, 3235 (m. Anm. *Kaiser*).

422 BGHZ 209, 270, 276 (Rn. 21) = NJW 2016, 3235 (m. Anm. *Kaiser*).

423 Vgl. B. III. 3. b) aa) (1).

424 Hierzu bereits oben: B. I. 2.

durchaus den Schluss zu, die Substituierung der Vindikation gemäß § 281 als rechtsmissbräuchlich anzusehen, wenn die herauszugebende Sache einen gewissen Wert erreicht, dessen Begleichung vom Schuldner nicht ohne Weiteres zu bewältigen ist. Paradigmatisch dürfte an die Herausgabe eines teuren Grundstücks zu denken sein, wobei in diesem Fall sogar noch der Umstand einer einfachen Vollstreckbarkeit gemäß § 885 ZPO hinzutritt, der einen Übergang von § 985 auf § 281 zusätzlich und in besonderem Maße als rechtsmissbräuchlich erscheinen lassen könnte.[425]

Im Ergebnis dürfte die für einen solchen Lösungsweg erforderliche Bestimmung eines festen Sachwertes im Sinne einer starren „Anwendbarkeitsschwelle" des § 281 jedoch schon deshalb ausscheiden, weil den Besonderheiten des Einzelfalles hierdurch nicht hinreichend Rechnung getragen werden kann.[426]

(2) § 571 Abs. 1 S. 2 analog?

Insoweit ließe sich zwar eine entsprechende Heranziehung des § 571 Abs. 1 S. 2 erwägen, wodurch die Anwendbarkeit des § 281 sowohl von dem Wert des Vindikationsgegenstandes als auch den Vermögensverhältnissen des Besitzers[427] abhängig gemacht wäre.[428] Dieser Weg führte indessen zu großer Rechtsunsicherheit, weil sich die Beantwortung der Frage, ob der Eigentümer von seinem vindikatorischen Herausgabeanspruch auf einen Schadensersatz statt der Leistung übergehen kann, nicht nur nach dem Wert der Sache, sondern auch den sonstigen Umständen, namentlich den jeweiligen Vermögensverhältnissen des Schuldners richten würde. Hinzu käme, dass der vermögenslose Besitzer regelmäßig nicht gemäß § 281 in Anspruch genommen werden könnte, weil für diesen die Zahlung von Schadensersatz statt der Leistung in Höhe des Substanzwertes der herauszugebenden Sache meist unzumutbar sein dürfte, während der wohlhabende Besitzer unter Umständen – weil es ihm persönlich aufgrund seiner Vermögensverhältnisse zugemutet werden kann – zu Schadensersatz gemäß § 281 auch bei verhältnismäßig hochwertigen Sachen zu verurteilen wäre. Mit Blick auf den „armen" Schuldner mag ein solches Vorgehen zwar noch der Billigkeit entsprechen, die Schlechterstellung des Vermögenden entbehrt indes jedweder Grundla-

---

[425] An die einfache Vollstreckbarkeit anknüpfend auch: BMJ, Abschlussbericht, 135; Soergel/*Benicke/Hellwick*, 13. Aufl. 2014, § 281 Rn. 26f.; Palandt/*Grüneberg*, 77. Aufl. 2018, § 281 Rn. 4 m. w. N.

[426] A. A.: Soergel/*Benicke/Hellwick*, 13. Aufl. 2014, § 281 Rn. 27.

[427] In direkter Anwendung des § 571 Abs. 1 S. 2 wird ebenfalls auf die Höhe des Schadens – dieser entspricht ja in den hier untersuchten Fällen dem Sachwert – sowie die Vermögensverhältnisse abgestellt, vgl. MüKo/*Häublein*, BGB, 7. Aufl. 2016, § 571 Rn. 7.

[428] Für eine analoge Anwendung des § 571 Abs. 1 S. 2 auf § 281 im Rahmen anderer Rückgewährschuldverhältnisse: *Jost*, FS Otte, 150ff.

ge und erscheint geradezu unbillig.[429] Die in § 571 Abs. 1 S. 2 zum Ausdruck kommende Wertung ist sodann auch nur mit Blick auf die Besonderheiten der Wohnraummiete[430] zu verstehen und mangels vergleichbarer Interessenlage[431] nicht auf andere Konstellationen übertragbar.[432]

(3) Hinweispflicht analog § 254 Abs. 2 bei höherwertigen Sachen?

Ebenfalls aus Gründen der Rechtssicherheit scheidet eine Hinweispflicht des Eigentümers etwa analog § 254 Abs. 2 aus.[433] Grundsätzlich ließe sich zwar argumentieren, der Eigentümer müsse den Besitzer aufgrund der dort statuierten Schadensminderungsobliegenheit auf die Folgen des fruchtlosen Fristablaufs jedenfalls bei wertvollen Gegenständen besonders hinweisen, um § 281 im Rahmen einer Vindikationslage zur Geltung verhelfen zu können. Weil nach dem gerade Gesagten jedoch die Bestimmung eines starren Wertes, der eine solche Hinweispflicht auszulösen vermag, aus Gründen der Einzelfallgerechtigkeit gerade nicht möglich erscheint, wäre dem Gläubiger aufgrund der mit dieser Unbestimmtheit einhergehenden Ungewissheit stets, also unabhängig vom Wert der Sache, zu raten, dem Schuldner vor Geltendmachung des Schadensersatzes einen entsprechenden Hinweis zu geben. Hiermit wäre jedoch endlich die im Rahmen der Schuldrechtsreform durch § 281 ganz bewusst abgeschaffte Ablehnungsandrohung[434] in abgewandelter Form wieder eingeführt und die Klarheit und Einfachheit des dem § 281 zugrundeliegenden reinen Fristenmodells konterkariert.

---

[429] Allg. zu dieser grundsätzlichen Ambivalenz von Billigkeitserwägungen, sofern diese im Hinblick auf den Umfang einer Ersatzleistung zur Anwendung gebracht werden sollen: *Medicus*, VersR 1981, 593, 594.

[430] Weil die Mieterrechte im Räumungsprozess (§§ 574 ff.) eine Vielzahl unbestimmter Rechtsbegriffe enthalten (z. B. § 574: „Härte", „nicht zu rechtfertigen", „angemessener Ersatzwohnraum", „zumutbare Bedingungen") und daher deren gerichtliche Anerkennung nur schwer vorherzusagen ist, besteht eine erhöhte Gefahr, dass der Mieter von der Geltendmachung seiner Rechte absieht. Dem soll durch § 571 Abs. 1 S. 2 begegnet werden, vgl. MüKo/*Häublein*, BGB, 7. Aufl. 2016, § 571 Rn. 1, 7.

[431] So hat etwa der Mieter dem Vermieter in jedem Fall aufgrund des verschuldensunabhängigen Entschädigungsanspruchs aus § 546a Abs. 1 einen „Mindestschaden" zu gewähren, womit die Berücksichtigung der Gläubigerinteressen im Rahmen eines Mietverhältnisses jedenfalls in einem Mindestmaß sichergestellt ist.

[432] Im Erg ebenso: MüKo/*Ernst*, BGB, 7. Aufl. 2016, § 281 Rn. 121.

[433] A. A. wohl: Soergel/*Benicke/Hellwick*, 13. Aufl. 2014, § 281 Rn. 27 a. E.; MüKo/*Ernst*, BGB, 7. Aufl. 2016, § 281 Rn. 121 (Treu und Glauben).

[434] Die Abschaffung der Ablehnungsandrohung sollte gerade eine unzweckmäßige Überforderung des Gläubigers beseitigen, vgl. Vgl. BT Drucks 14/6040, 137 ff.

(4) Keine zu erwartende zurückhaltende Anwendung des § 281 wegen Insolvenzrisikos des Besitzers

Die insoweit bestehenden erheblichen Anwendungszweifel lassen sich auch nicht etwa durch die Argumentation entkräften, der Eigentümer werde gerade bei hochwertigen Sachen ohnehin nur zurückhaltend von der Option des § 281 Gebrauch machen, weil er hierdurch einerseits endgültig auf seine Vindikationsmöglichkeit verzichten würde und andererseits das Risiko einginge, aufgrund der Hochwertigkeit der Sache sowie der sofortigen Fälligkeit des Schadensersatzes die Zahlungsunfähigkeit des Besitzers zu begründen.[435] Auf den ersten Blick würde der Eigentümer dann zwar zunächst mit leeren Händen dastehen, wenn der Besitzer den Sachwert aus tatsächlichen Gründen nicht aufbringen könnte. Bei genauerem Hinsehen bestünde diese Gefahr indes nicht. Weil sich der Eigentümer nämlich – wie dargelegt[436] – durch die Ausübung seines Wahlrechts gemäß § 281 Abs. 4 faktisch seiner „Nutzungsmöglichkeit begeben" würde,[437] käme dem unrechtmäßigen Besitzer jedenfalls ein Nutzungsrecht an der Sache zu, welches bei Nichtleistung gemäß § 857 ZPO der Pfändung zugänglich wäre, nunmehr freilich auf Grundlage des Schadensersatztitels.[438] Auf diesem Umweg stünde dem Eigentümer mithin trotz § 281 Abs. 4 die Möglichkeit zu, seine Sache wiederzuerlangen, wenn der Schuldner zur Zahlung des Substanzwertes außer Stande ist.

4. Faktische Zufallshaftung des redlichen Besitzers

Zuletzt scheint insbesondere auch die Belastung des redlichen Prozessbesitzers mit einer den Grundsätzen der §§ 989 f. widersprechenden faktischen Zufallshaftung gegen die Option des § 281 zu sprechen. Ließe man nämlich einen entsprechenden Übergang von § 985 zum Schadensersatz auch im Falle bloßer Rechtshängigkeit zu,[439] so würde entgegen der Wertung des § 990 Abs. 2, wonach allein der sich in Verzug befindliche bösgläubige Schuldner für Zufall gemäß § 989 einzustehen hat (§§ 286, 287 S. 2), faktisch auch der redliche Besitzer für den von niemandem zu vertretenden Untergang der Sache haften, sobald die Frist abläuft. Denn eine nach diesem Zeitpunkt eintretende Unmöglichkeit der Primärleistung ändert an der einmal durch Fristablauf entstandenen Option des Gläubi-

---

435 *Schwab*, NZM 2003, 50, 51 (zu § 546); a. A. Soergel/*Benicke/Hellwick*, 13. Aufl. 2014, § 281 Rn. 27.

436 B. II. 3. b) bb).

437 *Schwab*, NZM 2003, 50, 51 (zu § 546).

438 *Schwab*, NZM 2003, 50, 51 (zu § 546); allg. zur Pfändbarkeit von Nutzungsrechten an fremden Sachen: Stein/Jonas/*Würdinger*, 23. Aufl. 2017, § 857 Rn. 27.

439 So etwa BGHZ 209, 270 (Ls.) = NJW 2016, 3235 (m. Anm. *Kaiser*).

gers, gemäß § 281 Abs. 4 Schadensersatz verlangen zu können, nichts.[440] Der Eigentümer könnte sich mithin bereits durch Klageerhebung und Fristsetzung absichern, obgleich das Risiko des zufälligen Untergangs der Sache nach der Konzeption des Eigentümer-Besitzer-Verhältnisses auch nach Rechtshängigkeit grundsätzlich dem Eigentümer zugewiesen bleibt, wenn und solange der Besitzer im Hinblick auf sein Recht in guten Glauben ist.

Die vom BGH vorgeschlagene entsprechende Heranziehung des § 255 änderte hieran freilich nichts. Geht die Sache nämlich nach Fristablauf zufällig unter, wäre der Eigentümer gemäß § 275 Abs. 1 von seiner Übereignungspflicht aus § 255 analog befreit und müsste seinerseits mangels Verschulden (Zufall) auch keinen Schadensersatz gemäß §§ 280, 283 leisten, während die Pflicht des Besitzers zur Zahlung des vollen Sachsubstanzwertes aus § 281 hiervon freilich unberührt bliebe. Insbesondere käme § 326 mangels synallagmatischer Verknüpfung von § 281 und § 255 nicht zur Anwendung.[441]

5. Zwischenergebnis

In bestimmten Konstellationen könnte der Eigentümer seinen an sich auf Naturalrestitution beschränkten Anspruch aus §§ 989 f. mittels § 281 erweitern. So führte etwa die Option des § 281 Abs. 1 S. 2 dazu, dass der Eigentümer seinen im Rahmen einer unvollständigen Herausgabe grundsätzlich auf den ausgebliebenen Teil beschränkten Anspruch um den Wert der gesamten Sache bzw. aller herauszugebender Gegenstände ausdehnen könnte, wenn und soweit er an der Teilleistung kein Interesse hat. Insbesondere bei der Vindikation von Sacheinheiten oder inhaltlich bzw. wirtschaftlich eng zusammenhängenden Sachgesamtheiten könnte die zuletzt genannte Bestimmung mithin zu einer Aushöhlung des in den §§ 989 f. verankerten Restitutionsprinzips führen.

Ähnlich liegen die Dinge, wenn der verklagte oder unredliche Besitzer die Sache im Rahmen eines Besitzmittlungsverhältnisses an einen Dritten weitergibt. Während der Eigentümer an sich gemäß § 989 Var. 3 nur befugt ist, vom mittelbaren Besitzer die Wiederbeschaffung der Sache bzw. den Ersatz der hierzu erforderlichen Kosten zu verlangen, vermag Ersterer gemäß § 281 die Verpflichtung des Letzteren auf den Ersatz des Substanzwertes auszudehnen.

Entscheidend gegen eine Heranziehung der allgemeinen Leistungsstörungsnorm spricht jedoch insbesondere, dass sich mit § 281 eine einfache und weitrei-

---

440 Staudinger/*Schwarze* (2014), § 281 Rn. B147; *Bressler*, NJW 2004, 3382, 3384; a.A. wohl: MüKo/*Ernst*, BGB, 7. Aufl. 2016, § 281 Rn. 94.

441 Zur Beschränkung des § 326 auf synallagmatischen Pflichten: MüKo/*Ernst*, BGB, 7. Aufl. 2016, § 326 Rn. 7; Palandt/*Grüneberg*, 77. Aufl. 2018, § 326 Rn. 1; BeckOGK/*Herresthal*, BGB, 1.8.2018, § 326 Rn. 32.

chende Möglichkeit des Eigentümers böte, die speziellen Bestimmungen der §§ 989 f. auch und gerade im Regelfall einer Vindikationslage auszuhöhlen. Weil es nämlich für die Geltendmachung des § 281 eines Schadenseintritts nicht bedarf, könnte der Vindikant eine entsprechende Haftung selbst dann herbeiführen, wenn sich die Sache noch unversehrt im unmittelbaren Besitz des Schuldners befände und ein Ersatzanspruch gemäß §§ 989, 990 aus diesem Grunde gänzlich zu verneinen wäre. Der Eigentümer könnte damit nicht nur ganz grundsätzlich die Mechanismen der zuletzt genannten Vorschriften umgehen (diese setzen insbesondere zur Anspruchsentstehung tatbestandlich einen bereits eingetretenen Schaden voraus), sondern wäre darüber hinaus in die Lage versetzt, den Besitzer in die Rolle eines Käufers zu drängen, weil § 281 im Rahmen einer Vindikationslage zwingend am Substanzwert der Sache ausgerichtet werden müsste und die Möglichkeit der Erfüllung des § 985 durch Herausgabe dergleichen wegen § 281 Abs. 4 entfallen würde. Diese Gefahr bestünde nicht bloß in seltenen Ausnahmekonstellationen, wie etwa die Situation bei § 281 Abs. 1 S. 2 oder die Inanspruchnahme des mittelbaren Besitzers, sondern stets bei Vorliegen eines Eigentümer-Besitzer-Verhältnisses. Hinzukommt, dass der redliche Prozessbesitzers – sofern man mit dem BGH § 281 auch auf diesen anwendet –, hiervon sogar besonders betroffen wäre, weil dieser gerade an sein Recht glaubt und die Herausgabe daher selbst nach Klageerhebung und Fristablauf regelmäßig verweigern wird. Ihn träfe dann sogar eine faktische Zufallshaftung, die nach der Wertung des § 990 Abs. 2 nur im Falle der Bösgläubigkeit eintreten kann.

Einen Übergang von § 985 zum Schadensersatz gemäß § 281 wird man nach alldem jedenfalls für den Regelfall abzulehnen haben.

IV. Die potentiell verbleibenden Anwendungsbereiche des § 281

Hiermit ist jedoch noch nicht abschließend festgestellt, dass die allgemeine Leistungsstörungsnorm überhaupt nicht auf den vindikatorischen Herausgabeanspruch anzuwenden ist. Fraglich und nachfolgend zu prüfen bleibt vielmehr, ob ein Übergang von § 985 auf § 281 zumindest in bestimmten Ausnahmekonstellationen möglich bleibt, in denen einerseits ein legitimes Interesse des Eigentümers hieran besteht, andererseits aber unter keinem denkbaren Gesichtspunkt eine Umgehung der von den §§ 987 ff. geschützten Belange des Besitzers zu besorgen ist.

1. (Rechtskräftige) Herausgabeverurteilung?

Es wäre zu erwägen, § 281 jedenfalls zur Anwendung zu bringen, wenn und sobald der Eigentümer ein (rechtskräftiges) Herausgabeurteil erwirkt hat.[442] Die zweifellos fehlende dogmatische Grundlage für ein solches Vorgehen – weder § 281 noch die §§ 989 ff. knüpfen an eine Verurteilung des Besitzers an – könnte nunmehr mithilfe von Billigkeitserwägungen zu überwinden sein, weil die Titulierung des vindikatorischen Herausgabeanspruchs eine *weitere Zäsur* darstellt, die eine Verschiebung der durch das Eigentümer-Besitzer-Verhältnis geschützten Interessen zugunsten des Eigentümers bewirkt:[443] Gibt der Besitzer die Sache nach anschließender Fristsetzung weiterhin nicht heraus, so erscheint eine entsprechende Substituierung des § 985 insoweit legitim, als der Eigentümer nunmehr erwiesenermaßen zur Vindikation berechtigt ist und spätestens jetzt ein schützenswertes Interesse daran hat, sein Recht möglichst rasch und unkompliziert und damit entsprechend der Ratio des § 281[444] durchzusetzen. Der unrechtmäßige Besitzer vermag wiederum die Haftung aus § 281 ohne Weiteres abzuwenden, indem er die Sache dem Eigentümer innerhalb der Frist herausgibt. Dies wäre ihm im Gegensatz zur Situation vor oder während des Prozesses nunmehr auch zuzumuten, weil die Preisgabe der tatsächlichen Sachherrschaft fortan nicht zur Schwächung seiner Rechtsposition führen kann, da eine solche – in Form eines Besitzrechts – nachweislich gerade nicht besteht.

Mit dem Wegfall des § 283 a. F. dürfte sich ein solches Vorgehen jedoch allzu weit von der gesetzlichen Konzeption sowohl des Eigentümer-Besitzer-Verhältnisses als auch des allgemeinen Leistungsstörungsrechts entfernen. Zum einen entspricht es nämlich gerade dem gesetzgeberischen Willen, dass ein Übergang vom Primär- zum Schadensersatzanspruch gemäß § 281 nicht mehr von einer (rechtskräftigen) Verurteilung abhängig zu machen ist.[445] Zum zweiten führt ein Herausgabeurteil im Rahmen einer Vindikationslage lediglich zur Kenntnis des Besitzers vom Mangel seines Rechts, was für sich genommen allein die Anwendbarkeit des insoweit für das Eigentümer-Besitzer-Verhältnis die Herausgabeverzögerung erschöpfend regelnden § 990 Abs. 2[446] zu rechtfertigen vermag,[447] der gerade nicht auf § 281, sondern ausschließlich auf die Bestimmungen des Ver-

---

442 So ausdrücklich BeckOGK/*Spohnheimer*, BGB, 1.7.2018, § 985 Rn. 26.9; in diese Richtung tendiert wohl auch OLG Karlsruhe, BeckRS 2015, 07254.

443 BeckOGK/*Spohnheimer*, BGB, 1.7.2018, § 985 Rn. 26.9. („zweite Zäsur").

444 Zum Zweck des § 281: BT Drucks 14/6040, 138 sowie B. III. 3. a) cc) und b) aa).

445 BT-Druck 14/6040, 137 f.

446 Zur abschließenden Funktion des § 990 Abs. 2: B. I. 3. sowie B. III. 3. b) aa).

447 Anders indes BeckOGK/*Spohnheimer*, BGB, 1.7.2018, § 985 Rn. 26.9. („Dogmatisch lässt sich das begründen, indem man auf die durch die rechtskräftige Verurteilung zur Herausgabe eingetretene Kenntnis abstellt.").

zugsrechts im technischen Sinne verweist.[448] Schon deshalb ist für eine auf Billigkeitserwägungen fußende Heranziehung der letztgenannten Vorschrift insoweit kein Raum.

2. Besitzerlangung durch verbotene Eigenmacht oder Straftat im Sinne des § 992?

Aus ähnlichen Erwägungen heraus ist § 281 nicht auf Fallkonstellationen anwendbar, in denen sich der Schuldner die Sache rechtswidrig und schuldhaft[449] mittels verbotener Eigenmacht oder gar durch Straftat verschafft. Zwar ist der damit angesprochene deliktische Besitzer selbst nach den Wertungen der §§ 987 ff. nicht schutzbedürftig, weshalb er durch Außerkraftsetzen sämtlicher über §§ 987–991 gewährter Vorteile gemäß § 992 von Beginn an für jedwede Vermögensschädigung einzustehen hat.[450] Da die zuletzt genannte Vorschrift das Ausschließlichkeitsprinzip des § 993 Abs. 1 Hs. 2 jedoch nur ganz punktuell in Richtung der §§ 823 ff. einschränkt, dürfte jedenfalls für eine mit Billigkeitsargumenten begründete Anwendbarkeit des § 281 kein Raum sein, weil § 992 die für die deliktische Besitz*erlangung* normativ vorgegebene Rechtslage darstellt.

3. Schuldhafte Vollstreckungsvereitelung

a) Deliktische Besitzvorenthaltung

Im Gegensatz hierzu ist der Fall der deliktischen Besitz*vorenthaltung* nicht besonders geregelt, so dass die Möglichkeit einer wertenden Heranziehung des § 281 zumindest insoweit bestünde, als dem Eigentümer etwa in Konstellationen, in denen der Besitzer die Sache vorsätzlich im Verborgenen hält, selbst die Durchsetzbarkeit der Vindikation im Wege der Zwangsvollstreckung erheblich erschwert oder gar unmöglich gemacht wird und der Besitzer ebensowenig wie in den Fällen des § 992 zu schützen ist. In solchen Fallkonstellationen könnte es mithin der Billigkeit entsprechen, dem Eigentümer die Option einzuräumen, seinen Anspruch aus § 985 einfach und unkompliziert in einen Schadensersatz statt der Leistung gemäß § 281 umzuwandeln. Schließlich bietet sich mit § 826 sogar

---

448 Vgl. B. I. 3.

449 Nach h. M. ist i. R. d. § 992 nicht bloß für die Besitzverschaffung durch Straftat, sondern auch für diejenige durch verbotene Eigenmacht ein Verschulden des Besitzers erforderlich, vgl. statt vieler: Staudinger/*Gursky* (2012), § 992 Rn. 10 m. w. N.

450 Soergel/Stadler, 13. Aufl. 2006, § 992 Rn. 1, Staudinger/*Gursky* (2012), § 992 Rn. 1; weitergehend: NK/*Schanbacher*, BGB, 3. Aufl. 2013, § 992 Rn. 1, 4 und 8 (der Schuldner wird aus den §§ 987 ff. entlassen und haftet nur noch nach Deliktsrecht).

im besonders formalisierten Immobiliarsachenrecht die Möglichkeit, bei derartigen Sittenverstößen wertende Überlegungen anzustellen.[451]

b) Vom Schuldner zu vertretende Unauffindbarkeit der Sache

Darüber hinaus wäre zu erwägen, den Anwendungsbereich des § 281 auch auf sonstige Konstellationen auszudehnen, in denen eine Herausgabevollstreckung aus tatsächlichen und vom Besitzer zu vertretenden Umständen ins Leere geht oder doch jedenfalls nur sehr geringe Erfolgsaussichten zeitigt. So sind insbesondere Fallgestaltungen denkbar, in denen der Schuldner über den Belegenheitsort der Sache aufgrund von Fahrlässigkeit keine Auskunft zu erteilen vermag, etwa weil er diese innerhalb seines Herrschaftsbereichs verlegt hat und daher selbst nicht mehr auffinden kann. Eine damit regelmäßig einhergehende und vom Besitzer verschuldete Ungewissheit auf Seiten des Eigentümers könnte jedenfalls anhand des § 281 einfach und rasch überwunden werden.

---

[451] Vgl. BGH, NJW 2014, 550 (Rn. 14).

C. Erforderlichkeit der Anwendung des § 281 auf § 985 unter Abwägung der bisherigen Untersuchungsergebnisse? Zugleich: Schadensersatz statt der Vindikation gemäß § 282?

Rechtsdogmatisch bleibt es freilich dabei, dass sich die Heranziehung des § 281 auf die soeben aufgezeigten Fälle schuldhafter Vollstreckungsvereitelung weder mit der Vorschrift selbst noch mit den Bestimmungen des Eigentümer-Besitzer-Verhältnisses, sondern allenfalls mittels wertender Überlegungen rechtfertigen lässt. Dementsprechend argumentiert auch der BGH, dass § 281 nicht zuletzt auch deshalb zur Anwendung gebracht werden müsse, weil der Eigentümer gleichermaßen „wie ein obligatorischer Herausgabegläubiger, insbesondere bei Ungewissheit über die Erfolgsaussichten der Vollstreckung des Herausgabeanspruchs, ein Interesse an der Möglichkeit eines rechtssicheren Übergangs zum Schadensersatz" habe.[1]

Wie jedoch bereits aufgezeigt wurde,[2] sind derartige Billigkeitserwägungen grundsätzlich nur sehr zurückhaltend und – sofern überhaupt erforderlich – möglichst im Rahmen des bestehenden positiven Rechts zu berücksichtigen.[3] Aus diesem Grund bleibt zu untersuchen, ob das angestrebte Ergebnis in den für § 281 potentiell verbleibenden Konstellationen nicht auch in sonstiger Weise, nämlich anhand einschlägiger konkreter Normen, zu erreichen ist, ohne dass es einer lediglich auf Wertungen beruhenden Heranziehung des § 281 bedarf.

---

1 BGHZ 209, 270, 277 (Rn. 23) = NJW 2016, 3235 (m. Anm. *Kaiser*).

2 B. I. 5. b) bb) (2).

3 *Henkel*, 136; *Medicus*, VersR 1981, 593, 596.

I. Ungewissheit im Hinblick auf das Herausgabeunvermögen im Sinne von § 989

1. Ausgangsüberlegung und Überblick

Entscheidende Bedeutung kommt in diesem Zusammenhang zunächst der Frage zu, inwieweit die Option des § 281 überhaupt erforderlich ist, wenn sich der Eigentümer über die tatsächlichen Besitzverhältnisse und damit endlich auch über das von § 989 geforderte Herausgabeunvermögen des Schuldners in Unkenntnis befindet. Denn nur wenn sich eine solche Ungewissheit auch auf das Interesse des Eigentümers an einem rechtssicheren Übergang von § 985 zum Schadensersatz auswirkte, etwa weil er ohne § 281 überhaupt nicht auf das Interesse wechseln könnte oder jedenfalls zur Führung zweier Prozesse gezwungen wäre, einen gerichtet auf Herausgabe, einen zweiten auf Schadensersatz gemäß §§ 989, 990, erschiene es unbillig, dem Eigentümer die Möglichkeit des § 281 zu verwehren.[4]

a) Bestreiten des Besitzes durch den Schuldner

Unter dieser Prämisse bedarf es jedenfalls für den Fall, dass der Schuldner nach Eintritt der Rechtshängigkeit seinen Besitz und damit die anspruchsbegründenden Voraussetzungen des § 985 gänzlich in Abrede stellt, einer Heranziehung des § 281 im Ergebnis wohl nicht. Weil nämlich einerseits die tatsächliche Vermutung der Besitzfortdauer eingreift, wenn der Beklagte bei Erhebung der Vindikationsklage unstreitig oder bewiesenermaßen die tatsächliche Herrschaft über die Sache innehatte,[5] kann der Eigentümer den nunmehr seinen Besitz abstreitenden Schuldner – vergleichbar mit der Situation, die im Rahmen des § 281 bestünde – wahlweise zur Herausgabe verurteilen lassen oder einen behaupteten Sachverlust unstreitig stellen und die Klage sodann gemäß § 264 Nr. 3 ZPO auf das Interesse (§ 989) hin ändern.

b) Behauptung der Unauffindbarkeit der Sache

Freilich sind auch Fallgestaltungen denkbar, in denen ein Vorgehen nach § 985 mangels Erfolgsaussichten einer Herausgabevollstreckung (§ 883 ZPO) jedenfalls fragwürdig und zugleich eine Umstellung der Vindikationsklage auf ein Zahlungsbegehren (§ 264 Nr. 3 ZPO) für den Eigentümer nicht ohne Weiteres möglich erscheint. Behauptet der Vindikationsgegner etwa, die Sache sei für ihn

[4] Vgl. BGHZ 209, 270, 277 (Rn. 23) = NJW 2016, 3235 (m. Anm. *Kaiser*).

[5] G. h. M., vgl. nur: BGH, WM 1982, 749 f.; Brandenburgisches OLG, NJW-RR 2016, 1097; Staudinger/*Gursky* (2012), § 985 Rn. 57 m. w. N.; MüKo/*Baldus*, BGB, 7. Aufl. 2017, § 985 Rn. 244 f.; Palandt/*Herrler*, 77. Aufl. 2018, § 985 Rn. 16.

„nicht mehr auffindbar", so könnte der Eigentümer zwar bei zuvor unstreitigem oder bewiesenem Besitz nach dem soeben Gesagten ohne Weiteres einen Herausgabetitel erwirken, weil in einem derartigen Vorbringen noch kein hinreichend substantiierter Vortrag dahingehend gesehen werden kann, dass ihm der Besitz an der Sache verlorengegangen ist, weshalb weiterhin § 985 zur Anwendung gelangt.[6] Umgekehrt und folgerichtig dürfte jedoch eine Umstellung der Klage gemäß § 264 Nr. 3 ZPO auf Schadensersatz nach § 989 – anders als beim ausdrücklich bestrittenen Besitz – in solchen Fällen zumindest erhebliche Rechtsunsicherheiten für den Eigentümer mit sich bringen, weil die Einlassung des Anspruchsgegners, die Sache sei „nicht auffindbar", nicht ohne Weiteres auf ein Herausgabeunvermögen im Sinne der zuletzt genannten Norm schließen lässt[7] und daher für ein gerichtliches Geständnis gemäß § 288 ZPO regelmäßig nicht ausreichen wird. Auch im Übrigen dürfte ein bloßes „Unstreitigstellen" der behaupteten Unauffindbarkeit zur Begründung des § 989 nicht hinreichend sein, weil der Eigentümer neben dem Herausgabeunvermögen auch die Tatsache darzulegen und zu beweisen hat, dass dieses gerade auf das Verhalten des Schuldners zurückzuführen ist.[8]

2. Günstigere Beweissituation als Argument für § 281?

Demgegenüber ist der Grund einer nicht erbrachten Leistung für § 281 ohne Bedeutung, weil es dort allein auf den einfach zu beweisenden Umstand des fruchtlosen Fristablaufs ankommt.[9] Ohne die Heranziehung des § 281 könnte der Eigentümer daher gerade in den besonders misslichen Fällen der (behaupteten) Unauffindbarkeit der Sache am Ende womöglich mit leeren Händen dastehen, weil er weder die Herausgabe erfolgreich vollstrecken noch die Voraussetzungen des § 989 beweisen bzw. unstreitig stellen kann. So stand auch dem Reformgesetzgeber bei der Konzeption des § 281 nicht zuletzt die Überwindung solcher Beweisschwierigkeiten vor Augen,[10] weshalb gerade bei derartigen Sachlagen ein Übergang von § 985 zum Schadensersatz statt der Leistung rechtfertigbar erscheint.[11]

---

[6] BGH, WM 1982, 749 f.

[7] BGH, WM 1982, 749 f.

[8] Vgl. nur Staudinger/*Gursky* (2012), § 989 Rn. 15.

[9] Vgl. hierzu BT Drucks 14/6040, 138; mit anderen Worten hat der Eigentümer i. R. d. § 989 die Nichtheraus*gebbarkeit*, i. R. d. § 281 die bloße Nichtheraus*gabe* zu beweisen.

[10] BT Drucks 14/6040, 138.

[11] So insbes. BGHZ 209, 270, 277 (Rn. 23) = NJW 2016, 3235 (m. Anm. *Kaiser*) („Ungewissheit über die Erfolgsaussichten der Vollstreckung"; „rechtssicherer Übergang zum Schadensersatz"); in die gleiche Richtung: *Becker*, 130 (ohne die Fristsetzungsoption des § 281 „wäre für den Eigenümer vor Gericht weder § 985 (mangels Passivlegitimation) noch § 989 Var. 3 (mangels Besitzverlustes) durchsetzbar").

Nach hier vertretener Auffassung wäre es indes weitaus vorzugswürdiger, nicht die in vielen Belangen unpassende allgemeine Vorschrift des § 281 derart punktuell auf die Vindikation anzuwenden, sondern vielmehr im Rahmen des § 989 eine dem Eigentümer begünstigende Beweiswürdigung zu etablieren bzw. eine Beweismaßsenkung oder Beweislastumkehr vorzunehmen. Ein solches Vorgehen hätte den entscheidenden Vorteil, dem Eigentümer gerade auch in den schwierigen Konstellationen ungewisser Besitzverhältnisse einen Schadensersatzanspruch in Höhe des Substanzwerts der Sache zu gewähren, ohne jedoch in die gesetzliche Systematik des Eigentümer-Besitzer-Verhältnisses einzugreifen.

a) Kein Anscheinsbeweis im Rahmen des § 989

Allerdings wird man eine Verurteilung des Besitzers gemäß § 989 auf der Grundlage von bloßen Beweisanzeichen abzulehnen haben, weil es an einem hierzu grundsätzlich erforderlichen gesicherten Erfahrungssatz[12] fehlt. Zwar wird der entsprechend auf Schadensersatz in Anspruch genommene Schuldner regelmäßig ein erhebliches Interesse daran haben, darzutun, dass er zur Herausgabe der Sache (noch) im Stande ist und daher allenfalls für den Verzug einzustehen hat, weil der Ersatzanspruch gemäß §§ 990 Abs. 2, 286 der Höhe nach meist erheblich hinter dem Anspruch aus § 989 zurückbleibt und darüber hinaus zeitlich begrenzt ist.[13] Dennoch dürfte es insbesondere bei seltenen oder schwer zu beschaffenden Gegenständen häufig vorkommen, dass der Schuldner nur deshalb keine Angaben zu deren Verbleib macht, um diese weiterhin nutzen zu können und eine entsprechende Schadensersatzzahlung wegen der besonderen Gebrauchsvorteile schlicht in Kauf nimmt.

b) Beweislastverteilung nach Kenntnissphären im Rahmen des § 989

Demgegenüber könnte eine Anpassung der Beweislastverteilung oder doch jedenfalls die Begründung einer (sekundären) Darlegungslast des Besitzers auf die der Vorschrift des § 989 regelmäßig zugrundeliegenden „Kenntnissphären" zu stützen sein.[14] Wie bereits dargelegt wurde,[15] stellt § 989 nicht auf die bloße Nichtherausgabe der Sache, sondern auf deren Nichtheraus*gebbarkeit* ab,[16] die

---

[12] Zu den Anforderungen an den einen Anscheinsbeweis begründenden Erfahrungssatz: BGH, NJW 2010, 1072 f.; NJW-RR 2014, 1115.

[13] BGH, NJW 1964, 2414, 2415.

[14] BGHZ 141, 179, 182 f. = NJW 1999, 2034; Staudinger/*Gursky* (2012), § 989 Rn. 15 („Machtsphären"); BeckOGK/*Spohnheimer*, BGB, 1.7.2018, § 989 Rn. 38.

[15] C. I. 1. b).

[16] Vgl. BeckOGK/*Spohnheimer*, BGB, 1.7.2018, § 989 Rn. 38; Palandt/*Herrler*, 77. Aufl. 2018, § 989 Rn. 4.

wiederum auf einem *Verhalten* des Schuldners beruhen muss.[17] Ob die Sache tatsächlich noch herausgegeben werden kann, entzieht sich jedoch in aller Regel der Kenntnis des Eigentümers, weshalb eine entsprechende substantiierte Darlegung oder gar Beweisführung für ihn ohne die gegnerische Mitwirkung meist nicht möglich ist. Ebenso verhält es sich mit dem Umstand, dass ein etwaiges Herausgabeunvermögen durch den Vindikationsgegner verursacht wurde. Derartige Tatbestandsbereiche, die außerhalb der Sphäre des Klägers liegen, bringen indes regelmäßig Darlegungs- und Beweiserleichterungen mit sich, wenn es dem Anspruchsteller nicht möglich ist, nähere Kenntnis der maßgeblichen Tatsachen zu erlangen, während der Anspruchsgegner den Sachverhalt aufklären kann und dies für ihn auch zumutbar ist.[18]

Der Eigentümer hätte hiernach lediglich die bloße Nichtherausgabe der Sache vorzubringen, wohingegen der Schuldner im Rahmen des § 989 verpflichtet wäre, darzulegen und zu beweisen, dass die Herausgabe der Sache für ihn weiterhin möglich[19] oder ein etwaiges Herausgabeunvermögen jedenfalls nicht auf sein Verhalten zurückzuführen ist.[20] Kann Letzterer seinen Besitz unter Beweis stellen, haftet er lediglich auf Herausgabe sowie ggf. nach §§ 990 Abs. 2, 286 wegen Vorenthaltung. Zugleich erlangt der Eigentümer auf diesem Wege Kenntnis vom Belegenheitsort der Sache und wird dadurch in die Lage versetzt, nach § 883 ZPO die Herausgabevollstreckung zu betreiben. Äußert sich der Beklagte hingegen auf das klägerische Vorbringen nicht, so haftet er nach § 989, weil insoweit das von ihm verursachte Herausgabeunvermögen im Sinne des § 989 als zugestanden gilt.[21]

Da es dem Eigentümer mithin auch bei Ungewissheit über das schuldnerische Herausgabevermögen möglich ist, Schadensersatz gemäß § 989 zu verlangen, bedarf es zumindest insoweit einer Anwendung des § 281 nicht.[22]

---

[17] Staudinger/*Gursky* (2012), § 989 Rn. 15, 38.

[18] St. Rspr., vgl. nur BGH, NJW 1962, 31; VersR 1959, 948; NJW 1990, 3151; NJW-RR 2002, 1280; NJW 2005, 2614; LG Düsseldorf, ZUM 2016, 884, 885; LG Köln BeckRS 2016, 6714; vgl. zudem: *Raape*, AcP 147 (1941), 217, 218; Stein/Jonas/*Kern*, 23. Aufl. 2004, § 138 Rn. 37.

[19] Vgl. BGHZ 141, 179, 182 f. = NJW 1999, 2034; OLG München, NJW 1991, 2571; *Gursky*, JURA 2004, 433, 438; BeckOGK/*Spohnheimer*, BGB, 1.7.2018, § 989 Rn. 38.

[20] Staudinger/*Gursky* (2012), § 989 Rn. 15, 38; BeckOGK/*Spohnheimer*, BGB, 1.7.2018, § 989 Rn. 38; vgl. zudem OLG Köln, NZV 1996, 66 (zum Tatbestandsmerkmal der „Nichtleistung" i. R. d. § 286).

[21] Vgl. etwa Staudinger/*Gursky* (2012), § 989 Rn. 15; BeckOGK/*Spohnheimer*, BGB, 1.7.2018, § 989 Rn. 38.

[22] So im Erg. auch BGHZ 141, 179, 182 f. = NJW 1999, 2034.

3. Die Absicherung der Herausgabevollstreckung als Argument für § 281?

Oftmals wird es dem Eigentümer jedoch zuvorderst darauf ankommen, die Sache wiederzuerlangen, weshalb er zunächst einen Vindikationsprozess anstrengen und den Gerichtsvollzieher sodann mit der Herausgabevollstreckung beauftragen wird. Weil hiermit freilich gerade in den Fällen ungewisser Besitzverhältnisse die Gefahr einhergeht, dass die Sache vom Gerichtsvollzieher nicht aufgefunden wird, ist dem Eigentümer ein schutzwürdiges Interesse an der Absicherung seines Herausgabe- mit einem Schadensersatztitel nicht abzusprechen. Folgte man insbesondere der Ansicht des BGH,[23] so könnte der Eigentümer seinen aus § 281 folgenden Anspruch auf Schadensersatz statt der Herausgabe gemäß §§ 255, 259 ZPO schon im Vindikationsprozess titulieren lassen und sodann mit Fristablauf geltend machen. Der Beklagte wäre dann zur Herausgabe der Sache an den Eigentümer binnen angemessener Frist sowie im Falle des Verstreichenlassens dergleichen zum Ersatz des Substanzwertes verpflichtet (unechte Klagehäufung), jedenfalls sofern letzteres vom Eigentümer geltend gemacht wird.[24] Der Vindikant könnte auf diesem Wege wahlweise zunächst die Herausgabevollstreckung betreiben und erst bei deren tatsächlicher Erfolglosigkeit aus dem Geldtitel vollstrecken[25] oder den Zahlungsanspruch unmittelbar mit dem Ablauf der Frist zwangsweise durchsetzen (§ 893 Abs. 1 ZPO). Dieses prozessökonomisch durchaus sinnvolle Verfahren könnte wiederum für die Anwendbarkeit des § 281 gerade im Falle ungewisser Besitzverhältnisse sprechen.[26]

a) Verurteilung zur Herausgabe gemäß § 985 sowie Schadensersatz nach § 989 auch ohne Beweisaufnahme

Dem Eigentümer dürfte es jedoch in den Fällen des streitigen Herausgabeunvermögens ebenso möglich sein, seinen Titel aus § 985 mithilfe des § 989 abzusichern. Auch insoweit kommt ein Vorgehen im Wege der unechten Klagehäufung in Betracht, den Beklagten zur Herausgabe der Sache und im Falle des (im Rahmen der Zwangsvollstreckung durch den Gerichtsvollzieher tatsächlich festgestellten) Unvermögens zur Zahlung von Schadensersatz in Höhe des Substanzwertes verurteilen zu lassen.[27]

---

[23] BGHZ 209, 270, 278 (Rn. 23 a. E.) = NJW 2016, 3235 (m. Anm. *Kaiser*).

[24] Zum Erhalt des Wahlrechts des Gläubigers gemäß § 281 Abs. 4 durch die richtige Antragsstellung jüngst: BGH, NJW 2018, 786.

[25] Der Eigentümer würde dann zweckmäßigerweise den Fristablauf abwarten, bevor er mit der Herausgabevollstreckung beginnt.

[26] So letztlich BGHZ 209, 270, 277 (Rn. 23) = NJW 2016, 3235 (m. Anm. *Kaiser*).

[27] *Kaiser*, MDR 2004, 311; *Kohler*, AcP 205 (2005), 93, 113 ff.; NK/*Schanbacher*, BGB, 3. Aufl. 2013, § 985 Rn. 61; *Anders/Gehle*, 13. Aufl. 2017, L 18 ff., L12.

Obgleich sich die Klagen aus § 985 einerseits sowie aus § 989 andererseits grundsätzlich gegenseitig ausschließen[28] und der Schuldner zu einer nicht geschuldeten Leistung verurteilt wäre, wenn er tatsächlich zur Herausgabe außer Stande ist, wird man ein solches Verfahren auch ohne Beweisaufnahme prinzipiell als zulässig anzusehen haben, weil der Beklagtenvortrag im Rahmen der Zwangsvollstreckung jedenfalls im Einzelfall effektiver auf dessen Wahrheitsgehalt überprüft werden kann.[29] Denn im Gegensatz zu schuldrechtlichen Verschaffungspflichten kann das Leistungsvermögen des Besitzers beim vindikatorischen Herausgabeanspruch schnell und einfach durch einen Vollstreckungsversuch ermittelt werden, etwa indem der Gerichtsvollzieher nach § 758 ZPO Durchsuchungsmaßnahmen ergreift.[30] Das Streitverhältnis wird daher weder in die Zwangsvollstreckung verlagert[31] noch geschieht dem Vollstreckungsschuldner hierdurch ein Unrecht, weil die hilfsweise Verurteilung auf Grundlage des § 989 freilich nur dann in Betracht kommt, wenn die haftungsbegründenden Voraussetzungen der Vorschrift vorliegen, der Schuldner also insbesondere das Herausgabeunvermögen – im Falle des tatsächlichen Vorliegens – auch zu vertreten hat,[32] was allerdings gemäß § 280 Abs. 1 S. 2 zu vermuten ist.[33] Zudem kann der Vindikationsgegner den Übergang auf das Interesse jederzeit abwenden, indem er dem Gerichtsvollzieher die Sache zur Verfügung stellt oder über deren Belegenheitsort Auskunft erteilt.[34] Gelingt ihm dies nicht, etwa weil er die Sache tatsächlich nicht mehr auffinden kann, so erscheint die Verurteilung des Schuldners gemäß § 989 ohnehin gerechtfertigt. Ansonsten steht ihm mit der Vollstreckungsabwehrklage nach § 767 ZPO ein geeignetes Instrument zur Verfügung, gegen die auf § 989 beruhende Zwangsvollstreckungsmaßnahme vorzugehen.

---

[28] jurisPK/*Hans*, BGB, 8. Aufl. 2017, § 985 Rn. 24.

[29] *Picker*, FG BGH 2000, 693, 725 (zu § 283 a. F.); *Kaiser*, MDR 2004, 311; *Anders/Gehle*, 13. Aufl. 2017, L18 ff.; *Kohler* AcP 205 (2005), 93, 113 ff.; NK/*Schanbacher*, BGB, 3. Aufl. 2013, § 985 Rn. 61; zur erleichterten Feststellbarkeit im Rahmen der Zwangsvollstreckung vgl. zudem BGH, NJW 1999, 954.

[30] Auf diesen Unterschied ausdrücklich hinweisend: *Picker*, FG BGH 2000, 693, 725 (zu § 283 a. F.).

[31] BGH, NJW 1999, 954.

[32] Vgl. BGH, DB 1976, 573 ff.; OLG Koblenz, AnwBl 1990, 107 f.; OLG München, NJW 1991, 2571 f.

[33] Zur Anwendbarkeit des § 280 Abs. 1 S. 2 auf § 989 (g. h. M.): BGH, NJW-RR 1993, 626, 628; MüKo/*Medicus*, BGB, 4. Aufl. 2004, § 989 Rn. 14; Soergel/*Stadler*, 13. Aufl. 2006, § 989 Rn. 11 m. w. N; Palandt/*Herrler*, 77. Aufl. 2018, § 989 Rn. 5; einschränkend: MüKo/*Raff*, BGB, 7. Aufl. 2017, § 989 Rn. 17 (§ 280 Abs. 1 S. 2 *jedenfalls* im Schuldnerverzug); a. A.: *Dimopoulos-Vosiki*, 255 ff. (keine analoge Anwendung des § 280 Abs. 1 S. 2 auf § 989, 990 wegen deren deliktsähnlichen Charakters).

[34] Vgl. etwa BGH, NJW 1999, 954; NJW 1991, 1114.

b) Schadensersatz gemäß § 989 als zulässige innerprozessuale Bedingung

Der hilfsweise Antrag, den Beklagten im Falle des Nichtauffindens der Sache durch den Gerichtsvollzieher gemäß § 989 auf Schadensersatz zu verurteilen, stellt im Übrigen eine zulässige innerprozessuale Bedingung dar, weil die damit einhergehende Klärung der Frage nach dem Herausgabeunvermögen des Schuldners jedenfalls im Rahmen des Vollstreckungsverfahrens erfolgt.[35] Obgleich das durch die Erteilung des Zwangsvollstreckungsauftrags begründete Vollstreckungsverhältnis[36] freilich nicht mit dem Prozessrechtsverhältnis des Erkenntnisverfahrens identisch ist,[37] weil Letzteres im Zeitpunkt der Erledigung des Rechtstreits durch rechtskräftige Entscheidung erlischt[38] und Ersteres auf einem neuen Gläubigerentschluss beruht,[39] dürfte dies an der rechtlichen Einordnung des hier vorgeschlagenen Hilfsantrages nichts ändern. Denn eine innerprozessuale Bedingung zeichnet sich gerade dadurch aus, dass sie nicht von dem Eintritt eines außerhalb des Verfahrens liegenden Ereignisses abhängig ist.[40] Bei der Zwangsvollstreckung handelt es sich indes in aller Regel[41] um die logische Fortsetzung des vorherigen Erkenntnisprozesses mit dem Ziel, den dort erlangten Titel durchzusetzen. Aufgrund dieser Rechtsverwirklichungsfunktion des Vollstreckungsrechts wird man jedenfalls im Rahmen einer Gesamtschau von einem einheitlichen Verfahren ausgehen dürfen.[42]

Im Übrigen besteht die Bedingungsfeindlichkeit der Klage bzw. einzelner Prozesshandlungen ohnehin nur dann, wenn und soweit ein dadurch bewirkter „Schwebezustand“[43] zu einer für ein gerichtliches Verfahren unerträglichen Ungewissheit führt.[44] Letzteres dürfte aber hinsichtlich der hier vorgeschlagenen hilfsweisen Verurteilung gemäß § 989 regelmäßig nicht der Fall sein, weil der Schuldner das Ergebnis der Vollstreckungsmaßnahme bereits im Vorfeld kennen wird, weshalb ein derartiges Vorgehen für ihn keinerlei Rechtsunsicherheit auszulösen vermag.[45]

---

[35] *Anders/Gehle*, 13. Aufl. 2017, L19.

[36] BGH, NJW 1975, 304; Gaul/Schilken/Becker-Eberhard/*Gaul*, 12. Aufl. 2010, § 8 Rn. 6.

[37] Gaul/Schilken/Becker-Eberhard/*Gaul*, 12. Aufl. 2010, § 8 Rn. 2.

[38] Musielak/Voit/*Musielak*, ZPO, 15. Aufl. 2018, Einleitung Rn. 55.

[39] BGH, NJW 1975, 304.

[40] BGH, NJW 1996, 2306, 2307.

[41] Eine Ausnahme bildet die Zwangsvollstreckung aus einer vollstreckbaren Urkunde (§ 794 Abs. 1 Nr. 5 ZPO), der kein Prozess vorausgeht.

[42] *Anders/Gehle*, 13. Aufl. 2017, L19; so im Erg. wohl auch *Mager*, AcP 193 (1993), 68, 69.

[43] Vgl. Jauernig/*Mansel*, 17. Aufl. 2018, § 158 Rn. 7.

[44] BGH, NJW 2007, 913, 914; NJW 1995, 1353; BeckOGK/*Reymann*, BGB, 1.9.2018, § 158 Rn. 177.

[45] Hierauf abstellend: NK/*Schanbacher*, BGB, 3. Aufl. 2013, § 985 Rn. 61 f.

c) Verfahrensrechtliche Bedenken im Hinblick auf § 281, §§ 255, 259 ZPO

Hinzukommt, dass die insbesondere vom BGH[46] für möglich erachtete Verbindung der Vindikation mit dem Schadensersatzanspruch aus § 281 auch in verfahrensrechtlicher Hinsicht nicht völlig frei von rechtsdogmatischen Bedenken ist. Die zuvor angestellte Überlegung, der Eigentümer könnte jedenfalls über § 281, §§ 255, 259 ZPO seinen Anspruch auf Schadensersatz statt der Leistung bereits im Vindikationsprozess titulieren lassen,[47] könnte sich daher womöglich als unzutreffend erweisen.

aa) Möglichkeit einer Exkulpation des Schuldners nach Rechtskraft des Urteils

Stellt man nämlich für die in § 281 vorgesehene Exkulpationsmöglichkeit des Schuldners (§ 280 Abs. 1 S. 2) allein auf das Fristversäumnis ab,[48] so steht bei Erlass des Urteils noch nicht zwingend fest, ob bei Nichterfüllung des Herausgabeanspruchs innerhalb der gesetzten Frist (diese beginnt erst mit formeller Rechtskraft des Urteils zu laufen[49]) das von § 255 ZPO vorausgesetzte „Recht" des Gläubigers, Schadensersatz zu verlangen, überhaupt besteht. Denn der Schuldner würde dann gerade nicht haften, wenn zwischen Fälligkeit und Fristablauf ein von ihm nicht zu vertretendes (vorübergehendes) Leistungshindernis eintritt.[50]

Eine insoweit Abhilfe schaffende Anknüpfung des Entlastungsbeweises an einen vorherigen Zeitpunkt (z.B. Fälligkeit[51]) erscheint – wie bereits an früherer Stelle[52] aufgezeigt – nicht denkbar, weil sich das Vertretenmüssen nach dem eindeutigen Wortlaut des § 280 Abs. 1 S. 2 auf die jeweilige Pflichtverletzung beziehen muss, die im Rahmen des § 281 gerade als „Nichtleistung bei Fristablauf" konkretisiert wird.[53] Auch die grammatikalische Anordnung der in § 281

---

46 BGHZ 209, 270, 278 (Rn. 23 a.E.) = NJW 2016, 3235 (m. Anm. *Kaiser*); ebenso Palandt/*Herrler*, 77. Aufl. 2018, § 985 Rn. 14; BeckOK/*Fritzsche*, BGB, 47. Ed. 1.8.2018, § 985 Rn. 30.

47 Hierzu C. I. 3.

48 So ausdrücklich: *Lorenz,* FS Huber, 423, 426; *Ludes/Lube*, ZGS 2009, 259; BeckOK/*Unberath*, BGB, 45. Ed. 1.3.2011, § 281 Rn. 12 m. zahlr. w.N.; Palandt/*Grüneberg*, 77. Aufl. 2018, § 281 Rn. 16; vgl. hierzu bereits: B. I. 3. b) aa) (2).

49 H.M., vgl. nur Saenger/*Saenger*, ZPO, 7. Aufl. 2017, § 255 Rn. 7 m.w.N.

50 OLG München, OLGZ 1965, 10; OLG Stuttgart, OLGZ 25, 205 = Recht 1912 Nr. 379 und 1919 Nr. 405; *Ludes/Lube*, ZGS 2009, 259; BeckOK/*Lorenz*, BGB, 47. Ed. 1.3.2018, § 281 Rn. 14 m. zahlr. w. N.

51 So etwa *Huber*, FS Schlechtriem, 521, 528; *dergl.*, AcP 210 (2010), 319, 335 ff.; Staudinger/*Schwarze* (2014), § 281 Rn. B 86; Soergel/*Benicke/Hellwig*, 13. Aufl. 2014, § 280 Rn. 165.

52 B. I. 3. b) aa) (2).

53 Vgl. nur MüKo/*Ernst*, BGB, 7. Aufl. 2016, § 280 Rn. 10; Staudinger/*Schwarze* (2014), § 280 Rn. C 4 (Begriff der Pflichtverletzung in § 280 Abs. 1 „nur begrifflicher Rahmen" für

Abs. 1 S. 1 genannten Tatbestandsmerkmale lässt letztlich allein den Schluss zu, dass nicht die Fälligkeit, sondern das Fristversäumnis die entscheidende Haftungszäsur darstellt. Schließlich steht „die Formulierung, ein Schadensersatzanspruch besteht, ‚soweit der Schuldner die fällige Leistung nicht oder nicht wie geschuldet erbringt', […] im Präsens, während der erfolglose Fristablauf im Perfekt gefasst ist, also zeitlich zuvor erfolgt sein muss."[54]

Im Ergebnis wird man jedoch das Bestehen der nachträglichen Entlastungsmöglichkeit des Schuldners jedenfalls deshalb nicht gegen die (verfahrensrechtliche) Möglichkeit einer Verbindung der §§ 985, 281 wirksam ins Feld führen können, weil eine auf das Interesse gerichtete hilfsweise Verurteilung nach zutreffender, aber umstrittener Ansicht auch dann möglich ist, wenn die Schadensersatzklage im Zeitpunkt der Verurteilung des Beklagten zur Primärleistung noch nicht zur Entscheidung reif ist.[55] Dem Beklagten steht mit der Vollstreckungsabwehrklage (§ 767 ZPO) schließlich ein hinreichender Rechtsschutz zur Verfügung.[56]

bb) Rechtsschutzinteresse des Gläubigers im Hinblick auf § 259 ZPO

Allerdings ist nicht von vornherein auszuschließen, dass eine Titulierung des Anspruchs aus § 281 bereits im Vindikationsprozess gegen die Wertung des § 259 ZPO verstößt, wonach eine Verurteilung nur dann ausnahmsweise vor Fälligkeit der geschuldeten Leistung zulässig ist, wenn und weil der Gläubiger befürchten muss, der Schuldner werde sich einer (rechtzeitigen) Leistung entziehen.[57]

Die verfahrensrechtliche[58] Vorschrift gewährt dem Gläubiger einen effektiven Rechtsschutz,[59] etwa wenn vor Eintritt der eigentlichen Leistungszeit (§ 271) die Gefahr einer Zahlungsunfähigkeit des Schuldners evident ist[60] oder Letzterer ernstlich erklärt, er wolle bzw. brauche nicht zu leisten.[61] In solchen und ähnlich gelagerten Fällen[62] soll der Gläubiger nicht gezwungen sein, den Leistungster-

§§ 281 ff.); Palandt/*Grüneberg*, 77. Aufl. 2018, § 280 Rn. 13 („nur beim Hinzutreten weiterer Voraussetzungen" = §§ 281 ff.).

54 *Tiedke/Schmitt*, BB 2005, 615, 622; im Erg. ebenso: *Lorenz*, FS Huber, 423, 426 f.

55 BGH, NJW 1999, 954, 955; a.A.: OLG Koblenz, BeckRS 1988, 31144769; Musielak/Voit/*Foerste*, ZPO, 15. Aufl. 2018, § 255 Rn. 5; *Gsell*, JZ 2004, 110, 114 f.

56 BGH, NJW 1999, 954, 955.

57 Musielak/Voit/*Foerste*, ZPO, 15. Aufl. 2018, § 259 Rn. 1.

58 § 259 ZPO hat nach h. M. ausschließlich prozessuale Bedeutung, vgl. nur: MüKo/*Becker-Eberhard*, ZPO, 5. Aufl. 2016, § 259 Rn. 2; Thomas/Putzo/*Reichold*, 39. Aufl. 2018, § 257 Rn. 1; a. A. *Roth*, ZZP 98 (1985), 287, 306 f., 312.

59 BGH, NJW 2003, 1395 f.

60 BGH, NJW 2003, 1395; NJW 2011, 2886 (Rn. 15).

61 Vgl. nur RGZ 132, 338, 340; BGHZ 43, 28, 31 = NJW 1965, 440.

62 Zu weiteren Fällen: Musielak/Voit/*Foerste*, ZPO, 15. Aufl. 2018, § 259 Rn. 5.

min erst abzuwarten. Vielmehr ist er dann gemäß § 259 ZPO zur vorzeitigen Klageerhebung befugt,[63] um einen entsprechenden Vollstreckungstitel schon so früh erwirken zu können, dass er bereits mit Eintritt der Fälligkeit der Leistung Zwangsvollstreckungsmaßnahmen einzuleiten vermag.[64] Die Bestimmung des § 259 ZPO gibt dem Kläger mithin ein zusätzliches prozessuales Mittel an die Hand, wenn die Leistung offensichtlich gefährdet („Besorgnis") und dies auf ein Verhalten des Schuldners („sich entziehen") zurückzuführen ist.

Eine solche von § 259 ZPO vorausgesetzte Ungewissheit auf Seiten des Gläubigers[65] steht in den Fällen des § 281 jedoch dann nicht im Vordergrund, wenn der Kläger den Anspruch neben dem fruchtlosen Fristablauf zusätzlich von einem späteren Ersatzverlangen abhängig macht (dreifach bedingter Antrag).[66] Denn eine derart gestaltete Schadensersatzklage gibt dem Eigentümer nicht nur ein zusätzliches „Druckmittel" an die Hand, um seinen vindikatorischen Herausgabeanspruch bis zu dem vom Gericht bestimmten Termin möglichst effizient durchzusetzen, sondern belässt ihm darüber hinaus weiterhin die „Entscheidungshoheit" über seine Sache.[67] Im Gegensatz zum Normalfall eines nach §§ 255, 259 ZPO hilfsweise gestellten Schadensersatzantrags gemäß § 281, der grundsätzlich dahingehend auszulegen ist, dass die Rechtsfolgen der zuletzt genannten Vorschrift bereits mit fruchtlosem Verstreichen der Frist eingreifen,[68] lässt die an das Ersatzverlangen geknüpfte Bedingung[69] mithin sowohl die Entstehung als auch die Vollstreckbarkeit des Schadensersatzanspruchs selbst nach Verurteilung und Fristablauf noch maßgeblich vom Willen des Klägers abhängig sein. In einem solchen Fall bleibt daher in erster Linie die Frage ungeklärt, ob und wann der Eigentümer seinen verhaltenen Zahlungsanspruch durch Erklärung gemäß § 281 Abs. 4 zur vollen Geltung verhelfen und damit die Zwangsvollstreckung aus dem Geldtitel möglich machen wird. Diese Ungewissheit trifft

---

63 Außerhalb der §§ 257–259 ZPO wäre die Klage als „zurzeit unbegründet" abzuweisen, vgl. nur BGH, NJW 2007, 294 (Rn. 7); a.A.: Baumbach u. a./*Hartmann*, ZPO, Einf. §§ 257–259 Rn. 1 (Klage unzulässig).

64 RGZ 132, 338, 340 f.

65 Vgl. BGH, NJW-RR 2006, 1485, 1486 (Rn. 12); *Berger*, JZ 2002, 46, 48.

66 *Beispiel:* 1. Die Beklagte wird verurteilt, den Pkw (genaue Bezeichnung) an die Klägerin herauszugeben (= erste Bedingung des Schadensersatzantrags: Erfolg des Herausgabeantrags). 2. Dem Beklagten wird zur Herausgabe eine Frist von zwei Wochen ab Rechtskraft des Urteils gesetzt. 3. Die Beklagte wird für den Fall, dass die Frist fruchtlos verstreicht (= zweite Bedingung: Fristablauf), verurteilt, an den Kläger einen Betrag in Höhe von (Wert des Pkw) nebst Zinsen in Höhe von 5 Prozentpunkten über dem jeweiligen Basiszinssatz seit Fristablauf, zu zahlen, wenn der Kläger dies verlangt (dritte Bedingung: Schadensersatzbegehren).

67 BGH, NJW 2018, 786, 788 (Rn. 18).

68 G. h. M., statt vieler: BGH, NJW 2018, 786, 788 (Rn. 16 f.) m. w. N.; a.A.: *Gsell*, JZ 2004, 110, 115 f.

69 Vgl. C. Fn. 66 a. E. („wenn der Kläger dies verlangt.").

jedoch vorrangig den Schuldner und nicht – wie dies bei § 259 ZPO eigentlich ins Auge gefasst ist – den Gläubiger.[70] Aus diesem Grund erscheint bereits das Vorliegen eines entsprechenden Rechtsschutzinteresses fraglich.[71]

Gerade in den hier zunächst allein interessierenden Fällen der (tatsächlichen) Unauffindbarkeit der Sache ist zudem noch gar nicht gesagt, dass sich der Beklagte einer rechtzeitigen Schadensersatzleistung entziehen wird. Jedenfalls kann die von § 259 ZPO geforderte Besorgnis nicht schon aus der Behauptung des Schuldners geschlossen werden, er wisse nicht, ob er noch im Besitz der Sache ist und – bejahendenfalls – wo sich diese befindet, weil der Beklagte in derartigen Konstellationen gerade nicht den Herausgabeanspruch gemäß § 985 als solchen (ernstlich) bestreitet, was für § 259 ZPO grundsätzlich ausreichen würde,[72] sondern lediglich seine Unkenntnis über den Belegenheitsort der Sache offenbart. Insoweit erscheinen Zweifel an der für § 259 ZPO erforderlichen „Besorgnis" angebracht, da aus einer solchen Einlassung ein Rückschluss auf die Leistungswilligkeit des Schuldners hinsichtlich der Geldzahlung nicht ohne Weiteres möglich sein dürfte.

Aus Gründen der Prozessökonomie wird man allerdings zumindest den Rechtsgedanken des § 259 ZPO auch auf die hier gegenständlichen Konstellationen zur Anwendung bringen müssen, freilich sofern man § 281 überhaupt auf § 985 heranzieht. Schließlich ist allgemein anerkannt, dass eine entsprechende Klageverbindung auch außerhalb des unmittelbaren Anwendungsbereichs des § 259 ZPO möglich sein muss, wenn der Kläger ansonsten zur Führung zweier nachgeschalteter Prozesse gezwungen wäre, was insbesondere bei unechten Eventualanträgen zu besorgen ist.[73]

4. Stellungnahme und Zwischenergebnis

Geht man von der Richtigkeit des bisher Gesagten aus, so wäre alleiniger Vorteil des § 281, dass der Eigentümer im Falle ungewisser Besitzverhältnisse nicht zunächst gezwungen wäre, die Herausgabevollstreckung zu betreiben, sondern vielmehr mit Fristablauf – wahlweise – auch unmittelbar aus dem Zahlungstitel

[70] Vgl. BGH, NJW-RR 2006, 1485, 1486 (Rn. 12) (Kein Fall des § 259 ZPO, wenn Entstehung der Leistungspflicht allein auf freier Entscheidung des Kl. beruht); in diese Richtung auch: *Berger*, JZ 2002, 46, 48.

[71] So etwa *Schur*, NJW 2002, 2518, 2519 f.; in diese Richtung wohl auch: NK/*Schanbacher*, BGB, 3. Aufl. 2013, § 985 Rn. 62; a.A. indes die h.M., vgl. nur: BGH, NJW 2018, 786, 788 (Rn. 14) („§ 259 ZPO steht einem solchen Vorgehen nicht entgegen."); *Gruber/Lösche* NJW 2007, 2815; *Gsell,* JZ 2004, 110, 115 f.

[72] BGH, NJW-RR 2005, 1518; *Anders/Gehle*, 13. Aufl. 2017, L5; näheres hierzu unten: C. II. 3. a).

[73] BGH, NJW 2001, 1285, 1286.

vorgehen könnte. Diese eher geringe Begünstigung des Eigentümers – im Zweifel muss er ohnehin im Hinblick auf seinen Schadensersatzanspruch Vollstreckungsmaßnahmen einleiten – vermag es indes nicht zu rechtfertigen, die aufgezeigten Probleme, die mit der Heranziehung des § 281 auf den Herausgabeanspruch gemäß § 985 einhergehen, in den Hintergrund zu drängen. Im Gegenteil widerspräche ein solches Vorgehen der den Bestimmungen des Eigentümer-Besitzer-Verhältnisses zugrundeliegenden Intention, wonach insbesondere der redliche Besitzer bis zum Ende des Prozesses nicht zur Herausgabe gezwungen werden soll und eine bloße Leistungsverzögerung allenfalls Schadensersatzansprüche neben der Vindikation auszulösen vermag.[74]

Weil dem Eigentümer mit § 989 gerade auch bei ungewissen Besitzverhältnissen eine sachnähere Lösung bereitsteht, bedarf es der Anwendung des § 281 insoweit nicht. Dies gilt umso mehr, als sich der Vortrag des Beklagten ohnehin meist auf den *Verlust* der Sache richten wird. Kommt es dem Eigentümer nicht maßgeblich auf deren Wiedererlangung an – nur dann würde er schließlich auf einen dahingehenden Vollstreckungsversuch verzichten –, so könnte er die Behauptung des Beklagten, er sei zur Herausgabe außer Stande, ohne Weiteres unstreitig stellen und auf diesem Wege unmittelbar zu einem Schadensersatzanspruch nach § 989 übergehen. Der ins Feld geführte Vorteil des Eigentümers, über § 281 auch ohne vorgeschalteten Prozess sogleich das Interesse verlangen zu können, dürfte mithin bei derartigen Sachlagen oftmals gar nicht praktisch werden.

5. Zwangsvollstreckung

Bejaht man die hier vorgeschlagene Möglichkeit, den Schuldner bei ungewissem Herausgabeunvermögen hilfsweise gemäß § 989 verurteilen zu lassen, so kann sich der Eigentümer gemäß § 724 ZPO sowohl auf den Herausgabe- wie auch auf den Schadensersatztitel eine Klausel erteilen lassen, so dass er unmittelbar aus dem Zahlungstitel vorgehen kann, wenn und sobald die Sache vom Gerichtsvollzieher im Rahmen der Herausgabevollstreckung nicht aufgefunden wird.[75] Insbesondere ist die Vorschrift des § 726 Abs. 1 ZPO, wonach eine Klausel auf Urteile, deren Vollstreckung von dem Eintritt bestimmter, vom Gläubiger nachzuweisender Tatsachen abhängt, grundsätzlich nur erteilt werden darf, wenn deren Vorliegen anhand öffentlicher oder öffentlich beglaubigter Urkunden bewiesen wird, nicht anwendbar. Wie nämlich ein Vergleich der in § 726 ZPO normierten Ausnahmen zeigt,[76] dient das Erfordernis der dort geregelten „titelergänzenden

---

[74] Vgl. hierzu etwa die Ausführungen zu B. III. 3. b) aa).

[75] *Anders/Gehle*, 13. Aufl. 2017, L21.

[76] Erbringung einer Sicherheitsleistung (Abs. 1) und Leistung Zug um Zug (Abs. 2).

Klausel" allein dazu, die Feststellung schwierig nachzuprüfender Umstände nicht den Vollstreckungsorganen zu überlassen.[77] Weil es sich bei der Unauffindbarkeit der Sache indes um einen einfach festzustellenden Umstand handelt und der Gerichtsvollzieher aufgrund des Urteilstenors ohnehin versuchen wird, zunächst die Herausgabe zu vollstrecken, bedarf es einer Heranziehung des § 726 ZPO in derartigen Fälle nicht.[78] Der Eigentümer muss die Unauffindbarkeit der Sache daher nicht etwa durch Vorlage eines Fruchtlosigkeitszeugnisses gemäß § 63 der Geschäftsanweisung für Gerichtsvollzieher (GVGA) nachweisen, um auch für den Schadensersatzanspruch aus § 989 eine Vollstreckungsklausel erteilt zu bekommen.[79]

II. Unstreitiger Besitz und rechtswidriges Verhalten des Besitzers: Ein Fall des § 282?

Es sind freilich auch Fallgestaltungen denkbar, in denen sich der Anspruchsgegner unstreitig im Besitz der Sache befindet, zu deren Herausgabe jedoch schlechterdings nicht bereit ist.[80] Der Schuldner wird dann regelmäßig keine Auskunft über den Belegenheitsort geben oder die Sache gar aktiv im Verborgenen halten, um dem Eigentümer den Zugriff auf diese zu entziehen und somit im Ergebnis eine von Letzterem betriebene Herausgabevollstreckung ins Leere gehen zu lassen. Weil § 989 wegen unstreitiger Herausgebbarkeit nicht zur Anwendung gebracht werden kann, scheint § 281 jedenfalls für derartige Fallkonstellationen einen passenden Ausweg zu bieten.

Das soeben beschriebene Schuldnerverhalten könnte jedoch ebenso gut eine gemäß § 241 Abs. 2 haftungsbegründende Pflichtverletzung darstellen, wenn man das zugrundeliegende Handlungsunrecht nicht allein in der Nichtauskehrung, sondern auch und gerade im vorsätzlichen Verbergen der Sache (etwa zum Zwecke der Vereitelung einer Zwangsvollstreckungsmaßnahme) erblickt. Im Ergebnis könnte mithin auch ein am Substanzwert der Sache[81] zu bemessender Zahlungsanspruch aus § 282 in Betracht zu ziehen sein. Verlangt nämlich der

---

[77] Gaul/Schilken/Becker-Eberhard/*Becker-Eberhard*, 12. Aufl. 2010, § 16 Rn. 35.

[78] *Anders/Gehle*, 13. Aufl. 2017, L21; *Brox/Walker*, ZV, 11. Aufl. 2018, Rn. 111.

[79] *Anders/Gehle*, 13. Aufl. 2017, L21.

[80] Auf solche Konstellationen stellt letztlich auch der BGH ab, indem er ausführt: „Der Eigentümer hat gleichermaßen wie ein obligatorischer Herausgabegläubiger, insbes. bei Ungewissheit über die Erfolgsaussichten der Vollstreckung des Herausgabeanspruchs, ein Interesse an der Möglichkeit eines rechtssicheren Übergangs zum Schadensersatz", vgl. BGHZ 209, 270, 277 (Rn. 23) = NJW 2016, 3235 (m. Anm. *Kaiser*).

[81] Zum Inhalt des Schadensersatzes statt der Vindikation: B. I. 3. a) aa) (2).

Gläubiger Schadensersatz statt der Leistung nicht wegen Störung des Leistungsinteresses, sondern wegen der Verletzung einer Pflicht aus § 241 Abs. 2, so richtet sich sein Anspruch nicht nach § 281, sondern nach § 282.[82] Womöglich wäre der Eigentümer hierdurch in die Lage versetzt, von seinem vindikatorischen Herausgabeanspruch zum Schadensersatz statt der Leistung überzugehen, ohne zugleich die mit § 281 verbundenen Spannungen zu den Bestimmungen des Eigentümer-Besitzer-Verhältnisses zu bewirken.

1. Anwendbarkeit des § 282 auf den nicht herausgebenden Besitzer

Auch das gesetzliche Schuldverhältnis zwischen dem Eigentümer und dem unrechtmäßigen Besitzer[83] begründet sogenannte Leistungstreuepflichten gemäß § 241 Abs. 2.[84] Letzterer hat daher insbesondere über relevante Vorgänge Auskunft zu geben und sich gegenüber Ersterem loyal zu verhalten.[85] Daher dürfte demjenigen, der die herauszugebende Sache etwa zum Zwecke der Vollstreckungsvereitelung im Verborgenen hält und keinerlei Auskunft über deren Verbleib gibt, regelmäßig die Verletzung einer „weiteren Verhaltenspflicht", wie sie vom Reformgesetzgeber bei der Schaffung des § 241 Abs. 2 ins Auge gefasst wurde, vorzuwerfen sein.[86]

Allerdings wird man hier nicht stehen bleiben dürfen. Denn im Rahmen einer Vindikationslage ist in einem derartigen Verhalten stets auch die Verletzung der aus § 985 resultierenden Leistungspflicht zu erblicken, weil der Schuldner die Sache freilich nicht zum Selbstzweck versteckt halten wird, sondern gerade *um* in deren Besitz verbleiben und damit seiner Herausgabepflicht entgehen zu können. Sofern sich jedoch die jeweilige Pflichtverletzung (auch) auf die Hauptleistung auswirkt und zur Folge hat, dass diese nicht ordnungsgemäß erbracht wird, ist jedenfalls nach dem Willen des Reformgesetzgebers grundsätzlich § 281 vorrangig und § 282 ausgeschlossen.[87] Bei bestehender Vindikationslage wäre die

---

[82] BT Drucks 14/6040, 138.

[83] Ein solches entsteht nach zutreffender Auffassung bereits mit Eintritt der Vindikationslage, vgl. nur Soergel/*Stadler*, 13. Aufl. 2006, Vor § 987, dort Fn. 6; ebenso: BeckOGK/*Spohnheimer*, BGB, 1.7.2018, § 985 Rn. 20.2. sowie A. I.; a.A.: Staudinger/*Gursky* (2012), Vorbem zu §§ 987–993 Rn. 37; MüKo/*Raff*, BGB, 7. Aufl. 2017, § 989 Rn. 1 (Rechtshängigkeit bzw. Kenntnis vom Mangel des Besitzrechts).

[84] Vgl. *Grigoleit*, FS Canaris Bd. I, 276 (allg. zu § 241 Abs. 2 bei gesetzl. Schuldverhältnissen).

[85] OLG Hamm, NJW 1993, 2623; MüKo/*Baldus*, BGB, 7. Aufl. 2017, § 985 Rn. 80; MüKo/*Bachmann*, BGB, 7. Aufl. 2016, § 241 Rn. 55; vgl. aber auch *Grigoleit*, FS Canaris, Bd. I, 275, 279 (keine Loyalitätspflichten).

[86] Vgl. BT-Drucks 14/6040, 125; MüKo/*Bachmann*, BGB, 7. Aufl. 2016, § 241 Rn. 54.

[87] Vgl. BT-Drucks 14/6040, 141.

letztgenannte Vorschrift demzufolge von der erstgenannten insoweit regelmäßig verdrängt, als jedwede Handlung des Schuldners, die auf Vorenthaltung der Sache gerichtet ist, sich zugleich sowohl auf das Äquivalenz- als auch das Integritätsinteresse des Eigentümers auswirkt. Eine Heranziehung des § 282 auf den nicht herausgebenden Besitzer wäre dann in den hier zunächst interessierenden Fällen der Vollstreckungsvereitelung wegen Vorrangigkeit des § 281 grundsätzlich nicht möglich.

a) Überwiegen des Integritätsinteresses

In der Tat erscheint es im Regelfall schuldrechtlicher Beziehungen nicht erforderlich, dem Gläubiger einen Schadensersatz nach § 282 zu gewähren, soweit eine Kompensation auch über § 281 möglich ist, weil bei der Verletzung sowohl einer Leistungs- als auch einer Nebenpflicht Erstere regelmäßig die maßgebliche sein dürfte[88] und im Übrigen beiden Normen die gleiche Rechtsfolge zukommt.

Schon mit Blick auf die im Rahmen eines Eigentümer-Besitzer-Verhältnisses bestehenden Besonderheiten wird man jedoch eine umfassendere und differenziertere Interessensbewertung vorzunehmen haben. Denn der Integritätsschutz des § 241 Abs. 2[89] betrifft bei der Vindikation sowohl die Erhaltung des Leistungsgegenstands selbst (anders als im Regelfall schuldrechtlicher Verschaffungspflichten gehört dieser schließlich zum Gläubigervermögen) als auch der sonstigen Rechte und Rechtsgüter des Eigentümers und geht damit weit über das gewöhnliche Integritätsinteresse eines persönlichen Gläubigers hinaus.[90] Umgekehrt ist das durch § 241 Abs. 1 geschützte Äquivalenzinteresse[91] des Vindikanten allein auf die Auskehrung des Besitzes gerichtet, und zwar lediglich in dem Zustand, in dem sich die Sache aktuell befindet.[92] Insoweit tritt es – quasi spiegelbildlich zur Situation bei § 241 Abs. 2 – deutlich hinter das übliche Erfüllungsinteresse eines obligatorischen Gläubigers zurück. Diese andersartige Interessenlage muss freilich auch beim Übergang vom vindikatorischen Herausgabeanspruch zum Schadensersatz statt der Leistung Berücksichtigung finden.

---

[88] So etwa *Lorenz*, NJW 2002, 2497, 2500; in diese Richtung wohl auch Staudinger/*Schwarze* (2014), § 282 Rn. 28; für ein Nebeneinander von § 281 und § 282 jedenfalls in bestimmten Konstellationen: MüKo/*Ernst*, BGB, 7. Aufl. 2016, § 282 Rn. 2.

[89] Die Vorschrift schützt den Erhalt des *status quo* auf Seiten des Gläubigers, wodurch Einbußen am *bereits vorhandenen Vermögen* vermieden werden sollen, vgl. MüKo/*Bachmann*, BGB, 7. Aufl. 2016, § 241 Rn. 54.

[90] Zur Obhutspflicht des unrechtmäßigen Besitzers gem. § 989 mit gleicher Argumentation: *Becker*, 213 (Leistungsbezug und Integritätsschutz).

[91] Dieses ist auf den *status ad quem* gerichtet, und damit auf den Zustand einer *gedachten ordnungsgemäßen Erfüllung*; die Leistungspflichten zielen auf „Vermögensaufstockung" ab, vgl. MüKo/*Bachmann*, BGB, 7. Aufl. 2016, § 241 Rn. 54.

[92] Zum Inhalt des vindikatorischen Herausgabeanspruchs vgl. bereits B. II. 1.

Hinzukommt, dass der Vorrang der Leistung auch deshalb einer Anwendung des § 282 auf § 985 nicht entgegenstehen dürfte, weil dieses grundsätzlich anzuerkennende Prinzip vor allem aus dem Umstand abgeleitet wird, dass Leistungspflichten meist einer vertraglichen Vereinbarung entspringen.[93] Die Vindikation begründet hingegen eine *gesetzliche* Pflicht[94] des Besitzers, die eine solche Subsidiarität nicht notwendigerweise zu rechtfertigen vermag.

b) Historische Wurzeln des § 282

Darüber hinaus ergibt sich aus den historischen Wurzeln des § 282, dass ein Alternativverhältnis zu § 281, wie dies vom Reformgesetzgeber ins Auge gefasst wurde,[95] keinesfalls zwingend erscheint.

Die erstgenannte Vorschrift geht maßgeblich auf die von der Rechtsprechung zur früheren Rechtslage entwickelten Figur der sogenannten „positiven Vertragsverletzung" (pVV) zurück,[96] wonach der Gläubiger – im Ergebnis ebenso wie bei § 282 – Schadensersatz „wegen Nichterfüllung" verlangen konnte, wenn ihm ein Festhalten am Vertrag etwa wegen Erschütterung der Vertrauensgrundlage[97] oder erkennbarer Unzuverlässigkeit des Schuldners[98] nicht mehr zuzumuten war. Der BGH ließ die pVV aber gerade unabhängig von der Frage zu, ob durch die Verhaltenspflichtverletzung zugleich auch das Leistungsinteresse des Gläubigers berührt wurde.[99] Entgegen der Auffassung des Reformgesetzgebers ist nicht erkennbar, weshalb diese Grundsätze nicht auch auf die heutige Rechtslage zu übertragen sind, wurde doch die nunmehr in § 282 ausdrücklich zu Gesetz gewordene Regelung entscheidend von dieser Rechtsprechung beeinflusst.[100]

Ein Nebeneinander der beiden Haftungsregime scheint auch insoweit weiterhin schlüssig und zur alten Rechtslage kongruent, als der mit einer schuldnerischen Schutzpflichtverletzung einhergehende Vertrauensverlust mit dem eigentlichen Leistungsprogramm nichts zu tun hat und dem Gläubiger daher eine eigenständige Möglichkeit eröffnen muss, seinen Primäranspruch in einen Schadensersatz umzuwandeln.[101] Dies dürfte vor allem auch deshalb gelten, weil es

93 *Grigoleit*, FS Canaris, Bd. I, 275, 296.

94 Vgl. nur Soergel/*Stadler*, 13. Aufl. 2006, § 985 Rn. 2.

95 BT-Drucks 14/6040, 141.

96 *Schwab*, ZGS 2003, 73, 76.

97 BGHZ 11, 80, 87 = NJW 1954, 229.

98 BGH, NJW 1969, 975.

99 BGHZ 11, 80, 83 ff. = NJW 1954, 229; NJW 2002, 816 f.; vgl. zudem *Schwab*, ZGS 2003, 73, 76 (zu Sukzessivlieferungsverträgen).

100 So auch *Schwab*, ZGS 2003, 73, 76 (zum Sukzessivlieferungsverträgen).

101 *Schwab*, ZGS 2003, 73, 75 (zum Sukzessivlieferungsverträgen); *Knoche/Höller*, ZGS 2003, 26, 31.

sich bei der für § 281 grundsätzlich erforderlichen Fristsetzung in erster Linie um ein bloßes prozedurales Mittel handelt, während die Unzumutbarkeit im Sinne von § 282 ein *materielles* Merkmal ist.[102] Hinzukommt, dass sich der die Vollstreckung vereitelnde Besitzer in aller Regel gemäß § 288 StGB strafbar macht und zugleich vorsätzlich sittenwidrig und arglistig im Sinne des § 826 handelt, weshalb das Zutrauen in seine Person, dessen Herausgabebereitschaft sowie die Erfolgsaussichten eines (weiteren) Vorgehens im Wege der Zwangsvollstreckung regelmäßig besonders massiv erschüttert sein wird.

c) Unanwendbarkeit des § 281

Für den speziellen Fall des § 985 ist darüber hinaus zu bedenken, dass die Vorschrift des § 281 nach den bisherigen Untersuchungsergebnissen jedenfalls dann nicht zur Anwendung gebracht werden sollte, wenn und soweit eine sachgerechte Lösung durch anderweitige gesetzliche Bestimmungen erreicht werden kann. Trifft dies aber zu, so würde sich das Problem überschneidender Anwendungsbereiche gerade nicht stellen, sofern § 282 auch im Übrigen auf den vindikatorischen Herausgabeanspruch herangezogen werden kann und hierdurch die an früherer Stelle[103] aufgezeigten Regelungslücken restlos geschlossen wären.

Dass dies gerade der Fall ist, wird nachfolgend aufzuzeigen sein.

2. Unzumutbarkeit des Festhaltens an § 985 wegen vollendeter Vollstreckungsvereitelung

Grundsätzlich erlaubt § 282 einen Übergang vom Primäranspruch zum Schadensersatz nur, wenn dem Gläubiger die Leistung durch den Schuldner wegen der Nebenpflichtverletzung nicht mehr zuzumuten ist. Für eine entsprechende Substituierung des vindikatorischen Herausgabeanspruchs ist mithin entscheidend, ob im konkreten schuldnerischen Verhalten eine wesentliche Pflichtverletzung zu erblicken ist, die ein Festhalten an § 985 für den Eigentümer unter Berücksichtigung aller Umstände unangemessen und untragbar erscheinen lässt. Dies bestimmt sich wiederum grundsätzlich nach einer an objektiven[104] Maßstäben ausgerichteten Interessensbewertung im Einzelfall,[105] wobei insbesondere die im Eigentümer-Besitzer-Verhältnis zum Ausdruck gebrachten Wertungen

[102] *Canaris*, FS Kropholler, 3, 8.

[103] B. IV.

[104] Die Objektivierung der Interessensabwägung ergibt sich schon daraus, dass subjektive Empfindungen des Gläubigers grundsätzlich rechtlich unbeachtlich sind, vgl. Staudinger/*Schwarze* (2014), § 282 Rn. 37; *Münch*, JURA 2002, 361, 371 („subjektive Bewertung mit objektiver Begrenzung").

[105] BT-Drucks 14/6040, 142.

sowie die mit der Vindikationslage einhergehenden Besonderheiten in Rechnung zu stellen sein dürften.

Unter dieser Prämisse wird man zumindest die bereits ins Auge gefassten Fälle der vollendeten Vollstreckungsvereitelung, bei denen die Herausgabevollstreckung mangels Auffindbarkeit der Sache tatsächlich ins Leere geht, als hinreichend zu erachten haben. Denn diese Sachverhalte sind gerade dadurch gekennzeichnet, dass der Besitzer jedenfalls durch die einer Zwangsvollstreckung zwingend vorausgehende Herausgabeverurteilung[106] vom Mangel seines Rechts positiv in *Kenntnis* gesetzt wird und damit stets sozusagen als „besonders bösgläubig" im Sinne des § 990 Abs. 1 S. 2 anzusehen ist. Lässt er gleichwohl eine vom Eigentümer veranlasste Vollstreckungsmaßnahme vorsätzlich leerlaufen, etwa indem er die Sache gemäß § 288 StGB „beiseiteschafft", so verwirkt der Vindikationsschuldner aufgrund des damit einhergehenden Arglistvorwurfs (§ 826) sowie der strafrechtlichen Relevanz seines Verhaltens sämtliche über §§ 987–991 gewährten Vorteile, ähnlich demjenigen, der sich die Sache mittels einer Straftat verschafft (§ 992). Hiermit wird in aller Regel der Verlust eines bis dahin womöglich noch vorhandenen (Rest-)Vertrauens des Eigentümers in die Person des Besitzers, dessen Herausgabebereitschaft sowie die Erfolgsaussichten von (weiteren) Vollstreckungsmaßnahmen einhergehen, so dass sich der Eigentümer berechtigterweise herausgefordert fühlen darf, vom Herausgabeanspruch gemäß § 985 zum Schadensersatz überzugehen.[107] Die für eine vollendete Vollstreckungsvereitelung typischen Gesamtumstände führen mithin insgesamt zur *Vermutung* der Unzumutbarkeit des weiteren Festhaltens an der Vindikation, weil es der die Vollstreckung vereitelnde Besitzer ansonsten in der Hand hätte, mit seinem vorsätzlich arglistigen Verhalten dem Eigentümer insbesondere das beweisrechtliche Risiko der Unaufklärbarkeit des Kausalzusammenhanges aufzubürden.[108]

Die Regelung des § 893 Abs. 1 ZPO, wonach ein Anspruch auf die Leistung des Interesses gerade nicht von der Durchführung einer (vorherigen) Herausgabevollstreckung abhängig sein soll, steht dem bislang gefundenen Ergebnis nicht entgegen. Denn die verfahrensrechtliche Norm begründet selbst keinen eigenen Anspruch, sondern stellt nur klar, dass eine Schadensersatzforderung auch ohne einen vorherigen Vollstreckungsversuch geltend gemacht werden kann, sofern dem Gläubiger eine solche zusteht, was sich freilich im absoluten Regelfall[109]

---

[106] Bloße „Verurteilung zur Herausgabe" ausreichend, Rechtskraft für Kenntnis nicht erforderlich, vgl. BGH, NJW 1999, 954, 955; OLG Karlsruhe, BeckRS 2015, 07254 (Rn. 41).

[107] Vgl. BeckOGK/*Riehm*, BGB, 1.9.2018, § 282 Rn. 54 („psychische Kausalität").

[108] MüKo/*Ernst*, BGB, 7. Aufl. 2016, § 280 Rn. 149.

[109] Ausnahmen: §§ 717 Abs. 2, 945 ZPO.

aus den Bestimmungen des materiellen Rechts ergibt.[110] Im Lichte der bisherigen Untersuchungsergebnisse führt jedoch gerade erst die vom Schuldner verursachte Erfolglosigkeit der Herausgabevollstreckung zur Unzumutbarkeit im Sinne von § 282, so dass – jedenfalls nach jetzigem Kenntnisstand[111] – die fruchtlos durchgeführte Zwangsvollstreckung eine für den Übergang vom vindikatorischen Herausgabeanspruch zum Schadensersatz gemäß § 282 erforderliche materiell-rechtliche Anspruchsvoraussetzung darstellt (vollendete Vollstreckungsvereitelung).

3. Antrag auf Schadensersatz statt der Leistung gemäß § 282 bereits im Herausgabeprozess (unechter Hilfsantrag)?

Letzteres könnte jedoch zugleich bedeuten, dass der Eigentümer zwei Gerichtsverfahren führen sowie unter Umständen zwei Vollstreckungsmaßnahmen betreiben müsste, um § 985 in einen Schadensersatz wandeln und diesem sodann zur Durchsetzung verhelfen zu können. Denn zur *Erlangung* des Anspruchs aus § 282 wäre er zunächst gezwungen, einen Vindikationsprozess anzustrengen, um anschließend aus dem hieraus erwirkten Titel – erfolglos – zu vollstrecken. Zur *Verwirklichung* des so geschaffenen Schadensersatzanspruchs (nochmals: ein solcher entsteht nach bisherigen Erkenntnissen gerade erst durch die Verurteilung *und* die nachfolgende fruchtlose Herausgabevollstreckung, weil jedenfalls hierdurch Unzumutbarkeit im Sinne von § 282 eintritt) hätte er sodann regelmäßig einen weiteren Prozess – nunmehr gerichtet auf das Interesse – sowie eine erneute Zwangsvollstreckung – diesmal aus dem Zahlungstitel – zu betreiben.

Auf Grundlage des § 281 könnte der Eigentümer hingegen bereits im Urteil des Vindikationsprozesses gemäß § 255 ZPO eine Frist durch das Gericht bestimmen lassen,[112] um anschließend den Schadensersatzanspruch mit deren Ablauf zwangsweise durchzusetzen, ohne zuvor eine Herausgabevollstreckung betreiben und einen zweiten (Schadensersatz-)Prozess führen zu müssen.[113] § 985 könnte auf diesem Wege einfach und effektiv in einem einzigen Verfahren mit einem Schadensersatzanspruch abgesichert werden, wenn den Umständen nach die Besorgnis gerechtfertigt ist, dass der Schuldner sich der rechtzeitigen Leistung entziehen wird (§ 259 ZPO).[114]

Auch für § 282 stellt sich mithin die Frage, ob ein aus dieser Vorschrift abgeleiteter Schadensersatzanspruch bereits im Herausgabeprozess tituliert werden

---

110 Stein/Jonas/*Brehm*, 22. Aufl. 2004, § 893 Rn. 1.

111 Zu weiteren Fällen s. sogleich: C. III. 4.

112 Hierzu: C. I. 3. c) aa).

113 BGHZ 209, 270, 278 (Rn. 23 a. E.) = NJW 2016, 3235, 3237 (m. Anm. *Kaiser*).

114 Hierzu: C. I. 3. c) bb).

kann, etwa für den Fall, dass das Festhalten an der Vindikation für den Eigentümer später unzumutbar wird.

a) Prozessuale Zulässigkeit nach dem Rechtsgedanken des § 259 ZPO

Die verfahrensrechtliche Zulässigkeit eines solchen Vorgehens dürfte sich ebenfalls aus § 259 ZPO ergeben. Wie bereits dargelegt wurde,[115] ist anerkannt, dass jedenfalls der Rechtsgedanke der Vorschrift, welche aufgrund der Anknüpfung an die Rechtzeitigkeit der Leistung insbesondere die Überwindung einer fehlenden Anspruchsfälligkeit zum Ziel hat,[116] aus prozessökonomischen Gründen auch auf unechte Eventualanträge Anwendung finden kann, wenn der Kläger ansonsten zur Führung zweier nachgeschalteter Prozesse gezwungen wäre.[117] Insoweit erscheint eine hilfsweise Verurteilung des Besitzers auch auf Grundlage des § 282 denkbar, sofern der Eigentümer im Rahmen des Vindikationsprozesses Umstände vortragen kann, aus denen sich die „Besorgnis" ergibt, dass sich der Besitzer seiner Leistungspflicht „entziehen" wird.[118]

Nach ganz herrschender Ansicht[119] ist es für § 259 ZPO bereits ausreichend, wenn der Schuldner den geltend gemachten Hauptanspruch (hier: § 985) ernstlich bestreitet.[120] Weil nämlich der Hilfsantrag von der Begründetheit des Hauptantrags abhängig ist, wirkt sich das ernsthafte Bestreiten der mit dem letztgenannten Antrag verfolgten Leistungspflicht zwingend auch auf die hilfsweise geltend gemachte Schadensersatzforderung aus.[121] Der Nachweis, dass der Beklagte hinsichtlich der herauszugebenden Sache bereits vollstreckungsvereitelnde Maßnahmen eingeleitet hat, dürfte freilich erst recht genügen.

Die an früherer Stelle[122] zur Anwendung des § 281 auf § 259 ZPO ins Feld geführten Bedenken bestehen insoweit nicht. Während der Vortrag des Beklagten etwa in den Fällen der Unauffindbarkeit der Sache[123] regelmäßig nicht final auf das Bestreiten der Anspruchsberechtigung des Vindikanten abzielt, sondern lediglich die Unkenntnis des Schuldners vom Belegenheitsort der Sache offen-

---

115 C. I. 3. c) bb).

116 BGH, NJW-RR 2006, 1485, 1486; Saenger/*Saenger*, ZPO, 7. Aufl. 2017, § 259 Rn. 4.

117 BGH, NJW 2001, 1285, 1286.

118 Vgl. BGH, NJW-RR 2005, 1518.

119 Vgl. nur BGH, NJW 1999, 954, 955; NJW-RR 2005, 1518; MüKo/*Becker-Eberhard*, ZPO; 5. Aufl. 2016, ZPO § 259 Rn. 13 m. zahlr. w. N.; Musielak/Voit/*Foerste*, ZPO, 15. Aufl. 2018, § 259 Rn. 5; strenger: OLG Hamm, NJOZ 2013, 1006 („zur Leistung außer Stande").

120 § 259 ZPO sogar dann, wenn Besitzer zusagt, die Sache *nach* rechtskräftiger Verurteilung herauszugeben, BGH, NJW 1999, 954, 955.

121 BGH, NJW-RR 2005, 1518; *Anders/Gehle*, 13. Aufl. 2017, L5.

122 C. I. 3. c).

123 Vgl. C. I.

bart, so richtet sich das Verhalten des Besitzers in den Anwendungskonstellationen des § 282 gerade gegen den Anspruch aus § 985, weshalb auch die Besorgnis hinsichtlich des hilfsweise geltend gemachten Schadensersatzanspruchs ohne Weiteres begründet erscheint. Die im Rahmen des § 282 rein theoretisch anmutende Exkulpationsmöglichkeit steht einem Vorgehen nach § 259 ZPO ohnehin schon wegen der Möglichkeit des Schuldners, nach § 767 ZPO vorzugehen, nicht entgegen.[124]

b) Hinreichende Gewissheit der Schadensersatzpflicht im Zeitpunkt der Verurteilung?

Für § 282 ist allerdings zu bedenken, dass das anspruchsbegründende Tatbestandsmerkmal der „Unzumutbarkeit" nach bisherigen Erkenntnissen gerade an die vom Schuldner zu verantwortende Fruchtlosigkeit der Herausgabevollstreckung anknüpft, weshalb die materiellen Voraussetzungen des § 282 im Zeitpunkt der Verurteilung denklogisch noch gar nicht erfüllt sein können, weil eine Vollstreckungsmaßnahme schließlich erst auf der Grundlage des Urteils erfolgen kann. Damit steht jedoch zugleich die von § 259 ZPO geforderte *Gewissheit* des Bestands der künftigen Leistungspflicht in Zweifel. Denn um die zuletzt genannte Vorschrift anwenden zu können, muss die eingeklagte Forderung aus einer Rechtsbeziehung hervorgehen, deren „rechtserzeugende Tatsachen" im Zeitpunkt der Verurteilung schon vorliegen, wobei es ausreicht, wenn sich der konkrete Anspruch erst später entwickelt und dies allein auf ein Verhalten des Beklagten zurückzuführen ist.[125]

aa) Feststellung einer späteren Unzumutbarkeit bereits im Erkenntnisverfahren?

Fraglich und entscheidend ist deshalb, ob das Gericht denjenigen Beklagten, der seinen Besitz an der Sache einräumt, diesen nicht bestreitet oder zu dessen Lasten die Vermutung der Besitzfortdauer[126] eingreift, bereits im Herausgabeprozess zu Schadensersatz auf der Grundlage des § 282 zu verurteilen vermag, für den Fall, dass er die Sache nicht herausgibt und diese auch im Rahmen der Zwangsvollstreckung vom Gerichtsvollzieher nicht aufgefunden wird.[127]

---

[124] Vgl. hierzu die Ausführungen zu § 281: C. I. 3. c) aa).

[125] BGH, NJW-RR 2003, 850, 856.

[126] Hierzu: C. I. 1. a).

[127] Eine solche Verurteilung könnte weiter unter die Bedingung gestellt werden, dass der Gläubiger den Schadensersatz auch tatsächlich im Sinne einer entsprechenden Geltendmachung begehrt, vgl. BGH, NJW 2018, 786.

Dass ein derartiges Vorgehen jedenfalls nicht schon deshalb unzulässig ist, weil die Feststellung der Unauffindbarkeit der Sache erst durch den Gerichtsvollzieher erfolgen soll, wurde bereits an früherer Stelle[128] dargelegt und einerseits mit der Natur einer solchen hilfsweisen Verurteilung als innerprozessual bedingt, andererseits mit der einfachen und an tatsächliche Gegebenheiten anknüpfenden Feststellbarkeit eines solchen Umstands begründet. Dies darf jedoch nicht darüber hinwegtäuschen, dass es – im Gegensatz zu der in diesem Zusammenhang vorgeschlagenen hilfsweisen Verurteilung des Beklagten nach § 989 wegen Ungewissheit des schuldnerischen Herausgabeunvermögens[129] – im Rahmen des § 282 nicht bei dem schlichten Verweis auf die im Einzelfall besseren Ermittlungsmöglichkeiten des Gerichtsvollziehers im Rahmen der Zwangsvollstreckung (§ 758 ZPO) sein Bewenden haben kann. Anders als bei der Ermittlung der Nichtherausgebbarkeit (§ 989) bedarf es nämlich zur Beantwortung der Frage, ob dem Eigentümer im Zeitpunkt der Vollstreckungsmaßnahme ein Festhalten an der Vindikation im Sinne des § 282 weiterhin zuzumuten ist, einer über die tatsächliche Feststellung der Nichtauffindbarkeit hinausgehenden *materiellrechtlichen* Prüfung, die gerade nicht vom Vollstreckungsorgan vorgenommen werden darf,[130] weil dieses aufgrund der Formalisierung des Vollstreckungsverfahrens einzig das Vorliegen der Voraussetzungen der Zwangsvollstreckung zu prüfen hat.[131]

Jedenfalls im Ergebnis scheint aber auch die Tatsache, dass ein Festhalten an der Vindikation – zumindest nach bisherigem Kenntnisstand – erst durch die auf eine vollstreckungsvereitelnde Maßnahme des Schuldners zurückzuführende Fruchtlosigkeit der Herausgabevollstreckung unzumutbar wird,[132] einer entsprechenden hilfsweisen Verurteilung des Beklagten bereits im Vindikationsprozess nicht entgegenzustehen. Wird die Sache nämlich im Zuge der Herausgabevollstreckung vom Gerichtsvollzieher nicht vorgefunden, obgleich sich der Schuldner im Zeitpunkt der Entscheidung unstreitig oder bewiesenermaßen im Besitz der Sache befand, so kann dies dem Grunde nach nur auf zweierlei Umständen beruhen: Zum einen mag es daran liegen, dass der Schuldner die Sache zwischenzeitlich schuldhaft (§ 280 Abs. 1 S. 2)[133] zerstört, an einen Dritten weitergegeben oder schlicht aus den Augen verloren hat und hierüber keine Auskunft

[128] C. I. 3.

[129] C. I. 3. a).

[130] Im Übrigen ist der Gerichtsvollzieher als das Organ für die Herausgabevollstreckung beweglicher Sachen (§ 883 ZPO) hierzu auch gar nicht in der Lage.

[131] HK-ZV/*Handke,* ZPO, 3. Aufl. 2016, § 771 Rn. 1.

[132] Zur Unzumutbarkeit wegen drohender Vollstreckungsvereitelung s. unten: C. II. 4. a).

[133] Zur (analogen) Anwendung des § 280 Abs. 1 S. 2 auf § 989 (g. h.M.): C. I. 3. a) (dort Fn. 33).

geben will oder – etwa mangels Kenntnis des aktuellen Belegenheitsortes bzw. der Person des aktuellen Besitzers – geben kann. In derartigen Fällen hätte der Eigentümer jedenfalls einen Schadensersatzanspruch gemäß § 989,[134] der im Ergebnis auf Grundlage des § 251 Abs. 1 am Substanzwert der Sache zu bemessen wäre.[135] Der Schuldner könnte sich jedoch ebenso gut weiterhin im Besitz der Sache befinden, diese jedoch vorsätzlich arglistig im Verborgenen halten, um Vollstreckungsmaßnahmen des Eigentümers zu vereiteln. Bei dieser Lage wäre ein weiteres Festhalten an der Vindikation für den Eigentümer unzumutbar im Sinne von § 282, sobald die Herausgabevollstreckung tatsächlich ins Leere geht.[136] Weil auch in einem solchen Fall das Interesse des Eigentümers gemäß § 251 Abs. 1 am Substanzwert der Sache zu bemessen wäre[137] und die Zulässigkeit einer gemäß § 259 ZPO bedingten Schadensersatzklage grundsätzlich selbst dann zu bejahen ist, wenn sie bei der Verurteilung des Beklagten zur Herausgabe noch nicht entscheidungsreif ist,[138] kommt eine hilfsweise Verurteilung des Beklagten zu Schadensersatz durchaus bereits im Vindikationsprozess in Betracht, wenn sich dieser jedenfalls im Zeitpunkt der Verurteilung im Besitz der Sache befindet. Die konkrete Schadensersatznorm (§ 282 oder § 989) kann hierbei letztlich offen bleiben, denn die Ansprüche zielen nicht nur beide auf den Ersatz des Substanzwertes ab, sondern begründen auch in jedem Fall die Pflicht des Eigentümers analog § 255, die Sache im Gegenzug an den zahlenden Schuldner zu übereignen ist.[139]

bb) Zumutbarkeit einer „offenen Verurteilung" für den Schuldner

Für die Statthaftigkeit einer solch „offenen Verurteilung" spricht insbesondere die fehlende Schutzbedürftigkeit des Besitzers in den hier ins Auge gefassten Konstellationen. Schließlich dient die grundsätzliche Unzulässigkeit einer auf (noch) nicht hinreichend gesicherter Rechtsgrundlage beruhenden Verurteilung insbesondere dem Schutz des Schuldners, weshalb im Umkehrschluss die Verurteilung zu einer Leistung möglich sein muss, von der mit hinreichender Sicherheit angenommen werden kann, dass sie im Falle des späteren Eintritts bestimmter und durch den Gerichtsvollzieher einfach feststellbarer Tatsachen (Unauffindbarkeit) geschuldet sein wird.[140] Wie soeben aufgezeigt wurde, ist dies

---

[134] Zur Möglichkeit einer hilfsweisen Verurteilung gem. § 989 neben § 985: C. I. 3. a) und b).

[135] Vgl. nur BGHZ 92, 85, 90 = NJW 1984, 2282; OLG Stuttgart, BeckRS 2012, 21818.

[136] Vgl. C. II. 2.

[137] Insoweit entsprechen sich die §§ 282 und 281, vgl. B. I. 3. a) aa) (2).

[138] BGH, NJW 1999, 954, 955; a. A.: OLG Koblenz, BeckRS 1988, 31144769; hierzu auch schon oben, C. I. 3. c) aa).

[139] Zu § 989 vgl. nur MüKo/*Raff*, BGB, 7. Aufl. 2017, § 989 Rn. 9; zu § 282: C. III.

[140] Ähnlich argumentierend, allerdings zur Verurteilung des Schuldners nach § 985 und

zumindest dann anzunehmen, wenn sich der Schuldner im Zeitpunkt der Verurteilung im Besitz der Sache befindet. Denn in diesem Fall kann bereits im Erkenntnisverfahren prognostiziert werden, dass er entweder den Tatbestand des § 282 oder des § 989 erfüllt haben wird, wenn der Gerichtsvollzieher die Sache im Rahmen der Zwangsvollstreckung nicht vorfindet.

Hält der Schuldner die aufgrund der „offenen" Verurteilung später eingeleiteten Vollstreckungsmaßnahmen dennoch für rechtswidrig, so liegt es an seiner Initiative hiergegen im Wege der Vollstreckungsabwehrklage nach § 767 ZPO vorzugehen.[141] Hierdurch wird seinen Interessen auch hinreichend Rechnung getragen, weil es jedenfalls nach Eintritt der Rechtshängigkeit gemäß § 989 im Verantwortungsbereich des Schuldners liegt, die Sache sorgfältig aufzubewahren.[142] Kommt er dieser Pflicht nach, so ist es ihm ohne Weiteres möglich, die Substituierung der Vindikation sowie die Vollstreckung aus dem Geldtitel durch Vorlage der Sache oder Mitteilung des Belegenheitsortes dergleichen abzuwenden.[143] Ansonsten erscheint seine Haftung ohnehin gerechtfertigt.

cc) § 726 ZPO als Beleg für die Möglichkeit einer Verurteilung bei noch nicht vollständiger Anspruchsverwirklichung

Die grundsätzliche Zulässigkeit einer „offenen Verurteilung" lässt sich zudem anhand der Existenz des § 726 Abs. 1 ZPO belegen. Wie bereits an früherer Stelle angemerkt wurde,[144] darf hiernach eine Klausel auf ein Urteil, dessen Vollstreckung von dem Eintritt bestimmter, vom Gläubiger nachzuweisender Tatsachen abhängt, grundsätzlich nur erteilt werden, wenn deren Vorliegen anhand öffentlicher oder öffentlich beglaubigter Urkunden bewiesen wird. Der Vorschrift liegt folglich ganz allgemein das Verständnis zu Grunde, dass es prinzipiell Urteile geben muss, die auf Anspruchsgrundlagen beruhen, deren Voraussetzungen im Zeitpunkt der Verurteilung noch nicht (vollständig) erfüllt sind.[145]

c) Zwangsvollstreckung

Der Eigentümer könnte sich, wie schon bei der hilfsweisen Verurteilung gemäß § 989 wegen Unaufklärbarkeit des schuldnerischen Unvermögens,[146] gemäß

---

hilfsweise nach § 989 bei bestrittenem Besitz: NK/*Schanbacher*, BGB, 3. Aufl. 2013, § 985 Rn. 61.

141 Vgl. BGH, NJW 1999, 954, 955.

142 Vgl. nur Soergel/*Stadler*, 13. Aufl. 2006, § 989 Rn. 4 („wie ein Verwalter").

143 Vgl. HansOLG Hamburg, MDR 1972, 1040 (Nr. 48).

144 C. I. 5.

145 MüKo/*Wolfsteiner*, ZPO, 5. Aufl. 2016, § 726 Rn. 1.

146 Vgl. C. I. 5.

§ 724 ZPO sowohl auf den Herausgabe- wie auch auf den Schadensersatztitel eine Vollstreckungsklausel erteilen lassen[147] und sogleich nach erfolgloser Herausgabevollstreckung auf das Interesse übergehen sowie entsprechend in Höhe des Substanzwerts der Sache vollstrecken. Auf die bereits wiederholt ins Feld geführte Vorschrift des § 726 Abs. 1 ZPO ist er in diesem Zusammenhang ebensowenig angewiesen, weil es letztlich auch im Rahmen des § 282 auf die Fruchtlosigkeit der Zwangsvollstreckung mangels Auffindbarkeit der Sache ankommt und es sich dabei um einen einfach festzustellenden Umstand handelt, der eine qualifizierte Klausel im Sinne von § 726 ZPO regelmäßig nicht erforderlich macht.[148] Im Übrigen versucht der Gerichtsvollzieher ohnehin zunächst die Herausgabe zu vollstrecken, so dass er den Bedingungseintritt, der gerade in der Nichtauffindbarkeit der Sache im Rahmen der Zwangsvollstreckungsmaßnahme zu erblicken ist, ohnehin besser als der Rechtspfleger festzustellen und zu bescheinigen vermag.[149] Seine Berechtigung muss der Eigentümer mithin auch im Falle des § 282 nicht erst durch Vorlage eines „Fruchtlosigkeitszeugnisses" gemäß § 63 GVGA nachweisen, um für den Schadensersatztitel eine Vollstreckungsklausel erteilt zu bekommen.[150]

4. Umstellung auf § 282 schon vor oder während des Vindikationsprozesses?

Zu prüfen bleibt indes die bislang ungeklärte Frage, ob und – bejahendenfalls – unter welchen Voraussetzungen der Eigentümer seinen Anspruch aus § 985 auch schon vor oder während des Vindikationsprozesses (§ 264 Nr. 3 ZPO) auf einen Schadensersatz nach § 282 umstellen kann, um nicht stets die Herausgabevollstreckung abwarten bzw. eine solche erfolglos durchführen zu müssen, sondern unmittelbar auf das Interesse überzugehen. Weil in diesem Stadium naturgemäß nicht an eine wegen Vollstreckungsvereitelung bereits erfolglos durchgeführte Vollstreckungsmaßnahme angeknüpft werden kann, um die erforderliche Unzumutbarkeit des Festhaltens an der Leistung zu begründen, ist insbesondere zu untersuchen, welches Schuldnerverhalten für § 282 in dieser Phase überhaupt relevant sein könnte.

---

[147] Vgl. *Anders/Gehle*, 13. Aufl. 2017, L21.

[148] Vgl. nur *Brox/Walker*, ZV, 11. Aufl. 2018, Rn. 111 (§ 726 ZPO nicht bei „einfachen Sachverhalten").

[149] *Anders/Gehle*, 13. Aufl. 2017, L21.

[150] Vgl. *Anders/Gehle*, 13. Aufl. 2017, L21.

a) Drohende Vollstreckungsvereitelung

Da es sich bei der Feststellung der Unzumutbarkeit im Sinne des § 282 um eine prognostische Entscheidung handelt,[151] kann grundsätzlich schon eine Gefährdung der in § 241 Abs. 2 bezeichneten Interessen ausreichen, um eine entsprechende Schadensersatzpflicht des Schuldners auszulösen, wenn sich hierdurch ein weiteres Festhalten an der Leistung für den Gläubiger als unerträglich darstellt.[152] Aus diesem Grund dürfte generell auch eine Erschütterung des Vertrauensverhältnisses[153] oder Unzuverlässigkeit des Besitzers[154] im Vorfeld einer Vollstreckungsmaßnahme einen entsprechenden Schadensersatzanspruch zu begründen im Stande sein, wenn eine solche nur schwerwiegend genug ist und hinreichenden Bezug zur Leistungsbeziehung aufweist.[155]

Anknüpfend an die für § 282 bisher ins Auge gefassten Konstellationen der (vollendeten) Vollstreckungsvereitelung ist etwa an den Fall zu denken, dass der Besitzer bereits vor Klageerhebung oder während des Prozesses ankündigt, die Herausgabe der Sache unabhängig vom Ausgang des Verfahrens um jeden Preis, notfalls auch mit unlauteren (vollstreckungsvereitelnden) Maßnahmen zu verhindern. Ausgehend von der Wertung des § 288 StGB, zu dessen Tatbestandsverwirklichung schon eine *drohende* Zwangsvollstreckung genügt und damit weder das Vorliegen der Vollstreckungsvoraussetzungen (insbesondere des Vollstreckungstitels) noch eine bereits erfolgte Klageerhebung zur Strafbarkeitsbegründung des Schuldners wegen „Vereiteln der Zwangsvollstreckung" erforderlich ist,[156] erscheint eine zuvor fruchtlos durchgeführte Herausgabevollstreckung tatsächlich auch (oder: erst recht) für § 282 nicht zwingend. Die Möglichkeit des Eigentümers, von § 985 auf § 282 überzugehen, dürfte mithin auch bei bloß drohender Vollstreckungsvereitelung in Betracht zu ziehen sein.

aa) Qualität der drohenden Vollstreckungsvereitelung: „Beiseiteschaffen" im Sinne von § 288 StGB oder arglistige Täuschung

Freilich werden bloße Ankündigungen des Schuldners mangels hinreichender Konkretheit der Gefährdung zur Begründung eines entsprechenden Schadens-

---

[151] Soergel/*Benicke/Hellwig*, 13. Aufl. 2014, § 282 Rn. 36.

[152] BGH, NJW 1978, 260; Staudinger/*Schwarze* (2014), § 282 Rn. 34 ff.; Soergel/*Benicke/Hellwig*, 13. Aufl. 2014, § 282 Rn. 39 ff.

[153] Vgl. BGHZ 11, 80, 87 = NJW 1954, 229.

[154] Vgl. BGH, NJW 1969, 975.

[155] BGH, NJW 1978, 260; *Schwab*, ZGS 2003, 73, 75; Soergel/*Benicke/Hellwig*, 13. Aufl. 2014, § 282 Rn. 27, 39 ff.

[156] Vgl. nur MüKo/*Maier*, StGB, 2. Aufl. 2014, § 288 Rn. 12; Schönke/Schröder/*Heine/Hecker*, 29. Aufl. 2014, § 288 Rn. 10 m. w. N.

ersatzanspruchs regelmäßig nicht genügen, weshalb zumindest eine im Vorfeld oder während des Vindikationsprozesses bereits *eingeleitete* vollstreckungsvereitelnde Maßnahme zu fordern sein wird, um § 282 zur Anwendung bringen zu können.[157] Als qualitativer Anknüpfungspunkt dürfte sich die Tathandlung des „Beiseiteschaffens" im Sinne des § 288 StGB eignen, mithin das Verstecken der Sache[158] bzw. deren Unterbringung an einem Ort, an dem sie der Gläubiger nicht vermutet,[159] wobei der Versuch ausreichen wird, weil auch im Rahmen des § 288 StGB bereits die Vornahme der Tathandlung in Vereitelungsabsicht eine Vollendungsstrafbarkeit zu begründen vermag.[160] Denkbar wäre etwa, dass der Schuldner den Vindikationsgegenstand mit Blick auf einen anstehenden Prozess oder währenddessen ins Ausland verschafft[161] bzw. zu verschaffen versucht, um so den deutschen Vollstreckungsbehörden im Falle einer entsprechenden Herausgabeverurteilung den Zugriff erheblich zu erschweren oder gar faktisch unmöglich zu machen. Da die Zwangsvollstreckung nicht nur durch die Tatmodalitäten des § 288 StGB, sondern insbesondere auch mittels Täuschungshandlungen vereitelt werden kann,[162] sollte darüber hinaus eine (versuchte) arglistige Täuschung des Schuldners zum Zwecke der Vollstreckungsvereitelung für § 282 als ausreichend erachtet werden.

bb) Zusätzliches Erfordernis: „Bevorstehen" der Zwangsvollstreckung

Die Schadensersatzpflicht wird man jedoch in den Fällen bloß drohender Vollstreckungsvereitelung zusätzlich von der Bedingung abhängig zu machen haben, dass die Zwangsvollstreckung im Zeitpunkt des maßgeblichen Schuldnerverhaltens objektiv bevorsteht, weil erst dann von einer für § 282 erforderlichen hinreichenden Verbindung von Nebenpflichtverletzung und Leistungsbeziehung[163]

---

157 Schließlich ist der Tatbestand des § 288 StGB auch erst mit der Veräußerungshandlung oder dem (Versuch des) Beiseiteschaffen(s) erfüllt, vgl. Schönke/Schröder/*Hecker/Heine*, 29. Aufl. 2014, StGB § 288 Rn. 15.

158 BGH, GA 1965, 309, 310.

159 MüKo/*Maier*, StGB, 2. Aufl. 2014, § 288 Rn. 30; Schönke/Schröder/*Heine*, 29. Aufl. 2014, § 288 Rn. 14.

160 Insofern weicht der hier verwendete Begriff der „drohenden" Vollstreckungsvereitelung von der strafrechtlichen Vollstreckungsvereitelung im Sinne des § 288 StGB ab, wonach die Vollstreckungsvereitelung schon durch die Tathandlung – das Beiseiteschaffen – *vollendet* ist (vgl. MüKo/*Maier*, StGB, 2. Aufl. 2014, § 288 Rn. 32, 50), während vorliegend unter dem Begriff der „vollendeten Vollstreckungsvereitelung" im Sinne des § 282 das *tatsachliche „Insleerelaufen"* die Zwangsvollstreckungsmaßnahme verstanden werden soll.

161 Freilich bei fortwährendem Besitz, weil ansonsten ohnehin die §§ 989, 990 Abs. 1 zur Anwendung gelangen.

162 MüKo/*Maier*, StGB, 2. Aufl. 2014, § 288 Rn. 33.

163 Vgl. Soergel/*Benicke/Hellwig*, 13. Aufl. 2014, § 282 Rn. 27.

auszugehen sein dürfte. In Anlehnung an die absolut herrschende Meinung zu § 288 StGB[164] wird ein solch objektives „Bevorstehen" zu bejahen sein, wenn der Gläubiger den ernsthaften Willen nach außen hin kundtut, seinen vindikatorischen Herausgabeanspruch alsbald zwangsweise durchzusetzen.

(1) Vindikationsklage oder Einstweilige Verfügung

Auf den ersten Blick spricht einiges dafür, zur Kundgabe eines solchen Vollstreckungswillens des Eigentümers die Erhebung der Vindikationsklage ausreichen zu lassen, weil die Zwangsvollstreckung nur die konsequente Fortführung eines gewonnenen Gerichtsprozesses darstellt und durch die Einleitung des Erkenntnisverfahrens ein entsprechender Wille des Klägers folglich auch hinsichtlich der zwangsweisen Durchsetzung eines daraus später hervorgehenden Titels hinreichend objektiv zu Tage tritt.[165]

Träfe dies zu, so wären wohl grundsätzlich auch andere verfahrenseinleitende oder -vorbereitende Maßnahmen des Eigentümers geeignet, soweit hierdurch nur die Annahme einer drohenden Zwangsvollstreckung objektiv gerechtfertigt erscheint. So könnte möglicherweise schon das Erwirken einer einstweiligen Verfügung (etwa gerichtet auf Herausgabe der Sache an einen Verwahrer oder Sequester) als ausreichend zu erachten sein, weil auch dies erkennen lässt, dass der Eigentümer mit der Verfolgung seines Herausgabeanspruchs „ernst macht" und alsbald eine Vindikationsklage erheben und hieraus sodann vollstrecken wird.[166]

(2) Eintritt des Verzugs gemäß §§ 990 Abs. 2, 286

Die Einleitung gerichtlicher Schritte dürfte indessen für die Annahme eines objektiven „Bevorstehens" der Zwangsvollstreckung im Rahmen des § 282 nicht der zutreffende Anknüpfungspunkt sein. Denn zum einen werden derart konkrete Schritte des Gläubigers nicht einmal für eine Strafbarkeitsbegründung gemäß § 288 StGB unbedingt vorausgesetzt.[167] Zum anderen verlangt der effektive Schutz des Eigentümers bei § 282 weniger hohe Hürden, um den Zustand des

[164] RGSt 20, 256, 257 ff.; BGHZ 114, 305, 308 = NJW 1991, 2420; Schönke/Schröder/*Hecker/Heine*, 29. Aufl. 2014, § 288 Rn. 9 m. w. N.; Lackner/Kühl/*Heger*, 28. Aufl. 2014, § 288 Rn. 2; Fischer/*Fischer*, StGB, 65. Aufl. 2018, § 288 Rn 4; BeckOK/*Schmidt*, StGB, 39. Ed. 1.8.2018, § 288 Rn. 4; konkretisierend: *Kühn*, NJW 2009, 3611 („unmissverständlich zum Ausgleich der bestehenden Forderung auffordert").

[165] RGSt 20, 256, 257; 24, 238, 239; 26, 9, 10; 31, 22, 24 f.; BGH, NJW-RR 1991, 467 (jew. zu § 288 StGB).

[166] Jedenfalls für die Tatbestandsmäßigkeit des § 288 StGB wird dies als ausreichend angesehen, BGH, NJW 1991, 2420.

[167] Vgl. nur: MüKo/*Maier*, StGB, 2. Aufl. 2014, § 288 Rn. 13; Schönke/Schröder/*Heine/Hecker*, 29. Aufl. 2014, § 288 Rn. 10 m. w. N.; vgl. zudem: C. II. 4. a).

„Bevorstehens" von Vollstreckungsmaßnahmen sachlich zu begründen. Aus eben diesem Grund sollte dem Eigentümer zudem die Möglichkeit gegeben werden, die dafür notwendigen Bedingungen zu einem früheren Zeitpunkt herbeizuführen.

Um alldem gerecht zu werden und zur Vermeidung von Widersprüchen zu den Regelungen des Eigentümer-Besitzer-Verhältnisses wird man daher entsprechend der in § 990 Abs. 2 zum Ausdruck gebrachten Wertung, wonach der unredliche Besitzer zu einer „weitergehende[n] Haftung" nur verpflichtet ist, soweit die Voraussetzungen des § 286 vorliegen,[168] auch die im Rahmen des § 282 relevant werdende Frage, ob eine Zwangsvollstreckung objektiv „bevorsteht", maßgeblich vom Eintritt des Verzugs gemäß §§ 990 Abs. 2, 286 abhängig zu machen haben.[169] Denn die hierfür zwingend erforderliche Bösgläubigkeit des Besitzers rechtfertigt zusammen mit dem Verzugseintritt die Annahme, dass dieser mit der baldigen Einleitung von Vollstreckungsmaßnahmen zu rechnen hat.

Die von § 990 Abs. 2 vorausgesetzte Unredlichkeit muss freilich nicht bereits im Augenblick der den Verzug herbeiführenden Handlung (z. B. Mahnung oder Klageerhebung, § 286 Abs. 1) vorliegen. Vielmehr reicht es aus, wenn der Besitzer gerade erst durch die verzugsbegründende Maßnahme des Eigentümers bösgläubig wird, etwa weil Letzterer Mahnung oder Klageschrift mit der Vorlage liquider Beweismittel untermauert.[170]

Jedenfalls im Ausgangspunkt entspricht der hier vorgeschlagene Weg dem Vorgehen des Reichsgerichts, das für § 288 StGB bereits die Tatsache wiederholter Mahnungen für den Zustand einer drohenden Zwangsvollstreckung ausreichen ließ.[171] Das Postulat der *mehrfachen* Mahnung entbehrt indes nicht nur jeglicher sachlicher und rechtsdogmatischer Rechtfertigung, sondern erscheint zur Begründung einer „drohenden Zwangsvollstreckung" geradezu ungeeignet, weil mit der Häufigkeit folgenlos ausgesprochener Mahnungen die Ernsthaftigkeit des Gläubigers, seinen Anspruch notfalls zwangsweise durchzusetzen, aus objektiver Empfängersicht nicht notwendigerweise gesteigert wird. Schon im Interesse der Rechtssicherheit wird man daher bereits die *einmalige* Mahnung ausreichen lassen müssen, sofern diese gemäß § 990 Abs. 2 den Verzug begründet.

Die Rechtfertigung des Übergangs von § 985 zum Schadensersatz gemäß § 282 mittels der Bestimmung des § 990 Abs. 2 setzt sich nur auf den ersten Blick in Widerspruch zu den bisherigen Untersuchungsergebnissen, wonach die letztgenannte Vorschrift lediglich die Haftung *neben* und gerade nicht *statt* der Vindi-

---

168 Hierzu ausführlich: B. I. 3.

169 So im Ergebnis wohl auch *Kühn*, NJW 2009, 3611 (zu § 288 StGB).

170 Soergel/*Stadler*, 13. Aufl. 2006, § 990 Rn. 28 a. E.; Staudinger/*Gursky* (2012), § 990 Rn. 10 a. E.; BeckOGK/*Spohnheimer*, BGB, 1.7.2018, § 990 Rn. 57.1.

171 RGSt 20, 256, 257 f.

kation zu begründen vermag.[172] Denn bei genauerem Hinsehen liegen die Dinge schon deshalb anders als bei § 281, weil die Substituierung des Eigentumsherausgabeanspruchs gemäß § 282 wegen der hierfür zusätzlich erforderlichen und gerade erst zur Unzumutbarkeit führenden Verhaltenspflichtverletzung („Beiseiteschaffen", arglistige Täuschung) an weitaus strengere und insbesondere *andersartige* Voraussetzungen geknüpft ist als die schlichte Nichtleistung.

Ob und inwieweit darüber hinaus noch weitere Abweichungen von § 990 Abs. 2 zu fordern sind, dürfte im Rahmen des § 282 weniger eine Frage des in Betracht kommenden Pflichtenverstoßes, sondern vielmehr ein Problem der Unzumutbarkeit des Festhaltens an der Vindikation sein.

cc) Anforderungen an die Unzumutbarkeit bei drohender Vollstreckungsvereitelung

Bejaht man entsprechend den soeben gemachten Ausführungen die grundsätzliche Möglichkeit des Eigentümers, § 282 auch vor oder während des Vindikationsprozesses zur Anwendung zu bringen, wenn der Besitzer hinreichend konkrete vollstreckungsvereitelnde Maßnahmen in einem Zeitpunkt vornimmt, in dem er mit der Durchführung einer Zwangsvollstreckung objektiv rechnen musste, so stellt sich unweigerlich die Frage nach dem dann geltenden Maßstab für die hierzu erforderliche Unzumutbarkeit des Festhaltens an der Leistung. Obschon die insoweit bereits zur vollendeten Vollstreckungsvereitelung angestellten Überlegungen nur bedingt weiterhelfen, weil nunmehr freilich nicht an eine vom Schuldner (vorsätzlich) herbeigeführte Fruchtlosigkeit der Zwangsvollstreckung angeknüpft werden kann, so lassen sich hieraus doch jedenfalls gewisse Rückschlüsse auch für die Fälle der drohenden Vollstreckungsvereitelung ziehen.

(1) Vertrauensverlust in die Herausgabebereitschaft des Besitzers und Zweifel an den Erfolgsaussichten einer Herausgabevollstreckung

Begeht der Besitzer vor oder während des Prozesses eine Verhaltenspflichtverletzung, die nach bisherigen Erkenntnissen einen Übergang vom vindikatorischen Herausgabeanspruch zum Schadensersatz nach § 282 zu rechtfertigen vermag („Beiseiteschaffen", arglistige Täuschung), so wird man wie im Falle einer vollendeten Vollstreckungsvereitelung[173] vermuten dürfen, dass auf Seiten des Eigentümers sowohl ein bis dahin womöglich noch vorhandenes (Rest-)Vertrauen in die Herausgabebereitschaft des Besitzers endgültig verlustig geht als auch erhebliche Zweifel an den Erfolgsaussichten einer Herausgabevollstreckung begründet werden.

---

[172] Vgl. hierzu bereits die Ausführungen zu § 281, insbes. B. III. 3. b) aa) sowie B. I. 3.
[173] Vgl. C. II. 2.

Obgleich die Situation insoweit derjenigen einer vollendeten Vollstreckungsvereitelung ähnelt, so erscheint es doch verfehlt, allein hierin einen für § 282 haftungsbegründenden Tatbestand zu erblicken. Denn selbst dann, wenn der Besitzer die Sache trotz eines Zustands, der auf eine drohende Zwangsvollstreckung objektiv schließen lässt, „beiseiteschafft", wird man die für § 282 erforderliche Unzumutbarkeit jedenfalls nicht stets und ohne Weiteres annehmen können. Insbesondere in Fallkonstellationen, in denen der Besitzer grob fahrlässig von seiner Berechtigung ausgeht,[174] kann dies zweifelhaft sein, weil er bei derartigen Sachlagen gerade nicht um die Pflichtwidrigkeit seines Verhaltens *weiß*, weshalb zumindest die Wesentlichkeit der Pflichtverletzung in Frage steht.[175]

(2) Positive Kenntnis des Besitzers vom Mangel seines Besitzrechts

So zeichnen sich die Fälle der vollendeten Vollstreckungsvereitelung gerade auch dadurch aus, dass der Besitzer durch die einer Zwangsvollstreckungsmaßnahme zwingend vorausgehende Herausgabeverurteilung vom Fehlen seines Besitzrechts positiv in Kenntnis gesetzt wird,[176] bevor er die zur Unzumutbarkeit führende Handlung vornimmt. Für den Übergang von § 985 zum Schadensersatz statt der Leistung erscheint dies auch und gerade mit Blick auf die Systematik des Eigentümer-Besitzer-Verhältnisses kongruent und sachgerecht, weshalb die Annahme der Unzumutbarkeit gemäß § 282 im Rahmen einer Vindikationslage ganz grundsätzlich von dieser schärferen Form der Bösgläubigkeit abhängig gemacht werden sollte. Hierdurch wäre die Einstandspflicht des unrechtmäßigen Besitzers zugleich um eine weitere Stufe ergänzt, ohne zu sehr in das Gefüge der §§ 987 ff. einzugreifen, die sich gerade durch ein abgestuftes Haftungssystem auszeichnen, das durch die Kategorisierung in „Besitzertypen" (verklagter, bösgläubiger und deliktischer Besitzer) gekennzeichnet und mit deren unterschiedlicher Schutzwürdigkeit zu rechtfertigen ist. Eine weitergehende Differenzierung der beiden Kategorien der Bösgläubigkeit bietet mithin gerade eine sachnahe und dementsprechend geeignete Lösung, um eine über die reine Verzugshaftung der §§ 990 Abs. 2, 286 hinausgehende Verantwortlichkeit des Besitzers bei fort-

---

174 *Beispiel:* Der unerfahrene *B* erwirbt im Rahmen eines Privatkaufs von *D* einen Pkw. Hierbei lässt er sich das Original der Zulassungsbescheinigung Teil II (ehem. Fahrzeugbrief) nicht vorlegen, weil diese angeblich verloren gegangen ist. Das Fahrzeug wurde dem *E* durch *D* gestohlen. *E* verlangt Herausgabe und mahnt *B* zudem gemäß § 286 Abs. 1. *B* geht weiterhin – freilich grob fahrlässig (vgl. BGH, NJW 1975, 735) – davon aus, dass er Eigentümer des Fahrzeugs geworden ist und bringt es deshalb vor *E* „in Sicherheit", indem er es bei einem dem *E* unbekannten Freund unterstellt.

175 Vgl. Staudinger/*Schwarze* (2014), § 282 Rn. 34 a. E.

176 Die Rechtskraft des Urteils ist für die Kenntnis *nicht* erforderlich: BGH, NJW 1999, 954, 955; OLG Karlsruhe, BeckRS 2015, 07254, (Rn. 41).

bestehender Herausgabemöglichkeit zu etablieren und entspricht zugleich den Vorgaben des § 282, wonach dem Verschuldensgrad für die Bestimmung der Unzumutbarkeit erhebliche Bedeutung zukommt.[177]

Mit der zuletzt genannten Vorschrift steht somit ein Instrument zur Verfügung, den grob fahrlässig in Unkenntnis befindlichen Besitzer im Vergleich zum vorsätzlich (oder gar arglistig sittenwidrig) Handelnden zu privilegieren, weil eine Substanzwerthaftung gemäß § 282 allenfalls bei positiver Kenntnis vom Mangel des Besitzrechts in Betracht kommt. Ein solches Vorgehen erscheint mit Blick auf das Regelungskonzept der §§ 987 ff. nicht nur weniger eingriffsintensiv als der Weg über § 281, sondern trägt darüber hinaus zu einer stärkeren Einzelfallgerechtigkeit bei. Denn obgleich derjenige, der sich hinsichtlich seiner Rechtsposition grob fahrlässig in Unkenntnis befindet, nach der Wertung der §§ 990 Abs. 1, 932 Abs. 2[178] als ebenso bösgläubig anzusehen ist wie der um seine fehlende Berechtigung wissende Besitzer, ist eine erhöhte Schutzwürdigkeit des Erstgenannten nicht ernsthaft in Zweifel zu stellen, weshalb dessen Privilegierung im Vergleich zum Letztgenannten sachlich ohne Weiteres zu rechtfertigen ist. Weil weder § 990 Abs. 2 noch § 281 zwischen grober Fahrlässigkeit und positiver Kenntnis unterscheiden, ließe sich eine solch weitergehende Differenzierung der Kategorie des unredlichen Besitzers und die damit einhergehende abgestufte Haftungsintensität innerhalb der Rubrik der Bösgläubigkeit ohne die Heranziehung des § 282 dogmatisch nicht oder doch jedenfalls nur über die Kategorie der „Billigkeit" herleiten. Gerade hierin zeigt sich das Potential der zuletzt genannten Vorschrift als sinnvolle Ergänzung des besonderen Leistungsstörungsrechts des Eigentümer-Besitzer-Verhältnisses.

Dem insoweit beweisbelasteten Eigentümer wird zu raten sein, Mahnung oder Klageschrift derart bestimmt und mit liquiden Beweismitteln auszugestalten, dass der Besitzer hierdurch nicht nur in Verzug gerät, sondern zugleich über den Mangel seines Besitzrechts in einem Maße aufgeklärt wird, dass sich ein redlich denkender Mensch der Überzeugung hiervon nicht verschließen kann,[179] weil er sich dann jedenfalls so behandeln lassen muss, als wüsste er um die wahre Rechtslage.[180]

---

177 Vgl. nur Staudinger/*Schwarze* (2014), § 282 Rn. 34 a. E. (Vorsatz und Arglist begründen stets Unzumutbarkeit).

178 Zur Ausrichtung der Bösgläubigkeit im Sinne des § 990 Abs. 1 an § 932 vgl. nur: Staudinger/*Gursky* (2012), § 990 Rn. 10 m. w. N.; Jauernig/*Berger*, 17. Aufl. 2018, § 990 Rn. 2; MüKo/*Raff*, BGB, 7. Aufl. 2017, § 990 Rn. 3; BeckOGK/*Spohnheimer*, BGB, 1.7.2018, § 990 Rn. 31; BeckOK/*Fritzsche*, BGB, 47. Ed. 1.8.2018, § 990 Rn. 6.

179 Im oben gebildeten Beispiel (C. Fn. 174) wäre dem *E* zu raten, dem *B* im Rahmen der Mahnung den Fahrzeugbrief, in dem er (*E*) als Halter eingetragen ist, sowie ggf. den Kaufvertrag über den Pkw vorzulegen.

180 BGHZ 26, 256, 260 = NJW 1958, 668.

b) Besitzerlangung durch verbotene Eigenmacht oder Straftat

Endlich dürfte eine Substituierung der Vindikation in einen Schadensersatz statt der Leistung gemäß § 282 im Vorfeld einer fruchtlosen Herausgabevollstreckung auch in Betracht zu ziehen sein, wenn der Besitzer die Sache im Sinne des § 992 durch verbotene Eigenmacht oder gar durch Straftat erlangt hat. Denn der damit angesprochene deliktische Besitzer wäre ansonsten bessergestellt als derjenige, der sich den Besitz zwar nicht durch unerlaubte Handlung verschafft hat, die Sache aber auf eben solche Weise zu behalten versucht. Bei Beachtung der bisher zu § 282 herausgearbeiteten Grundsätze dürfte dies kaum zu rechtfertigen sein, was nachfolgend aufzuzeigen sein wird.

aa) Vorfrage: Deliktische Besitzerlangung als Nebenpflichtverletzung im Sinne des § 282?

Problematisch erscheint zunächst, dass § 282 grundsätzlich die Verletzung einer bereits bestehenden Verhaltenspflicht und damit denklogisch die Existenz eines Schuldverhältnisses im Zeitpunkt der Zuwiderhandlung voraussetzt, welches eine derartige Pflicht auszulösen vermag. Weil jedoch durch die unerlaubte Handlung erst die Vindikationslage herbeigeführt wird, entsteht ein solches bestenfalls zeitgleich mit der Tatbegehung.[181]

Dieser Umstand dürfte einem entsprechenden Übergang vom vindikatorischen Herausgabeanspruch zum Schadensersatz indes schon deshalb nicht entgegenstehen, weil nach zutreffender Ansicht für § 282 sogar Verhaltensweisen in Betracht kommen, die sich zeitlich *vor* der Entstehung des jeweiligen Schuldverhältnisses zugetragen haben. Namentlich vermag daher auch die Verletzung einer Pflicht aus einem vorvertraglichen Schuldverhältnis (§§ 311 Abs. 2, 241 Abs. 2) einen Schadensersatzanspruch aus §§ 280, 282 auszulösen, sofern der Gläubiger vom pflichtwidrigen Schuldnerverhalten erst nach Vertragsschluss Kenntnis erlangt.[182] Wenn jedoch bereits das Fortwirken einer vorgelagerten Pflichtverletzung für § 282 als hinreichend zu erachten ist, so dürfte dies erst recht gelten, wenn eine solche das Schuldverhältnis sogar zur Entstehung bringt.

---

[181] Soergel/*Stadler*, 13. Aufl. 2006, Vor § 987, dort Fn. 6; BeckOGK/*Spohnheimer*, BGB, 1.7.2018, § 985 Rn. 20 (bloße Vindikationslage ausreichend); differenzierend: Staudinger/*Gursky* (2012), Vorbem zu §§ 987–993 Rn. 37; NK/*Schanbacher*, BGB, 3. Aufl. 2013, § 985 Rn. 1; MüKo/*Raff*, BGB, 7. Aufl. 2017, § 989 Rn. 1 (Eigentümer-Besitzer-Verhältnis jedenfalls sofern verbotene Eigenmacht bösgläubig im Sinne des § 990 Abs. 1 erfolgt); vgl. zudem: A. I.

[182] Str., so wie hier die wohl h. M.: Soergel/*Benicke/Hellwig*, 13. Aufl. 2014, § 282 Rn. 21; MüKo/*Ernst*, BGB, 7. Aufl. 2016, § 324 Rn. 6; a. A.: Jauernig/*Stadler*, 17. Aufl. 2018, § 282 Rn. 4 und § 324 Rn. 4.

Selbst wenn man zur Begründung einer obligatorischen Sonderbeziehung nicht bereits die Herbeiführung der Vindikationslage ausreichen lässt, sondern darüber hinaus noch den Eintritt von Rechtshängigkeit oder Bösgläubigkeit auf Seiten des Besitzers fordert,[183] ändert sich hieran nichts. In diesem Fall entsteht das für § 282 erforderliche (gesetzliche) Schuldverhältnis zwar nicht notwendigerweise schon durch die unerlaubte Handlung, weil jedenfalls bei deren einfach fahrlässiger Begehung von Unredlichkeit im Sinne des § 990 Abs. 1 nicht die Rede sein kann (§ 932 Abs. 2). Die rechtswidrige Besitzergreifung wirkt aber zumindest in ein später etwa durch „Bösgläubigwerden" begründetes Eigentümer-Besitzer-Verhältnis insoweit fort, als ein solches ohne das zuvor begangene Delikt nicht entstanden wäre. Dies ist wiederum vergleichbar mit der den Anforderungen des § 282 genügenden Verletzung einer vorvertraglichen Pflicht, die erst nach Vertragsschluss aufgedeckt wird.

bb) Unzumutbarkeit gemäß § 282 bei verbotener Eigenmacht oder Straftat

(1) Rechtswidrige Besitzerlangung trotz positiver Kenntnis

Die darüber hinaus von § 282 vorausgesetzte Unzumutbarkeit des Festhaltens an der Vindikation dürfte ohne Weiteres anzunehmen sein, wenn die verbotene Eigenmacht oder Straftat in positiver Kenntnis der fehlenden Berechtigung und daher vorsätzlich arglistig geschieht. Dies ist insbesondere deshalb von eigenständiger Bedeutung, weil der Tatbestand der verbotenen Eigenmacht im Sinne der §§ 992, 858 auch dann zu bejahen ist, wenn die Wegnahme der Sache etwa in dem irrigen Glauben erfolgte, es handele sich um die eigene, oder wenn bei Besitzerwerb leicht fahrlässig angenommen wurde, der Eigentümer sei mit der Inbesitznahme einverstanden.[184] Die positive Kenntnis des Schuldners vermag mithin dessen durch die Heranziehung des § 282 begründete Schlechterstellung zu rechtfertigen, während gemäß § 992 auch der fahrlässig handelnde Besitzer nach deliktsrechtlichen Grundsätzen einzustehen hat.

Hinzukommt, dass der Dieb ohne Weiteres gemäß §§ 990 Abs. 2, 286 Abs. 2 Nr. 4 in Verzug mit der Herausgabe der gestohlenen Sache gerät *(fur semper in mora)* [185] und bei vorsätzlicher Tatbegehung ein Vertrauen des Eigentümers in die Person des Besitzers und in dessen Herausgabebereitschaft stets fehlen wird,

---

183 So etwa Staudinger/*Gursky* (2012), Vorbem zu §§ 987–993 Rn. 37; NK/*Schanbacher*, BGB, 3. Aufl. 2013, § 985 Rn. 1; MüKo/*Raff*, BGB, 7. Aufl. 2017, § 989 Rn. 1.

184 Vgl. nur BeckOK/*Fritzsche*, BGB, 47. Ed. 1.8.2018, § 992 Rn. 7.

185 Vgl. nur BGH, NJW-RR 2008, 918, 919 (§ 826); LG Frankfurt a. M., BeckRS 2016, 117375 (§ 242 StGB).

weil der sich nach § 242 StGB strafbar machende Täter die Sache dem Eigentümer gerade auf Dauer entziehen will (Enteignungsvorsatz).[186]

(2) Fahrlässige Tatbegehung und nachträglich eintretende positive Kenntnis

Inwieweit das soeben Gesagte auch auf denjenigen zu übertragen ist, der die unerlaubte Besitzergreifung lediglich aufgrund von Fahrlässigkeit vornimmt und erst nachträglich positive Kenntnis vom Mangel seines Rechts erlangt, erscheint indes fraglich.

Zwar führt nach herrschender Ansicht auch die fahrlässige Sachentziehung gemäß § 286 Abs. 1 Nr. 4 automatisch zum Verzug des herausgabepflichtigen Schuldners.[187] Ob dies jedoch mit Blick auf die Wertung des § 990 Abs. 2 zutreffend ist, darf bezweifelt werden. Die im Zusammenhang mit § 286 Abs. 2 Nr. 4 oftmals zitierte[188] Entscheidung des BGH[189] hilft insoweit nicht weiter, als dort zwar auf die rechtswidrige Erlangung abgestellt wird, allerdings im Rahmen des § 826, der allein die vorsätzliche Begehung erfasst. Zudem ging es hierbei nicht um die Entziehung einer Sache, sondern um rechtswidrig vorgenommene Überweisungen eines Gesellschafters auf dessen Konto zu Lasten der Gesellschaft, so dass die Wertungen der §§ 987 ff. gar keine Rolle spielen konnten. Auch die der Bestimmung des § 286 Abs. 2 Nr. 4 zugrundeliegende Maxime *fur semper in mora* vermag hieran nichts zu ändern, weil diese nur besagt, dass der mit Aneignungsabsicht und Enteignungsvorsatz handelnde Dieb automatisch in Verzug mit der Sachherausgabe geraten soll.[190]

Da die Anwendung des § 286 Abs. 2 Nr. 4 aber wegen der rechtswidrigen Sacherlangung zumindest mit dem Eintritt der Kenntnis vom Mangel des Besitzrechts gerechtfertigt erscheint[191] und sich der Eigentümer ohnehin meist einer Mahnung bedienen wird (diese sollte hinreichend mit Beweismitteln ausgestaltet sein, um zugleich etwaige Zweifel an der positiven Kenntnis des Schuldners zu beseitigen[192]), dürfte die Problematik der Verzugsbegründung auch in derartigen Konstellationen nicht allzu große praktische Schwierigkeiten bereiten.[193]

---

[186] BeckOK/*Wittig*, StGB, 37. Ed. 1.2.2018, § 242 Rn. 30.

[187] Staudinger/*Löwisch/Feldmann* (2014), § 286 Rn. 90; BeckOK/*Lorenz*, BGB, 47. Ed. 1.8.2018, § 286 Rn. 38; Jauernig/*Stadler*, 17. Aufl. 2018, § 286 Rn. 30; MüKo/*Ernst*, BGB, 7. Aufl. 2016, § 286 Rn. 70 (jew. jede „unerlaubte Handlung").

[188] Vgl. nur Soergel/*Benicke/Hellwig*, 13. Aufl. 2014, § 286 Rn. 109; Erman/*Hager*, 15. Aufl. 2017, § 286 Rn. 48; Palandt/*Grüneberg*, 77. Aufl. 2018, § 286 Rn. 25.

[189] BGH, NJW-RR 2008, 918.

[190] Vgl. nur LG Frankfurt a. M., BeckRS 2016, 117375.

[191] Vgl. MüKo/*Ernst*, BGB, 7. Aufl. 2016, § 286 Rn. 70 (zu § 819).

[192] Hierzu bereits: C. II. 4. a) bb) (2).

[193] Vgl. etwa BGHZ 26, 256, 260 = NJW 1958, 668.

Eine Haftung des fahrlässigen Deliktsbesitzers gemäß § 282 erscheint jedoch insoweit von den bisher in den Blick genommenen Verhaltenspflichtverletzungen („Beiseiteschaffen" zum Zwecke der Vereitelung der Herausgabevollstreckung, arglistige Täuschung, Diebstahl) abzuweichen, als diese allesamt Vorsatztaten darstellen, die nicht zuletzt auch wegen des erhöhten Verschuldensvorwurfs eine Unzumutbarkeit im Sinne § 282 zu begründen vermögen.[194] Eine entsprechende Umwandlung des vindikatorischen Herausgabeanspruchs in einen Schadensersatz statt der Leistung wird man daher in solchen Konstellationen allenfalls dann gelten lassen können, wenn der Besitzer trotz nachträglich eingetretener Kenntnis die Sache gebraucht und hiermit erhebliche Werteinbußen einhergehen oder deren Standort gegenüber dem Eigentümer verheimlicht oder seinen Besitz fortan leugnet. Denn einer unterlassenen Herausgabe kann erst dann der für § 282 erforderliche Unwert beigemessen werden (§ 246 StGB),[195] der in Verbindung mit der fahrlässig rechtswidrigen Besitzerlangung die Unzumutbarkeit des Festhaltens an der Vindikation zu begründen vermag. Freilich dürfte gerade in den beiden letztgenannten Konstellationen (Verheimlichen, Leugnen) die Grenze zur Fallgruppe der drohenden Vollstreckungsvereitelung fließend sein.

c) Zwischenergebnis

§ 282 ist nach alldem neben der vollendeten Vollstreckungsvereitelung auch vor fruchtloser Durchführung einer Herausgabevollstreckung anwendbar, wenn der Besitzer trotz positiver Kenntnis der Rechtslage vollstreckungsvereitelnde Maßnahmen zu einem Zeitpunkt vornimmt, in dem objektiv eine Zwangsvollstreckungsmaßnahme seitens des Eigentümers droht. Ein derartiges „Drohen" kann schon (aber auch erst) dann angenommen werden, wenn die Voraussetzungen der §§ 990 Abs. 2, 286 vorliegen, weil die hierfür zwingend erforderliche Verbindung von Verzugseintritt einerseits und Bösgläubigkeit des Besitzers andererseits die Annahme eines objektiven „Bevorstehens" von Vollstreckungsmaßnahmen sachlich gerechtfertigt erscheinen lässt.

§ 282 kommt zudem in Betracht, wenn sich der Schuldner den Besitz an der Sache durch verbotene Eigenmacht oder Straftat verschafft hat und um den Mangel seines Besitzrechts weiß, wobei bei erst später eintretender Kenntnis weitere Umstände (etwa im Sinne von § 246 StGB) hinzutreten müssen, die einen Verlust des Vertrauens in die Person des Besitzers und dessen Herausgabebereitschaft rechtfertigen.

---

[194] Vgl. nur Staudinger/*Schwarze* (2014), § 282 Rn. 34 a. E. (Vorsatz und Arglist begründen stets Unzumutbarkeit).

[195] Zu den Anforderungen einer Unterschlagung: BGH, BeckRS 2013, 06121; MüKo/*Hohmann*, StGB, 3. Aufl. 2017, § 246 Rn. 25 m. zahlr. w. N.

Über § 282 lassen sich mithin insgesamt die haftungsbegründenden Besitzformen der §§ 987 ff. – verklagt, bösgläubig, deliktisch – um eine weitere Kategorie – unzumutbar – ergänzen.

III. Ausgleichsansprüche

1. § 255 analog

Zur umfassenden Vermeidung einer Bereicherung des Eigentümers,[196] und weil sich Eigentum und Herausgabeanspruch nur in einer Hand befinden können,[197] muss mit der Entstehung der Schadensersatzpflicht sowohl bei Unauffindbarkeit der Sache gemäß § 989 als auch im Rahmen des § 282 ein Anspruch des Besitzers auf Übereignung des Vindikationsgegenstandes analog § 255 einhergehen.[198]

Die hierzu erforderliche vergleichbare Interessenlage ist anzunehmen. Denn im Gegensatz zum Regelfall des § 281, in dem der Eigentümer die Person des Besitzers und damit meist auch den Belegenheitsort der Sache kennen wird,[199] ist den verbleibenden Konstellationen (Vollstreckungsvereitelung, Diebstahl, Unterschlagung, sonstige Unauffindbarkeit) gemein, dass die Sache für den Eigentümer besonders schwer erreichbar bzw. eine erfolgreiche Vollstreckung des Herausgabetitels mit großen Unsicherheiten verbunden ist. Der Zweck des § 255, dem Eigentümer ein Hilfsmittel zur Auflösung solch ungewisser Lagen an die Hand zu geben,[200] kann in derartigen Fällen mithin sehr gut erfüllt werden.

Andererseits und umgekehrt zeigen sich gerade hier die bereits bei § 281 dargestellten Wertungswidersprüchlichkeiten besonders deutlich, die mit einer analogen Heranziehung des § 255 einhergehen.[201] Denn vom Grundsatz her soll ein unfreiwilliger Sachverlust nicht auch zur Einbuße des Eigentums führen.[202] Die verbleibenden Sachverhalte sind hingegen gerade dadurch gekennzeichnet, dass sich der Eigentümer aufgrund des schuldnerischen Verhaltens mehr oder weniger *gezwungen* sieht, von § 985 auf Schadensersatz überzugehen und so seine Pflicht zur Übereignung der Sache analog § 255 zu begründen. Das insoweit an früherer

---

[196] Hierzu: B. II. 3.

[197] Hierzu: B. II. 1 und insbes. 2.

[198] Allgemein zu diesen Zweckrichtungen des § 255: Staudinger/*Bittner* (2014), § 255 Rn. 21 m. w. N.; *Roth*, FS Medicus, 495, 496; konkret zu § 989: Staudinger/*Gursky* (2012), § 989 Rn. 26; MüKo/*Raff*, BGB, 7. Aufl. 2017, § 989 Rn. 9; Palandt/*Herrler*, § 989 Rn. 6; vgl. zudem: B. II.

[199] Hierzu bereits: B. II. 4. c) aa).

[200] Vgl. B. II. 4. c) aa) (1).

[201] Vgl. B. II. 4. c) bb).

[202] Vgl. B. II. 4. c) bb) (2).

Stelle[203] noch wirksame Argument, dass der Eigentümer jedenfalls im Regelfall des (als anwendbar unterstellten) § 281 aus reiner Bequemlichkeit Schadensersatz verlangt, greift mithin nicht mehr durch. Im Gegenteil kann dem Eigentümer ein fortbestehendes schützenswertes Interesse an der Rückerlangung der Sache selbst dann nicht abgesprochen werden, wenn er (zunächst) deren Substanzwert gemäß § 282 oder § 989 Var. 3 ersetzt bekommt.[204] Denn gerade in den in diesem Zusammenhang aufgezeigten Konstellationen[205] liegt es nahe, dass der Eigentümer die Geldleistung nur deshalb akzeptiert, um nicht gänzlich mit leeren Händen dazustehen. Dieser Interessenkonflikt könnte freilich gegen eine entsprechende Übereignungspflicht des Eigentümers ins Feld geführt werden.

Im Ergebnis erscheint eine analoge Heranziehung des § 255 indes auch hier rechtfertigbar. Es darf nämlich nicht verkannt werden, dass dem Gläubiger durch eine Eigentumsübertragung auf den Schuldner auch gewichtige Vorteile erwachsen. Denn zum einen rechtfertigt sich gerade hieraus die Ersatzfähigkeit des vollen Verlustschadens im Sinne einer Substanzwerthaftung.[206] Zum zweiten geht mit der Eigentumsübertragung auch das Durchsetzungsrisiko des § 985 auf den Schuldner über, wenn sich die Sache etwa tatsächlich nicht mehr in dessen, sondern im unmittelbaren Besitz eines Dritten befindet.[207]

Dem berechtigten Interesse des Eigentümers, die Sache im Falle des Wiederauftauchens zurückzuerhalten, kann indes – wie nachfolgend aufzuzeigen sein wird – auch anderweitig hinreichend Rechnung getragen werden.

2. Rechte des Eigentümers bei Wiedererreichbarkeit der Sache

a) § 812 Abs. 1 S. 2 Alt. 1

Schließlich erscheint es in den verbleibenden Konstellationen denkbar, dem Gläubiger bei Wiederauftauchen der Sache einen bereicherungsrechtlichen Rückübereignungsanspruch gemäß § 812 Abs. 1 S. 2 Alt. 1 zu gewähren. Dies gilt sowohl im Anwendungsbereich des § 282, als auch bei hilfsweiser Verurteilung des Schuldners gemäß §§ 985, 989 Var. 3, wenn dieser die Sache aufgrund von Fahrlässigkeit nicht mehr auffinden kann.[208] Denn anders als in den Fallgestaltungen, in denen sich der Eigentümer wegen bloßen Fristablaufs für das Interesse entscheidet, etwa um nicht einen langwierigen Vindikationsprozess

---

[203] B. II. 4. c) bb) (3).

[204] Hierzu bereits B. II. 4. c) bb) (2); vgl. zudem: MüKo/*Oetker*, BGB, 7. Aufl. 2016, § 255 Rn. 18.

[205] Vgl. C. I. und II.

[206] Staudinger/*Bittner* (2014), § 255 Rn. 19; vgl. zudem: B. II. 4.

[207] Vgl. *Roth*, FS Medicus, 495, 502.

[208] Hierzu: C. I. 1 und 2.

bzw. – im Anschluss an einen solchen – eine mögliche und erfolgsversprechende Herausgabevollstreckung betreiben zu müssen,[209] ist bei derartigen Sachlagen vom Wegfall des der Übereignung zugrundeliegenden Rechtsgrundes auszugehen, wenn der Gläubiger die Sache zu einem späteren Zeitpunkt wieder erreichen kann.[210] Der Schadensersatzanspruch und damit auch das aus § 255 analog folgende Substrat der Eigentumsübertragung ginge nämlich mit der Rückerlangung der Sache nachträglich verloren. In den einschlägigen Konstellationen begehrt der Eigentümer das Interesse schließlich nur deshalb, weil ihm die Sache rechtswidrig entzogen bzw. der Zugriff auf diese unrechtmäßig verwehrt wird.[211]

Entsprechendes gilt konsequenterweise für den Fall, dass die Sache nach der Übereignung und vor Geltendmachung des Bereicherungsanspruchs wieder (zufällig) in den Besitz des ehemaligen Eigentümers gelangt. Dieser ist dann gemäß § 242 befugt, die Herausgabe gegenüber dem neuen Eigentümer zu verweigern, weil Letzterer ohnehin verpflichtet ist, die Sache gemäß § 812 Abs. 1 S. 2 Alt. 1 alsbald wieder zurückzuübereignen (dolo agit, qui petit, quod statim redditurus est).[212]

b) Wahlrecht gemäß § 242

Die rechtliche Grundlage eines bereits geleisteten Schadensersatzes darf hiervon freilich nicht unberührt bleiben. Denn der Geschädigte wäre überkompensiert, wenn er neben der Ersatzleistung die Sache auf Grundlage des § 812 Abs. 1 S. 2 Alt. 1 behalten bzw. zurückfordern könnte. Weil der Gläubiger insbesondere in den Fällen des § 282, aber auch bei sonstiger schuldhafter Unauffindbarkeit der Sache in besonderem Maße schutzwürdig erscheint, wird man ihm in derart gelagerten Fällen ein Wahlrecht gemäß § 242 zu gewähren haben, demgemäß er die Sache entweder Zug um Zug gegen (anteilige, weil vom Zustand der Sache abhängige) Rückzahlung des Geldes zurückverlangen oder sich mit dem Schadensersatz begnügen kann.[213] Dem Schuldner steht eine derartige Wahl freilich mangels Schutzwürdigkeit nicht zu, so dass er allenfalls Herausgabe nach § 985 verlangen kann, wenn sich der Gläubiger weiterhin für die Ersatzleistung entscheidet.[214]

---

[209] Zur Kondiktionsfestigkeit der Übereignung in derartigen Konstellationen: B. II. 4. c) bb) (2).

[210] Vgl. nur Staudinger/*Bittner* (2014), § 255 Rn. 22 a. E.; Soergel/*Forster*, 13. Aufl. 2014, § 255 Rn. 9; NK/*Knöfler*, BGB, 3. Aufl. 2016, § 255 Rn. 9; Palandt/*Grüneberg*, 77. Aufl. 2018, § 255 Rn. 9; zur Situation bei § 281: B. II. 4. c) bb) (2) a. E.

[211] Vgl. BeckOK/*Lorenz*, BGB, 47. Ed. 1.8.2018, § 255 Rn. 10 a. E.

[212] Vgl. NK/*Knöfler*, BGB, 3. Aufl. 2016, § 255 Rn. 9.

[213] NK/*Knöfler*, BGB, 3. Aufl. 2016, § 255 Rn. 9; so im Erg. auch: Soergel/*Forster*, 13. Aufl. 2014, § 255 Rn. 9; Staudinger/*Bittner* (2014), § 255 Rn. 22; Palandt/*Grüneberg*, 77 Aufl. 2018, § 255 Rn. 9 (jeweils ohne Nennung einer Rechtsgrundlage).

[214] Soergel/*Forster*, 13. Aufl. 2014, § 255 Rn. 9; NK/*Knöfler*, BGB, 3. Aufl. 2016, § 255 Rn. 9; Palandt/*Grüneberg*, 77 Aufl. 2018, § 255 Rn. 9.

c) Verjährung

Die Beschränkung auf einen bereicherungsrechtlichen Rückabwicklungsanspruch stellt insbesondere in verjährungsrechtlicher Hinsicht keine unzumutbare Benachteiligung des einstigen Eigentümers dar. Zwar verjähren Bereicherungsansprüche grundsätzlich gemäß §§ 195, 199 innerhalb von drei Jahren zum Jahresende,[215] so dass § 812 weit hinter der dreißigjährigen Verjährungsfrist des § 985 gemäß § 197 Abs. 1 Nr. 2 zurückbleibt. Weil jedoch die Verjährung des Bereicherungsanspruchs erst zu besorgen ist, wenn und sobald der Bereicherungsgläubiger von den anspruchsbegründenden Umständen und der Person des Schuldners Kenntnis erlangt oder ohne grobe Fahrlässigkeit hätte erlangen müssen (§ 199 Ab. 1),[216] dürfte dies jedenfalls im Ergebnis dennoch nicht zu unbilligen Ergebnissen führen. Denn die Verjährungsfrist beginnt in den hier interessierenden Fällen nicht zu laufen, bevor der einstige Eigentümer weiß oder grob fahrlässig nicht weiß, wo sich die Sache befindet bzw. wer diese aktuell besitzt. Solange die Sache jedoch nicht aufzufinden ist, bleibt auch die Option, nach § 812 vorzugehen, unberührt, weil ihm ein früheres Handeln wegen der unübersichtlichen und zweifelhaften Sachlage, die solchen Konstellationen typischerweise zugrunde liegt, nicht zuzumuten ist.[217]

Hinzunehmen ist freilich, dass die Möglichkeit des einstigen Eigentümers, die Sache nach § 812 herauszuverlangen, gemäß § 199 Abs. 4 jedenfalls nach zehn Jahren ausgeschlossen ist.

IV. Vorteile des Weges über § 282 und abschließende Überlegungen

Neben der bereits aufgezeigten Möglichkeit, eine hohe Einzelfallgerechtigkeit herstellen zu können, erweist sich § 282 auch im Übrigen als *das* geeignete Instrumentarium, um die Substituierung des § 985 zu ermöglichen, ohne zugleich schutzwürdige Belange des Besitzers preiszugeben. Wie bereits umfassend dargestellt wurde und im Folgenden noch anhand einzelner Punkte zu verdeutlichen sein wird, bietet sich hierdurch insbesondere die Gelegenheit, dem das Eigentümer-Besitzer-Verhältnis prägenden Gedanken eines umfassenden Interessenausgleichs sowie den Besonderheiten der Vindikation in angemessener Weise Rechnung zu tragen.

---

215 BGHZ 203, 115, 126 f. = NJW 2014, 3713, 3715; MüKo/*Schwab*, BGB, 7. Aufl. 2017, § 812 Rn. 528.

216 MüKo/*Schwab*, BGB, 7. Aufl. 2017, § 812 Rn. 528.

217 Vgl. BGHZ 203, 115, 128 f. (Rn. 35) = NJW 2014, 3713.

1. Keine willkürliche Umgehung der rechtstechnischen Schutzmechanismen des Eigentümer-Besitzer-Verhältnisses

Anders als bei § 281 ist die Option des Eigentümers, vom vindikatorischen Herausgabeanspruch zum Schadensersatz gemäß § 282 überzugehen, durch das Erfordernis der Unzumutbarkeit *objektiv* begrenzt und daher nur in Ausnahmefällen denkbar. Hierdurch kann in erster Linie der an verschiedenen Stellen[218] bereits dargestellten Gefahr einer *willkürlichen* Umgehung der in den §§ 987 ff. verankerten rechtstechnischen Schutzmechanismen entgegengetreten werden. Insbesondere besteht bei § 282 nicht die Gefahr, dass der Eigentümer die Herausgabeklage nur erhebt, um die Anwendungsvoraussetzungen des § 281 (Rechtshängigkeit[219]) herbeizuführen und sodann auf das Interesse überzugehen (§ 264 Nr. 3 ZPO).

2. Kein Widerspruch zu den Wertungen des § 990 Abs. 2

a) Die beschränkte Haftung des Besitzers wegen Verzögerung der Herausgabe

Wie bereits an früherer Stelle[220] dargelegt wurde, richten sich die Bestimmungen des Eigentümer-Besitzer-Verhältnisses nicht zuletzt auch auf die Wahrung der im Zeitpunkt der Vindikationslage bestehenden Eigentumsverhältnisse, ein Ziel, das insbesondere durch den Vorrang der Sachherausgabe erreicht werden soll. Der Bestimmung des § 990 Abs. 2 kommt insoweit herausragende Bedeutung zu, als ihr die gesetzliche Wertung zu entnehmen ist, dass der das Eigentum verkörpernde Anspruch aus § 985 von bloßen Leistungsverzögerungen grundsätzlich unberührt bleiben soll. Nicht zuletzt deshalb widerspricht § 281 der Gesamtkonzeption des Eigentümer-Besitzer-Verhältnisses, weil mithilfe dieser Vorschrift eine systemfremde Substanzwerthaftung wegen verspäteter Herausgabe für eine Vielzahl von Fällen möglich wäre, die mittelbar wegen der damit einhergehenden Übereignungspflicht des Vindikanten gemäß § 255 analog[221] letztlich auch Auswirkungen auf die dingliche Rechtslage zeitigen würde. Obgleich § 282 auf Rechtsfolgenebene mit § 281 identisch ist, so knüpft erstere Norm doch gerade nicht an eine Verzögerung der Leistung, sondern an eine im Eigentümer-Besitzer-Verhältnis nicht sanktionierte Verhaltenspflichtverletzung an, weshalb ein Widerspruch zu der in § 990 Abs. 2 abschließend geregelten beschränkten Haftung des unrechtmäßigen Besitzers wegen verzögerter Herausgabe insoweit

[218] Vgl. insbes. B. III. 1.–4.

[219] Eine solche ist jedenfalls nach Ansicht des BGH für die Anwendung des § 281 ausreichend, vgl. BGHZ 209, 270 (Ls.) = NJW 2016, 3235 (m. Anm. *Kaiser*).

[220] B. III. 3. b) aa) (2).

[221] Hierzu: B. II. 4. c).

nicht besteht. Im Übrigen verhielte sich derjenige, der in Kenntnis seines fehlenden Rechts die Herausgabevollstreckung vereitelt oder zu vereiteln versucht, die Sache stiehlt oder unterschlägt, widersprüchlich im Sinne von § 242, wenn er sich nach der Vornahme einer solchen Handlung darauf berufen würde, dass er nach den Regeln des Eigentümer-Besitzer-Verhältnisses an sich gar nicht auf den Substanzwert hafte.

b) Keine Bedenken während der Schwebelage

Darüber hinaus sind die Vorteile, die dem Eigentümer während der Schwebelage zwischen der Entstehung des Anspruchs aus § 282 (= Vorliegen der Anspruchsvoraussetzungen[222]) und der Übereignung der Sache potentiell verbleiben,[223] mit Blick auf die zu § 282 entwickelten Grundsätze ohne Weiteres hinzunehmen.

Die im Rahmen des § 281 als äußerst bedenklich einzustufende faktische Zufallshaftung des redlichen Besitzers,[224] die sich mit den Wertungen des Eigentümer-Besitzer-Verhältnis fundamental in Widerspruch setzt, spielt bei § 282 schon keine Rolle, weil gemäß der zuletzt genannten Norm ohnehin nur der Besitzer zur Verantwortung gezogen werden kann, der um sein fehlendes Recht weiß und sich in Verzug befindet. Dieser aber hat ohnehin bereits nach §§ 990 Abs. 2, 286, 287 S. 2 für den zufälligen Untergang der Sache auf Grundlage des § 989 einzustehen.

3. Kein „Ausschluss" des § 985 durch Geltendmachung des § 282

a) Keine analoge Anwendung des § 281 Abs. 4 auf § 282

Wie bereits dargestellt,[225] würde die Geltendmachung des § 281 im Rahmen eines Eigentümer-Besitzer-Verhältnisses wegen des in § 281 Abs. 4 angeordneten „Ausschlusses" des Primäranspruchs strenggenommen zum Erlöschen des § 985 führen. Weil ein Schadensersatzverlangen freilich keine Auswirkungen auf die dingliche Rechtslage haben kann, hätte dies wiederum – bei konsequenter Rechtsanwendung – die faktische Trennung von Stammrecht und Vindikation zur Folge. Da letzteres jedoch nicht möglich ist,[226] zieht gerade auch die Anordnung des § 281 Abs. 4 im Hinblick auf § 985 Schwierigkeiten nach sich, die zu-

---

[222] Vgl. nur Soergel/*Benicke/Hellwig*, 13. Aufl. 2014, § 282 Rn. 44.
[223] Hierzu ausführlich oben: B. II. 3.
[224] Hierzu B. II. 3. e).
[225] Vgl. hierzu B. II. 2.
[226] Vgl. nur BGHZ 60, 235, 240 = NJW 1973, 703; OLG München, NJW-RR 1996, 907; Soergel/*Stadler*, 13. Aufl. 2006, § 985 Rn. 3 m. w. N.; Staudinger/*Gursky*, (2012), § 985 Rn. 3 m. w. N.

mindest nicht in jeder Hinsicht einer rechtsdogmatisch befriedigenden Lösung zugeführt werden können.[227]

Die Anwendung des § 282 würde insoweit freilich keine Verbesserung mit sich bringen, wenn man mit der absolut überwiegenden Meinung[228] § 281 Abs. 4 analog anwendet. Indes gewährt § 282 gerade die Gelegenheit, jedenfalls im Rahmen einer Vindikationslage einen anderen Weg einzuschlagen und so insbesondere die rechtsdogmatische Problematik des in § 281 Abs. 4 an sich angeordneten Untergangs des § 985 zu umgehen. Weil es nämlich bei § 282 an einer entsprechenden Regelung fehlt und eine gesetzliche Verweisung auf § 281 Abs. 4 ebenfalls unterbleibt, wäre zu erwägen, die Geltendmachung des Anspruchs aus § 282 zumindest bei § 985 nicht zum Erlöschen der Primärleistung führen zu lassen,[229] was rechtsdogmatisch einmal mit der Besonderheit des vindikatorischen Herausgabeanspruchs zu begründen wäre, der als Verkörperung des Eigentums mit diesem untrennbar verbunden und daher nicht isoliert „ausgeschlossen" werden kann (§ 985 als bloßer Hilfsanspruch; „ius nudum").[230] Das Schadensersatzverlangen gemäß § 282 würde dann lediglich ein Abwicklungsschuldverhältnis bewirken, ähnlich der Situation beim Rücktritt. Hierdurch wäre der Rechtsanwender – und dies bildet den zweiten dogmatischen Rechtfertigungsgrund für den hier vorgeschlagenen Weg – in die Lage versetzt, den besonders gelagerten Fällen des § 282 Rechnung zu tragen. Denn der Umstand, dass die Verletzung einer Pflicht gemäß § 241 Abs. 2 ganz bewusst aus dem Anwendungsbereich des § 281 ausgegliedert und in die Vorschrift des § 282 Einzug gehalten hat, ist schließlich in erster Linie darauf zurückzuführen, dass den beiden Schadensersatznormen gänzlich unterschiedliche Interessen zugrunde liegen.[231] Denn die Verletzung einer aus § 241 Abs. 2 folgenden Pflicht wirkt sich nicht ohne Weiteres auf das Erfüllungsinteresse aus, weshalb bei § 282 – anders als im Rahmen des § 281 – stets positiv festzustellen ist, worin genau die Pflichtverletzung besteht und wie sich diese im Einzelfall auf das Schicksal des zugrundeliegenden Schuldverhältnisses niederschlägt.[232] Die Handhabung des § 282 erfordert daher ein höheres Maß an Flexibilität als diejenige des § 281, bei dem sich die Pflicht-

[227] Vgl. B. II., insbes. 4. c).

[228] Vgl. nur: Staudinger/*Schwarze* (2014), § 282 Rn. 56; Soergel/*Benicke/Hellwig*, 13. Aufl. 2014, § 282 Rn. 44; Jauernig/*Stadler*, 17. Aufl. 2018, § 282 Rn. 7; MüKo/*Ernst*, BGB, 7. Aufl. 2016, § 282 Rn. 12; BeckOGK/*Riehm*, BGB, 1.9.2018, § 282 Rn. 83.

[229] So etwa *Münch*, JURA 2002, 361, 371 (der jedenfalls auf die erfolgreiche Liquidation des Schadensersatzanspruchs für den Untergang des Primäranspruchs abstellt).

[230] Vgl. hierzu ausführlich: B. II.

[231] BT Drucks 14/7052, 185 f.; MüKo/*Ernst*, BGB, 7. Aufl. 2016, § 281 Rn. 42.

[232] Vgl. etwa Staudinger/*Schwarze* (2014), § 282 Rn. 33.

verletzung stets in entsprechendem Maße auf das Erfüllungsinteresse auswirkt. Die starre Regelung des § 281Abs. 4 passt mithin für § 282 gar nicht.

b) Keine teleologische Reduktion des § 281 Abs. 4 im Eigentümer-Besitzer-Verhältnis

Das soeben Gesagte wirft freilich die Frage auf, ob jedenfalls die Eigenart des § 985 sowie die besonderen Interessenslagen im Rahmen eines Eigentümer-Besitzer-Verhältnisses nicht bereits im Rahmen des § 281 zu einer teleologischen Reduktion hätten führen müssen, mit dem Ziel des vollständigen Ausschlusses des § 281 Abs. 4, so dass einerseits weder die Vindiktion vom Stammrecht abgespalten[233] noch ein faktisches „ius nudum“[234] zur Entstehung gelangen würde und andererseits insbesondere die an früherer Stelle beschriebenen Proleme,[235] die mit einem Ausschluss der Vindikationsmöglichkeit einhergehen, aus dem Weg geräumt wären.

Ein solcher Einwand dürfte im Ergebnis jedoch nicht verfangen. Denn jedenfalls die durch Fristablauf bewirkte faktische Zufallshaftung des redlichen Besitzers[236] ließe sich hierdurch nicht beseitigen. Darüber hinaus wäre ein neues Problem geschaffen: Bestünde nämlich der Herausgabeanspruch des Eigentümers trotz Schadensersatzbegehrens in seiner Gänze fort, so bliebe der Besitzer strenggenommen weiterhin befugt und in der Lage, den Anspruch aus § 985 durch Besitzauskehr zu erfüllen,[237] weil das Befriedigungsrecht des Schuldners das „notwendige Gegenstück“ zum Erfüllungsanspruch des Gläubigers darstellt.[238] Geht man nun von der zwar äußerst umstrittenen, aber gleichwohl vom Gesetzgeber[239] selbst angenommenen und von einer beachtlichen Zahl von Autoren[240]

233 Vgl. B. II. 2.a).

234 Vgl. B. II. 2. c).

235 B. III. 1.–3.

236 Vgl. B. III. 4.

237 Auch der Eigentümer könnte dann strenggenommen entgegen der eigentlichen Regel des § 281 Abs. 4 von seiner Wahl für Schadensersatz wieder abkehren und trotz Ersatzverlangens erneut Herausgabe fordern. Denn der primäre Erfüllungsanspruch bestünde weiter fort und widersprüchliches Verhalten wäre dem Eigentümer wohl nur dann vorzuwerfen, wenn man dies auch demjenigen Gläubiger entgegenhalten könnte, der nach Fristablauf erneut Erfüllung fordert, was jedoch von der h. M. abgelehnt wird, vgl. nur BGH, JZ 2006, 1028, 1029 f. (m. Anm. *Schwab*); zur Widersprüchlichkeit eines solchen Verhaltens: *Schwab*, JR 2003, 133, 135.

238 *Jacobs*, FS Otto, 137, 147; ebenso *Becker*, 128 („solange die ursprüngliche Pflicht des Schuldners besteht, korrespondiert ihr zugleich dessen Recht auf Leistungserbringung“).

239 BT Drucks 14/6040, 140 („kann der Schuldner die Ungewissheit jederzeit dadurch beenden, dass er die nach dem Schuldverhältnis geschuldete Leistung [nach Fristablauf] erbringt“).

240 *Althammer*, NJW 2006, 1179, 1181; *Faust*, FS Huber, 239, 246; *Schroeter*, AcP 207 (2007), 28, 44; *Jacobs*, FS Otto, 137, 147; Jauernig/*Stadler*, 17. Aufl. 2018, § 281 Rn. 15;

vertretenen Prämisse aus, dass die Befugnis des Gläubigers, Schadensersatz statt der Leistung gemäß § 281 verlangen zu können, durch die nachträgliche Leistung seitens des Schuldners beseitigt werden kann, solange der Primäranspruch noch besteht,[241] so verlöre die um die Gestaltungswirkung des § 281 Abs. 4 gekürzte Vorschrift des § 281 einen wesentlichen Teil ihrer Funktion, nämlich dem Gläubiger „in möglichst einfacher Weise Klarheit über den Fortbestand des Leistungsanspruchs bzw. über die Substituierung des Primäranspruchs durch einen Schadensersatzanspruch" zu verschaffen.[242] Die teleologische Reduktion des § 281 Abs. 4 würde bei diesem Verständnis einem wesentlichen Regelungsmotiv der Norm zuwiderlaufen.

Jedenfalls auf den ersten Blick wäre dieses Ergebnis zwar korrigierbar, indem man nicht auf den Fortbestand des Primäranspruchs, sondern allein auf das Schadensersatz*verlangen* des Eigentümers abstellt und hierin die entscheidende Zäsur für die Möglichkeit der Leistungserbringung erblickt.[243] Damit wäre jedoch im Vergleich zur Anwendung des § 281 Abs. 4 nichts gewonnen, weil dann zumindest die in diesem Zusammenhang bereits geschilderten Probleme,[244] die mit dem Verlust der Möglichkeit, die Schuld durch Sachherausgabe zu erfüllen, in gleicher Weise entstünden. Zusätzlich sähe man sich noch der rechtsdogmatisch kaum zu beantwortenden Frage ausgesetzt, aus welchem Grund ein an sich vorrangig geschuldeter Primäranspruch trotz Fortbestehens für den (nunmehr) leistungsbereiten Schuldner nicht mehr erfüllbar sein soll. Dass sich der weiterhin existente Herausgabeanspruch des Eigentümers – quasi spiegelbildlich zur eigentlichen Konstruktion des § 281 Abs. 4 – durch das Schadensersatzverlangen in einen verhaltenen Anspruch wandelt, der erst wieder erfüllbar wird, wenn er

---

MüKo/*Ernst*, BGB, 7. Aufl. 2016, § 281 Rn. 86 (indem der Schuldner die Leistung letztlich doch noch erbringt, tut er nur das, was das Schuldverhältnis von ihm verlangt, womit der materielle Grund für den Schadensersatzanspruch entfällt).

[241] A. A. BGHZ 154, 119, 123 = NJW 2003, 1526 (allerdings nur obiter dictum hinsichtlich der Frist zur Nachbesserung von Mängeln gemäß § 636 i. V. m. § 323 Abs. 1; § 637, nicht hingegen zu Erfüllung); *Schwab*, JR 2003, 133, 134 (Gläubiger ist nach Fristablauf nicht verpflichtet, die Leistung zu akzeptieren); *Weiler*, § 25 Rn. 26 (Gläubiger ist befugt, die Leistung zurückzuweisen); Palandt/*Grüneberg*, 77. Aufl. 2018, § 281 Rn. 49 (Zurückweisung der Leistung), anders aber beim Rücktritt: *ders.*, a. a. O., § 323 Rn. 33 (Schuldner kann durch Erbringung der Leistung für klare Verhältnisse sorgen); bzgl. Erfüllungsfrist ausdrücklich offengelassen: BGH, JZ 2006, 1028, 1029 (m. Anm. *Schwab*).

[242] BT Drucks 14/6040, 138.

[243] Freilich stellt sowohl der Gesetzgeber (vgl. C. Fn. 242) als auch die in C. Fn. 241 Genannten in erster Linie auf das Schadensersatzverlangen ab. Dem liegt jedoch das Verständnis zugrunde, dass das Begehren gemäß § 281 Abs. 4 im Normalfall gerade den Untergang des Primäranspruchs bewirkt, vgl. nur *Faust*, FS Huber, 239, 246 („Möglichkeit, auch noch nach Fristablauf zu erfüllen [ist] bloßer Reflex des Fortbestehens des Erfüllungsanspruchs").

[244] Vgl. B. III. 1.–3.

seitens des Eigentümers (erneut) geltend gemacht wird,[245] lässt sich wohl nicht vertreten. Denn ein solches Vorgehen führte nicht nur zur Missachtung des vom Gesetzgeber eindeutig in § 281 Abs. 4 zum Ausdruck gebrachten Willens, wonach es „dem Schuldner nicht zuzumuten [ist], sich über einen unter Umständen erheblichen Zeitraum sowohl auf Erfüllung als auch auf Schadensersatzleistung einrichten zu müssen",[246] sondern findet auch keinerlei Anknüpfung im Gesetz.[247] Ebensowenig lässt sich vertreten, der Eigentümer könne jedenfalls mittels einer mit der Fristsetzung verbundenen Erklärung, er werde die Sache nach Geltendmachung des Schadensersatzes nicht mehr entgegennehmen, verhindern, dass der Besitzer den Anspruch aus § 281 durch Leistungserbringung noch zu Fall bringen kann. Denn dies liefe wiederum auf die im Zuge der Schuldrechtsreform abgeschaffte Ablehnungsandrohung hinaus, die der Gesetzgeber gerade ganz bewusst nicht in das neue Recht übernommen hat.[248] All dies erhellt, dass § 281 selbst bei teleologischer Reduktion des § 281 Abs. 4 für die Besonderheiten einer Vindikationslage nicht geeignet erscheint.

Eine vergleichbare Situation ist in den für § 282 verbleibenden Konstellationen[249] hingegen nicht zu besorgen, weil eine Leistungserbringung im Anschluss an das Schadensersatzbegehren grundsätzlich nicht geeignet ist, den zuvor durch die erhebliche Verletzung der Pflichten aus § 241 Abs. 2 erlittenen Vertrauensverlust zu beseitigen.[250] Im Übrigen verhielte sich derjenige Besitzer, der die Sache dem Eigentümer nach dessen Ersatzbegehren zur Abwendung des § 282 anbietet, obgleich er zuvor die anspruchsbegründende Unzumutbarkeit des Festhaltens an der Leistung durch sein rechtswidriges Verhalten (z. B. Vollstreckungsvereitelung) gerade erst herbeigeführt hat, widersprüchlich, so dass er sich gemäß § 242 ohnehin nicht darauf berufen könnte, er sei nunmehr zur Leistung bereit. Ein solches venire contra factum proprium wird man demjenigen Besitzer, der die Herausgabe lediglich innerhalb der Frist schuldig bleibt, hingegen nicht ohne Weiteres vorwerfen können. Denn allein der Umstand, dass das Leistungsangebot erst nach Zeitablauf erfolgt, stellt freilich noch kein widersprüchliches Verhalten dar.

---

245 Vgl. *Faust*, FS Huber, 239, 243.

246 BT Drucks 14/6040, 140

247 *Jacobs*, FS Otto, 137, 146 f.

248 BT Drucks 14/6040, 139.

249 Vgl. C. II.

250 Vgl. Soergel/*Benicke/Hellwig*, 13. Aufl. 2014, § 282 Rn. 45.

c) Keine schematische Übertragung der Bestimmungen des § 281 auf § 282

Zuletzt bleibt noch, den hier vorgeschlagenen Weg, die Rechtsfolge des Schadensersatzbegehrens gemäß § 282 entgegen der herrschenden Meinung nicht anhand einer entsprechenden Anwendung des § 281 Abs. 4, sondern unabhängig von den Vorgaben des § 281 auszurichten, zu untermauern. Die anschließenden Ausführungen werden – so viel sei vorweggenommen – zu folgendem Befund führen: Nimmt man weitere in § 281 enthaltene, die Vorschrift prägende Bestimmungen in den Blick, so wird deutlich, dass diese auch im Übrigen auf § 282 nicht recht passen, weil beiden Normen ganz unterschiedliche Interessenlagen zugrunde liegen. Hieraus wird man wohl den Schluss ziehen dürfen, dass sich zumindest eine schematische und einzelfallunabhängige Übertragung der verschiedenen Regelungen verbietet.

aa) Beispiel 1: Teilleistung

So vermag der Gläubiger im Rahmen des § 282 bei einer vom Schuldner bereits bewirkten Teilleistung unabhängig von einem Interessefortfall (§ 281 Abs. 1 S. 2) Schadensersatz statt der ganzen Leistung zu fordern, weil die Tatbestandsmäßigkeit der zuerst erwähnten Norm in aller Regel indizieren dürfte, dass die Leistungserbringung durch den Schuldner *insgesamt* für den Gläubiger unzumutbar ist (Unzumutbarkeit des Festhaltens an der ganzen Leistung).[251] Andererseits ist es im Einzelfall auch denkbar, dass der geleistete Teil von § 282 unberührt bleibt, wenn und soweit die Vertrauensgrundlage nur noch für den noch ausstehenden Teil erforderlich ist (Unzumutbarkeit des Festhaltens an der noch ausstehenden Leistung).[252] Bei einer Teilleistung passt die in § 281 Abs. 1 S. 1 getroffene Anknüpfung an den Fortbestand des Leistungsinteresses, bei dem es in erster Linie darauf ankommt, ob der Gläubiger den bereits *erbrachten* Teil wie ursprünglich intendiert noch *verwenden* kann,[253] für die von § 282 erfassten Konstellationen mithin nicht. Die Frage, ob dem Gläubiger ein Schadensersatz statt der gesamten Leistung gemäß § 282 zusteht, bemisst sich deshalb auch im Falle einer Teilleistung ausschließlich danach, ob ihm die (restliche oder gesamte) Leistung durch den Schuldner noch *zugemutet* werden kann.[254]

---

[251] So auch jurisPK/*Seichter*, BGB, 8. Aufl. 2017, § 282 Rn. 8.

[252] Vgl. PWW/*Stürner*, 13. Aufl. 2018, § 324 Rn. 6.

[253] *Schwab*, JR 2003, 133 (fortbestehendes Interesse an der Teilleistung); BeckOGK/*Looschelders*, BGB, 1.3.2019, § 323 Rn. 278.

[254] A.A. etwa *Weiler*, § 25 Rn. 74 (§ 281 Abs. 1 S. 2 analog).

bb) Beispiel 2: Abmahnerfordernis

Darüber hinaus zeigt eine genauere Betrachtung des § 281 Abs. 3, dass eine Übertragung der Bestimmungen des § 281 auf § 282 nicht ohne Weiteres möglich ist. Denn obgleich auch für die Frage nach der Wesentlichkeit einer Schutzpflichtverletzung gemäß § 282 eine vorherige Abmahnung des Schuldners von Bedeutung sein kann,[255] so erweist sich doch jedenfalls *das in § 281 Abs. 3 statuierte* Abmahnerfordernis für § 282 als gänzlich ungeeignet.[256] § 281 Abs. 3 bezweckt nämlich, die an sich gemäß § 281 Abs. 1 erforderliche Fristbestimmung zu ersetzen. Die Vorschrift ist daher darauf ausgelegt, die Rechtsfolge des Fristversäumnisses (§ 281 Abs. 1 S. 1) schon nach *einmaliger* Abmahnung auszulösen. Eine entsprechende Heranziehung des § 281 Abs. 3 auf § 282 würde mithin zur Folge haben, dass jede Verletzung einer sonstigen Pflicht gemäß § 241 Abs. 2 grundsätzlich geeignet wäre, einen entsprechenden Schadensersatzanspruch zu begründen, wenn der Gläubiger den Schuldner nur zuvor abmahnt und dieser gleichwohl die abgemahnte Pflichtverletzung (einmalig) erneut begeht, selbst wenn die Schwelle zur Unzumutbarkeit, die im Rahmen des § 282 grundsätzlich durch Abwägung der beiderseitigen Belange ermittelt wird, wegen Unwesentlichkeit der (wiederholten) Zuwiderhandlung(en) hierdurch eigentlich noch nicht überschritten ist.[257] Auch insoweit verträgt sich die für § 281 zugeschnittene Regelung nicht mit den Besonderheiten der von § 282 erfassten Konstellationen.

Die in § 281 zur Verfügung gestellten Instrumentarien scheinen nach alldem grundsätzlich nicht auf § 282 übertragbar zu sein.

4. Angemessene Beachtung der Wertungen des Art. 14 Abs. 1 S. 1 Alt. 1 GG

Zuletzt bleibt festzustellen, dass die Anwendung des § 281 im Rahmen eines Eigentümer-Besitzer-Verhältnisses zu einer vergleichsweise erhöhten Gefährdung der von Art. 14 Abs. 1 S. 1 Alt. 1 GG geschützten Interessen führen könnte, die bei § 282 so nicht bestünde.

a) Ausgangsüberlegung

Im Rahmen des § 281 ist der Gläubiger zwar grundsätzlich befugt, sein mit Fristablauf bestehendes Wahlrecht (§ 281 Abs. 4) innerhalb der Verjährungsfristen frei auszuüben. Um sich jedoch nicht dem Risiko auszusetzen, mit seiner Untätigkeit etwa konkludent den Verzicht auf seinen Schadensersatzanspruch zu er-

255 Palandt/*Grüneberg*, 77. Aufl. 2018, § 282 Rn. 4; *Weiler*, § 25 Rn. 71.

256 BT Drucks 14/7052, 185 f.

257 BT Drucks 14/7052, 185 f.

klären oder dessen Verwirkung zu begründen (eine solche Gefahr dürfte insbesondere, aber nicht nur, im Handelsverkehr bestehen[258]), könnte der Eigentümer bereits durch den Fristablauf in eine gewisse Drucksituation geraten, in der er sich womöglich zur alsbaldigen Geltendmachung des Interesses „genötigt“ sieht. Eine solche Bedrängnis steht jedoch in einem gewissen Spannungsverhältnis zu dem aus Art. 14 Abs. 1 S. 1 Alt. 1 GG folgenden Prinzip, dass der Eigentümer grundsätzlich in „privater Initiative“ und in „eigenverantwortlichem privatem Interesse“ über sein Recht frei bestimmen können soll.[259] Schließlich ginge mit dem Schadensersatzverlangen eine unwiderrufliche[260] Übereignungspflicht[261] einher, ohne dass sich der Eigentümer dieses Umstands notwendigerweise stets und in allen Einzelheiten hinreichend bewusst ist. Denn abweichend vom Normalfall der Begründung einer Eigentumsverschaffungspflicht durch Vertrag (etwa gemäß § 433 Abs. 1), steht die Geltendmachung des § 281 grundsätzlich mit einer solchen Obligation in keinem unmittelbaren Zusammenhang, weshalb die Gefahr eines im Hinblick auf die rechtlichen Konsequenzen *unüberlegten* Schadensersatzbegehrens verhältnismäßig hoch zu sein scheint. Dies widerspricht nicht nur dem ebenfalls aus Art. 14 Abs. 1 S. 1 Alt. 1 GG folgenden Grundsatz, der besagt, dass Eigentum in Zweifelsfällen nicht aufgeben werden soll,[262] sondern bei Grundstücken insbesondere auch dem Zweck des Beurkundungserfordernisses aus § 311b Abs. 1 S. 1, wonach die an einer Grundstücksveräußerung beteiligten Parteien vor *Übereilung* grundsätzlich zu schützen und auch im Übrigen auf die besondere Bedeutung des Rechtsgeschäftes hinzuweisen sind.[263]

Durch besonders strenge Anforderungen an einen schlüssig erklärten Verzicht des Eigentümers bzw. die Verwirkung des Schadensersatzanspruchs aus § 281 ließe sich zwar zumindest die zuvor beschriebene Drucksituation entschärfen. Im Ergebnis vermag der vorgeschlagene Weg über § 282 jedoch sowohl insoweit als auch im Hinblick auf § 311b Abs. 1 weitaus mehr zu überzeugen. Denn die in diesem Zusammenhang mit § 281 einhergehenden Gefahren sind bei § 282 entweder gar nicht oder doch zumindest weitaus weniger zu besorgen, was nachfolgend in gebotener Kürze zu belegen sein wird.

---

[258] MüKo/*Ernst*, BGB, 7. Aufl. 2016, § 281 Rn. 104 m. w. N.

[259] BVerfGE 104, 1, 8 = NVwZ 2001, 1023; BVerfGE 104, 1, 8; BVerfGE 50, 290, 339 (Art. 14 GG schützt insbes. den Bestand der Eigentumsposition in der Hand des Eigentümers sowie deren freiwillige Veräußerung und Verfügung); BeckOK/*Axer*, GG, 38. Ed. 15.8.2018, Art. 14 Rn. 64.

[260] Zur Unwiderruflichkeit der Geltendmachung des § 281 und der damit begründeten Umgestaltung des Schuldverhältnisses vgl. MüKo/*Ernst*, BGB, 7. Aufl. 2016, § 281 Rn. 110.

[261] Etwa analog § 255 (h. M.), vgl. hierzu B. II. 4. c).

[262] Vgl. MüKo/*Oechsler*, BGB, 7. Aufl. 2017, § 959 Rn. 3.

[263] Allgemein zu den Zwecken des § 311b: MüKo/*Kanzleiter*, BGB, 7. Aufl. 2016, § 311b Rn. 1.

b) Übergang auf § 282 als bewusste Ultima-Ratio-Entscheidung

Zum einen ist hier die Hürde für einen Übergang vom Vindikations- zum Schadensersatzanspruch wesentlich erhöht sowie an objektive Kriterien geknüpft (Unzumutbarkeit). In den Konstellationen der vollendeten Vollstreckungsvereitelung kommt hinzu, dass bereits alles unternommen wurde, um die Sache wiederzuerlangen, während die übrigen Fallkonstellationen des § 282 dadurch gekennzeichnet sind, dass ein solches Unterfangen von vornherein wenig erfolgversprechend erscheint. Die Wandelung des Anspruchs aus § 985 in eine Geldforderung und die damit letztlich einhergehende „Aufgabe" des Eigentums dürfte dann in aller Regel eine ganz bewusste Entscheidung des Gläubigers im Sinne eines Ultima-Ratio-Entschlusses sein, wobei eine bereicherungsrechtliche Rückabwicklung gemäß § 812 – wie dargelegt[264] – im Gegensatz zur Situation bei § 281 möglich bleibt.

c) Kein Konflikt mit § 311b Abs. 1

Zum zweiten besteht in den Fällen des § 282 grundsätzlich keinerlei Gefahr, mit den Wertungen des § 311b Abs. 1 in Konflikt zu geraten. Denn die von der zuerst genannten Bestimmung erfassten Verhaltenspflichtverletzungen kommen zumindest insoweit nicht in Betracht, als vollstreckungsvereitelnde Maßnahmen bei Immobilien schon mangels der Möglichkeit eines „Beiseiteschaffens" praktisch nicht denkbar sind. Ein Widerspruch zu dem in § 311b Abs. 1 statuierten Formerfordernis ist in dieser Hinsicht mithin auszuschließen.

In den wohl eher theoretisch anmutenden Konstellationen der Besitzerlangung eines Grundstücks mittels verbotener Eigenmacht oder Straftat[265] erscheint der Besitzer indessen im Hinblick auf die Schutzfunktion des § 311b Abs. 1 jedenfalls nicht bedürftig, während der Eigentümer ohne Weiteres die Räumungsvollstreckung gemäß § 885 ZPO betreiben kann und daher zumindest nicht auf einen Übergang von § 985 auf das Interesse angewiesen ist.

5. Zwangsvollstreckung

Ist zunächst die Herausgabevollstreckung zu betreiben (strittige Unauffindbarkeit der Sache,[266] vollendete Vollstreckungsvereitelung[267]) und wird die Sache bei dieser Gelegenheit nicht aufgefunden, so ist es Aufgabe des Gerichtsvollziehers, dem Schuldner gemäß § 756 Abs. 1 ZPO ein Angebot auf Übereignung der

264 C. III. 2.

265 *Beispiel*: Illegale Haus- und Grundstücksbesetzungen (§ 123 StGB).

266 C. I.

267 C. II. 2., 3.

Sache zu unterbreiten, bevor er den auf das Interesse gerichteten Satz des Urteilstenors vollstreckt. Denn bei der Pflicht des Eigentümers, das Eigentum an der Sache analog § 255 auf den Schuldner zu übertragen, handelt es sich mit Blick auf § 282 um eine „Zug um Zug zu erbringende Leistung des Gläubigers" im Sinne von § 756 Abs. 1 ZPO. Eine entsprechende Andienung seitens des Gerichtsvollziehers stellt mithin eine besondere Vollstreckungsvoraussetzung dar.

a) Formulierung des Schadensersatzantrags

Dem Eigentümer wird dabei zu raten sein, den hilfsweise gestellten Antrag auf Schadensersatz so zu formulieren, dass eine Übereignung eindeutig *nicht* nach § 929 S. 1, sondern vielmehr gemäß § 929 S. 2 oder § 931 geschuldet ist, weil alleine der Vollstreckungstitel Inhalt und Umfang der Zwangsvollstreckung festlegt und damit bestimmt, unter welchen Voraussetzungen der Vollstreckungsschuldner welche Maßnahmen zu dulden hat.[268] Wird die Gegenleistung im Tenor hingegen nur mit „Übertragung" des Eigentums beschrieben, so ist die Gefahr einer Auslegung des Titels dahingehend begründet, dass der Regelfall einer Übereignung in der Form des § 929 S. 1 und daher neben einer entsprechenden Übereignungserklärung auch die Übergabe der zu übereignenden Sache geschuldet wird.[269] Weil dem Eigentümer letzteres in den verbleibenden Anwendungskonstellationen regelmäßig mangels Besitz und Kenntnis vom Belegenheitsort nicht möglich ist, könnte er ein ordnungsgemäßes Angebot im Sinne des § 756 Abs. 1 ZPO dann jedoch möglicherweise gar nicht abgeben. Die zu titulierende Gegenleistungspflicht des Eigentümers sollte sich daher in der *Erklärung*, Eigentum an der Sache zu übertragen, beschränken.

Befindet sich der Schuldner in deren Besitz, so ist dies für § 929 S. 2 und damit für ein den Verzug der Annahme begründendes Angebot im Sinne des § 756 ZPO ausreichend. Hat er die Sache mittlerweile weitergegeben oder verloren, so kann die auf Übertragung des Eigentums gerichtete Willenserklärung entweder für § 931 schon genügen[270] oder jedenfalls zugleich als Abtretung der Herausgabeansprüche gegen den jeweils aktuellen Besitzer verstanden werden,[271] selbst wenn dieser nicht bekannt ist. Dass letzteres möglich ist, ergibt sich bereits aus dem Rechtsgedanken des § 255. Denn dessen Anwendbarkeit setzt ebensowenig voraus, dass in allen Einzelheiten feststeht, welche Ansprüche dem Geschädigten gegenüber welchem Dritten zustehen. Schließlich sind gerade auch die Fälle des

[268] OLG Köln, Rpfleger 1992, 527 f. = BeckRS 1992, 31146892.

[269] OLG Köln, Rpfleger 1992, 527 f. = BeckRS 1992, 31146892.

[270] Vgl. nur MüKo/*Oechsler*, BGB, 7. Aufl. 2017, § 931 Rn. 14 m. w. N.

[271] Staudinger/*Wiegand* (2017), § 931 Rn. 21; BeckOK/*Kindl*, BGB, 47. Ed. 1.8.2018, § 931 Rn. 7; BeckOGK/*Klinck*, BGB, 1.7.2018, § 931 Rn. 24.

Besitzverlustes aufgrund Diebstahls durch einen Unbekannten von § 255 erfasst.[272]

b) Bedingte Angebotserklärung gemäß § 756 Abs. 1 ZPO

Weil der Gerichtsvollzieher dem Vollstreckungsschuldner die Leistung im Rahmen des § 756 Abs. 1 ZPO freilich nicht selbst anbietet, sondern lediglich eine entsprechende Willenserklärung des Eigentümers in dessen Auftrag übermittelt,[273] ist das Übereignungsangebot so auszulegen, dass es an die Bedingung der vollständigen Befriedigung des Schadensersatzanspruchs geknüpft sein soll. Ansonsten bestünde nämlich die Gefahr, dass der Eigentümer nach erfolgloser Vollstreckung des Interesses mit leeren Händen dasteht. Denn gerade bei § 929 S. 2 kann der Eigentumsübergang nicht durch Hinauszögern der Übergabe verhindert werden, wodurch im Regelfall des § 929 S. 1 dem Interesse des Gläubigers an einer vollständigen Befriedigung im Rahmen einer Zug-um-Zug-Vollstreckung Rechnung getragen wird. Hinzukommt, dass der Gerichtsvollzieher zur Erfüllung der gläubigerseits geschuldeten Leistung ohnehin erst berechtigt ist, wenn der Schuldner seinerseits zur vollen Leistung bereit ist.[274] Auch deshalb kann dem vom Gerichtsvollzieher übermittelten Angebot nicht die Wirkung zukommen, dass dieses schon durch Annahmeerklärung seitens des Schuldners ohne Weiteres zum Eigentumsübergang führt. Eine im Rahmen des § 756 Abs. 1 ZPO lediglich bedingt vorgenommene Übereignungserklärung ändert daher insbesondere nichts an der Ordnungsgemäßheit des Angebots im Sinne von § 294, weil eine unbedingte Übereignung eben gerade nicht geschuldet ist.[275]

V. Wesentliches Ergebnis zu C.

Bei ungewissen Besitzverhältnissen bedarf es einer Anwendung des § 281 schon deshalb nicht, weil in solchen Konstellationen mit der sachnäheren Regelung des § 989 ebenfalls gerechte Ergebnisse zu erzielen sind. Insbesondere kann der Eigentümer auch auf diesem Wege zunächst die Herausgabevollstreckung versuchen und im Falle der Unauffindbarkeit der Sache unmittelbar auf den Zahlungsanspruch übergehen. Der insoweit einzig zu identifizierende Vorteil des Gläubigers, über § 281 auch ohne vorgeschalteten Prozess sogleich das Interesse

---

272 Jauernig/*Teichmann*, 17. Aufl. 2018, § 255 Rn. 4; MüKo/*Oetker*, BGB, 7. Aufl. 2016, § 255 Rn. 12 f.

273 MüKo/*Heßler*, ZPO, 5. Aufl. 2016, § 756 Rn. 15.

274 LG Hildesheim, NJW 1959, 537, 538.

275 Vgl. BeckOGK/*Dötterl*, BGB, 1.1.2018, § 294 Rn. 55.

verlangen zu können, dürfte oftmals gar nicht praktisch werden, weil der Besitzer in aller Regel den Verlust und nicht die bloße Unauffindbarkeit der Sache einwenden wird. In diesem Fall wird der Eigentümer aber auch gemäß § 989 in die Lage versetzt, unmittelbar auf das Interesse zu klagen, indem er das schuldnerische Vorbringen unstreitig stellt. Ohnehin wird dem Eigentümer die Einleitung vollstreckungsrechtlicher Maßnahmen jedenfalls im Hinblick auf den Zahlungstitel oftmals nicht erspart bleiben, weshalb ihm ein vorheriger Versuch einer Herausgabevollstreckung ohne Weiteres auch zuzumuten ist.

Ist der Schuldner unstreitig im Besitz der Sache, so hat der Eigentümer grundsätzlich zunächst die Herausgabevollstreckung zu betreiben. Bleibt diese erfolglos, wird man im Ergebnis eine Schadensersatzpflicht des Schuldners in Höhe des Sachsubstanzwertes annehmen dürfen, weil die Fruchtlosigkeit der Vollstreckungsmaßnahme entweder auf einen (später eingetretenen) Fall des § 989 oder eine gemäß § 282 zur Unzumutbarkeit führende vollstreckungsvereitelnde Maßnahme des Schuldners zurückzuführen sein wird.

Auch im Vorfeld einer Verurteilung kann sich eine Haftung des Besitzers aus § 282 ergeben, wenn und soweit dieser um sein mangelndes Recht weiß und dennoch vollstreckungsvereitelnde Maßnahmen zu einem Zeitpunkt vornimmt, zu dem er bereits mit der Zwangsvollstreckung rechnen musste, weil diese „bevorstand“. Letzteres ist stets (aber auch erst) dann zu bejahen, wenn die Voraussetzungen der §§ 990 Abs. 2, 286 vorliegen, weil die Verbindung von Verzugseintritt und Bösgläubigkeit diese Annahme sachlich rechtfertigt. Ebenso kann der deliktische Besitzer nach § 282 haften, wenn er sich die Sache entweder in Kenntnis vom Fehlen seiner Berechtigung durch eine Vorsatztat verschafft oder sie – etwa bei zuvor begangener fahrlässiger verbotener Eigenmacht – später im Wissen um den Mangel seines Rechts unterschlägt.

VI. Schematische Darstellung der Voraussetzungen einer Substituierung der Vindikation gemäß § 282

1. Schuldverhältnis (= Vindikationslage)
2. Verhaltenspflichtverletzung im Sinne des § 241 Abs. 2
   a) Vollendete Vollstreckungsvereitelung
   oder
   b) Drohende Vollstreckungsvereitelung
      aa) Vollstreckungsvereitelnde Maßnahme („Beiseiteschaffen“, arglistige Täuschung)
      bb) „Bevorstehen“ der Zwangsvollstreckung (= §§ 990 Abs. 2, 286)
   oder
   c) Besitzerlangung durch verbotene Eigenmacht oder Straftat (§ 992)
3. Unzumutbarkeit
   a) *Bei vollendeter Vollstreckungsvereitelung:*
      aa) Positive Kenntnis vom fehlenden Besitzrecht (stets durch Verurteilung)
      bb) Fruchtlosigkeit der Herausgabevollstreckung
      cc) Adäquat kausaler Vertrauensverlust in Person des Besitzers und Erfolgsaussichten weiterer Vollstreckungsmaßnahmen (wird vermutet)
   b) *Bei drohender Vollstreckungsvereitelung:*
      aa) Positive Kenntnis vom fehlenden Besitzrecht
      bb) Adäquat kausaler Vertrauensverlust in Person des Besitzers und dessen Herausgabebereitschaft (wird vermutet)
   c) *Bei Besitzerlangung durch verbotene Eigenmacht oder Straftat:*
      aa) Bei vorsätzlicher Tatbegehung:
         (1) Positive Kenntnis vom fehlenden Besitzrecht bei Tatbegehung
         (2) Verzug (§ 286 Abs. 2 Nr. 4)
         (3) Adäquat kausaler Vertrauensverlust in Person des Besitzers und dessen Herausgabebereitschaft (wird vermutet)
      oder
      bb) Bei fahrlässiger Tatbegehung:
         (1) Nachträgliche Kenntniserlangung bzgl. fehlendem Besitzrecht
         (2) Verzug (§ 286 Abs. 2 Nr. 4)
         (3) Weiterer Umstand i. S. d. § 246 StGB
         (4) Adäquat kausaler Vertrauensverlust in Person des Besitzers und dessen Herausgabebereitschaft (wird vermutet)
4. Rechtsfolge: Substanzwerthaftung Zug um Zug gegen Übereignung (§ 255 analog)

Zusammenfassung der wesentlichen Untersuchungsergebnisse

I. Keine Anwendbarkeit des § 281 auf die Vindikation

Eine Heranziehung des § 281 auf § 985 und damit ein Übergang vom vindikatorischen Herausgabeanspruch zum Schadensersatz statt der Leistung wegen Fristablaufs ist abzulehnen, weil hierdurch das differenzierte Haftungsregime des Eigentümer-Besitzer-Verhältnisses ausgehöhlt werden würde. Um dies zu verhindern, ist es insbesondere nicht hinreichend, die Anwendbarkeit des § 281 vom Vorliegen einer der Haftungsverschärfungen der §§ 989, 990 abhängig zu machen. Im früheren Recht war ein solches Vorgehen freilich von der ganz herrschenden Meinung für § 283 a. F., eine der Vorgängernormen des § 281, anerkannt. Entgegen der wohl überwiegenden Ansicht und insbesondere der Rechtsprechung des BGH scheidet eine Übertragung dieser Grundsätze auf die heutige Rechtslage jedoch schon deshalb aus, weil § 281 sowohl in seinen Voraussetzungen als auch in seinen Wirkungen nicht mit § 283 a. F. vergleichbar ist, sondern deutlich dahinter zurückbleibt.

In erster Linie hätte § 281 eine Verschiebung der durch das Eigentümer-Besitzer-Verhältnis vorgegebenen Risikoverteilung zur Folge, die im früheren Recht so nicht denkbar war. Denn die Bestimmung des § 283 a. F. konnte überhaupt erst dann zur Anwendung gebracht werden, wenn der Schuldner bereits zur Herausgabe der Sache rechtskräftig verurteilt war und damit jedenfalls auf diesem Wege vom Mangel seines Rechts positiv in Kenntnis gesetzt wurde. Dies rechtfertigte es sodann auch und gerade, den die Sache nicht auskehrenden unmittelbaren Besitzer gemäß § 283 a. F. mit seinem Vermögen haften zu lassen.

Auf Grundlage des § 281 könnte demgegenüber auch der Gutgläubige zu Schadensersatz verpflichtet werden, indem der Eigentümer nach Klageerhebung und Fristsetzung von § 985 auf das Interesse übergeht (§ 264 Nr. 3 ZPO). Ein solches Vorgehen widerspricht jedoch den Wertungen der §§ 987 ff., wonach eine verzögerungsbedingte Vermögenshaftung gemäß § 990 Abs. 2 nur zu Lasten desjenigen möglich sein soll, der um sein fehlendes Recht weiß oder ohne grobe Fahrlässigkeit wissen müsste. (B. I. 1. und 2.).

Für eine Beschränkung des § 281 auf den unredlichen Besitzer mangelt es hingegen an einer hierfür erforderlichen gesetzlichen Verankerung. Insbesondere scheidet § 990 Abs. 2 aus, weil dem eindeutigen Wortlaut der Vorschrift zu entnehmen ist, dass sich der unredliche Besitzer mit der Herausgabe in „Verzug“ befinden muss. Eine Konkordanz dieses rechtstechnischen Begriffs, der sich grundsätzlich allein nach § 286 richtet, zur Haftung aus § 281 lässt sich indes nicht herstellen. Zwar geht es auch bei der letztgenannten Vorschrift um die Verzögerung einer noch möglichen Leistung. Für eine Zuordnung des § 281 zum „Verzugsrecht“ reicht dies jedoch nicht aus. Vielmehr lässt sich aus der systematischen Stellung der §§ 281, 286–288, deren amtlichen Überschriften sowie den Materialien zur Schuldrechtsmodernisierung entnehmen, dass der Reformgesetzgeber den „echten Verzug“ weiterhin eigenständig regeln und mit § 281 sogar ausdrücklich einen Schadensersatzanspruch schaffen wollte, der gerade „nicht förmlich die Voraussetzungen des Schuldnerverzugs, wie sie in § 286 aufgestellt werden“, verlangt.

Die häufig formulierte Annahme, eine im Rahmen des § 281 gesetzte Frist begründe stets auch Verzug im Sinne des § 286, stellt sich bei genauerer Betrachtung jedenfalls als angreifbar heraus. Denn die Fristsetzung könnte auch lediglich eine Aufforderung zur Leistung bis Fristablauf darstellen, so dass sie bis dahin gerade nicht auf Leistungserbringung gerichtet wäre.

Selbst wenn man jedoch mit der wohl herrschenden Ansicht davon ausgeht, dass die Frist unmittelbar auch den Verzug zu begründen vermag, so kann doch jedenfalls die Umwandlung des Primäranspruchs in einen Schadensersatz statt der Leistung gemäß § 281 nach Fristablauf nicht als Sanktion für den (in der Konsequenz dann schon mit Fristsetzung eintretenden) Verzug, sondern allein für das Ausbleiben der Leistung innerhalb der Frist gesehen werden.

Für die Richtigkeit dieser Annahme spricht zudem, dass die im Falle des Verzugs gemäß § 287 S. 2 eingreifende Zufallshaftung im Rahmen des § 281 ein zu scharfes Schwert darstellen würde. Denn dem Schuldner soll mit der Frist eine zweite Chance zur Leistung (bis spätestens zum Fristablauf) eingeräumt werden, weshalb er sich bis dahin auch noch exkulpieren können muss. Bei Eingreifen des § 287 S. 2 wäre diese an sich in § 281 angelegte Entlastungsmöglichkeit des Schuldners jedoch faktisch nicht mehr gegeben. Deshalb passt die Rechtsfolgenorm des Verzugs im Rahmen des § 281 gerade nicht.

Obgleich die Streichung des § 286 Abs. 2 a. F. durchaus insoweit zur Entstehung einer Regelungslücke führte, als dem Eigentümer im früheren Verzugsrecht gemäß § 990 Abs. 2 das Recht zukam, von seinem vindikatorischen Herausgabeanspruch zum Schadensersatz wegen Nichterfüllung überzugehen, kommt eine teleologische Extension der zuletzt genannten Norm im Ergebnis nicht in Betracht. Denn § 286 Abs. 2 a. F. ist wegen des Erfordernisses des „verzugsbedingten Interessefortfalls“ praktisch kaum relevant geworden. Die Schließung der Regelungslücke, die durch den Wegfall der zuletzt genannten Vorschrift eingetreten ist, mit dem sehr viel weiter gefassten § 281, würde mithin dazu führen, dass die Streichung einer Bestimmung im Wege der Analogie mit einer erheblichen Ausweitung ihres seinerzeit kaum vorhandenen Anwendungsbereichs einherginge.

Die Übertragung allein des in § 281 zum Ausdruck gebrachten Gedankens der Fristsetzung in die Vorschrift des § 989 ist ebenfalls abzulehnen. Insbesondere erweist sich die aus § 281 abgeleitete Frist zur Begründung einer hierzu erforderlichen Unmöglichkeits- bzw. Unvermögensfiktion als gänzlich ungeeignet. Zudem erscheint die erforderliche Begrenzung der Haftung allein auf den bösgläubigen Besitzer auf diesem Wege dogmatisch nicht rechtfertigbar. Die von einem Teil des Schrifttums vorgeschlagene Anknüpfung an § 990 Abs. 2 ist nicht möglich, weil die von § 989 bereits erfassten Tatbestände nicht als „weitergehende Haftung“ im Sinne des § 990 Abs. 2 verstanden werden können. Schließlich knüpft die zuletzt genannte Bestimmung an das Regime der §§ 987 ff. an und soll daher gerade schuldnerisches Verhalten sanktionieren, das nicht bereits eine Schadensersatzpflicht des Besitzers gemäß § 989 zu begründen vermag.

In diesem Lichte kann § 990 Abs. 2 nur als abschließende Sonderregelung für den Fall der verzögerten Herausgabe verstanden werden, die lediglich eine Schadensersatzpflicht des unrechtmäßigen Besitzers *neben* § 985 zu begründen im Stande ist. (B. I. 3.).

Entscheidend gegen § 281 spricht jedoch der Umstand, dass dem Eigentümer hierdurch eine einfache und weitreichende Möglichkeit eröffnet wäre, das den besonderen schadensersatzrechtlichen Bestimmungen des Eigentümer-Besitzer-Verhältnisses zugrundeliegende Restitutionsprinzip auszuhöhlen. Weil es nämlich für die Geltendmachung des § 281 eines Schadenseintritts nicht bedarf, könnte eine Haftung des Schuldners selbst dann herbeigeführt werden, wenn auf Seiten des Eigentümers noch gar kein adäquat kausal auf dem Verhalten des Besitzers beruhender Vermögensnachteil eingetreten ist, während die §§ 989, 990 zur Anspruchsentstehung tatbestandlich einen bereits entstandenen Schaden voraussetzen (vgl. hierzu zunächst B. III. 1., 2. und 3. a)). Weil § 281 zudem im Rahmen einer Vindikationslage zwingend am Substanzwert der Sache auszurichten wäre und die bis zum Schadensersatzverlangen bestehende Möglichkeit des Besitzers, seine Schuld durch Herausgabe der Sache zu erfüllen, wegen § 281 Abs. 4 entfallen würde, hätte es der Eigentümer darüber hinaus gemäß § 281 in der Hand, den Besitzer in die Rolle eines Käufers zu drängen. Diese Gefahr bestünde nicht bloß – wie etwa bei § 283 a. F., der an sehr hohe Hürden geknüpft war – in seltenen Ausnahmekonstellationen, sondern stets im Rahmen des § 985. Der redliche Prozessbesitzer wäre hiervon sogar besonders betroffen, weil dieser gerade an sein Recht glaubt und mangels grober Fahrlässigkeit auch glauben darf, weshalb er die Herausgabe selbst nach Klageerhebung und Fristablauf regelmäßig verweigern wird. Ein solcher Zwangskauf wäre aber auch im Falle des § 990 Abs. 2 unbillig, weil selbst der unredliche Besitzer berechtigt und im Interesse des wahren Eigentümers sogar verpflichtet ist, mit der Herausgabe bis zum Nachweis des Eigentums des Anspruchsgegners zu warten. (B. III. 3. b)).

§ 281 passt mithin schon im Ansatz überhaupt nicht auf § 985.

II. Geltung des § 989 auch bei bestrittenem Besitz oder behaupteter Unauffindbarkeit der Sache durch Beweislastverteilung nach „Kenntnissphären"

Im Übrigen bedarf es § 281 selbst zur Lösung schwieriger Sachlagen nicht. Bestreitet der Schuldner etwa seinen Besitz an der Sache, so ist ein Rückgriff auf § 281 schon deshalb nicht erforderlich, weil zugunsten des Eigentümers eine tatsächliche Vermutung der Besitzfortdauer eingreift, wenn Ersterer die tatsächliche Sachherrschaft bei Erhebung der Vindikationsklage unstreitig oder bewiesenermaßen innehatte. Der Eigentümer kann daher weiterhin nach § 985 vorgehen oder aber den behaupteten Besitzverlust unstreitig stellen und die Klage auf Grundlage des § 989 gemäß § 264 Nr. 3 ZPO auf das Interesse hin ändern.

Ein solches Vorgehen kommt zwar nicht ohne Weiteres in Betracht, wenn der Schuldner lediglich behauptet, die Sache sei für ihn nicht mehr auffindbar, da ein Unstreitigstellen der Unauffindbarkeit noch nicht anspruchsbegründend für § 989 sein kann. Im Ergebnis wird man jedoch eine Anpassung der Beweislastverteilung nach „Kenntnissphären" im Rahmen der §§ 989 f. vorzunehmen haben. Ob die Sache nämlich noch herausgegeben werden *kann*, entzieht sich in aller Regel dem Wissen des Eigentümers, weshalb eine entsprechende substantiierte Darlegung oder gar Beweisführung für ihn ohne die gegnerische Mitwirkung meist nicht möglich ist. Derartige, außerhalb der Sphäre des Klägers liegende Tatbestandsbereiche bringen indes regelmäßig Darlegungs- und Beweiserleichterungen mit sich, wenn der Anspruchsgegner den Sachverhalt aufklären kann und dies für ihn auch zumutbar ist. Der Schuldner hat den Anspruch aus § 989 mithin insbesondere dadurch abzuwenden, indem er seinen Besitz unter Beweis stellt. Gelingt ihm dies, so haftet er lediglich auf Herausgabe sowie ggf. nach §§ 990 Abs. 2, 286 wegen Vorenthaltung; zugleich erlangt der Eigentümer auf diesem Wege Kenntnis vom Belegenheitsort der Sache und wird dadurch in die Lage versetzt, nach § 883 ZPO die Herausgabevollstreckung zu betreiben. Hat der Schuldner insoweit keinen Erfolg, so erscheint eine Substanzwerthaftung nach § 989 gerechtfertigt. (C. I. 1. und 2.).

Der Eigentümer kann den Beklagten in derartigen Konstellationen sowohl gemäß § 985 zur Herausgabe als auch – für den Fall, dass der Gerichtsvollzieher im Rahmen der Zwangsvollstreckung die Sache nicht auffindet und damit das schuldnerische Unvermögen tatsächlich feststeht – gemäß § 989 zur Zahlung von Schadensersatz in Höhe des Substanzwertes verurteilen lassen. Obgleich sich die Klagen aus § 985 einerseits sowie aus § 989 andererseits grundsätzlich gegenseitig ausschließen und der Schuldner jedenfalls dann zu einer nicht geschuldeten Leistung verurteilt wäre, wenn er tatsächlich zur Herausgabe nicht in der Lage ist, erscheint ein solches Verfahren auch ohne Beweisaufnahme sachlich gerechtfertigt, weil der Beklagtenvortrag im Rahmen der Zwangsvollstreckung meist effektiver auf dessen Wahrheitsgehalt überprüft werden kann, etwa indem der Gerichtsvollzieher nach § 758 ZPO Durchsuchungsmaßnahmen ergreift.

Der auf § 989 gestützte Hilfsantrag stellt eine zulässige innerprozessuale Bedingung dar. Denn die Klärung der Frage, ob das für § 989 erforderliche Herausgabeunvermögen des Schuldners tatsächlich gegeben ist, erfolgt jedenfalls im Rahmen der Zwangsvollstreckung. Bei Gesamtbetrachtung handelt es sich hierbei noch um ein einheitliches Verfahren, da die zwangsweise Durchsetzung des erstrittenen Titels nur die logische Fortführung des gewonnenen Erkenntnisprozesses darstellt. Im Übrigen ist die Bedingungsfeindlichkeit von Prozesshandlungen ohnehin allein damit zu rechtfertigen, dass ein durch eine Bedingung bewirkter „Schwebezustand" zu einer für ein gerichtliches Verfahren unerträglichen Ungewissheit führt. Letzteres ist aber hinsichtlich der hilfsweisen Verurteilung gemäß § 989 schon deshalb nicht zu besorgen, weil der Schuldner das Ergebnis der Vollstreckungsmaßnahme in aller Regel bereits im Vorfeld kennen wird. (C. I. 3.).

III. Im Übrigen: § 282

Auch in Fallgestaltungen, in denen der nicht herausgabewillige Schuldner unstrittig im Besitz der Sache ist, bedarf es einer Heranziehung des § 281 im Ergebnis nicht.

Auf den ersten Blick erscheint die Vorschrift zwar gerade bei derartigen Sachlagen unverzichtbar, um dem Eigentümer einen effektiven Rechtschutz zu gewähren, weil § 989 wegen unstreitiger Herausgebbarkeit der Sache hier nicht zur Anwendung gebracht werden kann und es dem Eigentümer insbesondere in Fällen, in denen der Schuldner den Vindikationsgegenstand bereits „beiseitegeschafft" hat, etwa um eine vom Eigentümer eingeleitete Vollstreckungsmaßnahme ins Leere laufen zu lassen, nicht weiter zumutbar ist, an § 985 festzuhalten.

Letztlich greift jedoch gerade in solchen Konstellationen § 282 ein, weil derartige Vollstreckungsvereitelungshandlungen haftungsbegründende Pflichtverletzungen im Sinne des § 241 Abs. 2 darstellen. Durch die erstgenannte Vorschrift wird der Eigentümer sodann in die Lage versetzt, von seinem vindikatorischen Herausgabeanspruch zum Schadensersatz statt der Leistung überzugehen, ohne zugleich die mit § 281 verbundenen Spannungen zum Eigentümer-Besitzer-Verhältnis zu bewirken.

Ungeachtet der Tatsache, dass die zuletzt erwähnte Bestimmung nach hier vertretener Auffassung ohnehin auf § 985 nicht zur Anwendung gebracht werden kann, greift der grundsätzlich vom Reformgesetzgeber ins Auge gefasste Vorrang des § 281 im Verhältnis zu § 282 bei bestehender Vindikationslage schon aus anderen Gründen nicht durch. Denn im Gegensatz zum Regelfall schuldrechtlicher Verschaffungspflichten, in denen die Erfüllung der geschuldeten Leistung regelmäßig im Vordergrund steht, überwiegt hier stets das Integritätsinteresse des vindizierenden Eigentümers. Dies ist insbesondere mit den Besonderheiten des § 985 zu erklären, bei dem das Leistungsinteresse lediglich auf „Auskehrung" des Besitzes gerichtet ist, und zwar in dem Zustand, in dem sich die Sache aktuell befindet. Darüber hinaus erfüllt derjenige Besitzer, der Vollstreckungsmaßnahmen vereitelt, in aller Regel den strafrechtlichen Tatbestand des § 288 StGB sowie des § 826, was regelmäßig dazu führen dürfte, dass ein bis dahin auf Seiten des Eigentümers womöglich noch vorhandenes (Rest-)Vertrauen in die Person des Besitzers, dessen Herausgabebereitschaft sowie die Erfolgsaussichten weiterer vollstreckungsrechtlicher Maßnahmen vollständig verlustig gehen wird. Dieser Vertrauensverlust hat jedoch mit dem eigentlichen Leistungsprogramm des § 985 nichts zu tun und muss daher eine eigenständige Sanktionsmöglichkeit begründen. (C. II. 1.).

Die für § 282 erforderliche Unzumutbarkeit des Festhaltens an der Leistung ist ohne Weiteres anzunehmen, wenn die Herausgabevollstreckung mangels Auffindbarkeit der Sache tatsächlich ins Leere geht (vollendete Vollstreckungsvereitelung). Denn solche Fälle sind insbesondere auch dadurch gekennzeichnet, dass der Schuldner zuvor jedenfalls deshalb vom Mangel seines Besitzrechts in *Kenntnis* gesetzt wurde, weil einer entsprechenden Zwangsvollstreckung zwingend eine Verurteilung zur Herausgabe vorausgeht. (C. II. 2.).

Der Anspruch aus § 282 kann bereits im Herausgabeprozess tituliert werden. Die verfahrensrechtliche Zulässigkeit eines solchen Vorgehens ergibt sich aus dem Rechtsgedanken des § 259 ZPO, der auch auf unechte Eventualanträge Anwendung finden kann, wenn der Kläger ansonsten zur Führung zweier nachgeschalteter Prozesse gezwungen wäre. Der Umstand, dass die Fruchtlosigkeit der Herausgabevollstreckung im Herausgabeprozess denklogisch noch nicht eingetreten sein kann, steht dem nicht entgegen. Wird die Sache nämlich im Zuge der

Zwangsvollstreckung vom Gerichtsvollzieher nicht aufgefunden, obgleich sich der Schuldner im Zeitpunkt der Entscheidung unstreitig oder bewiesenermaßen im Besitz der Sache befand, so kann dies dem Grunde nach nur darauf beruhen, dass der Schuldner die Sache entweder aufgrund eines von § 989 erfassten Umstands nicht mehr herausgeben kann oder diese bei fortbestehendem Besitz vorsätzlich im Verborgenen hält, um Vollstreckungsmaßnahmen des Eigentümers zu vereiteln. In beiden Fällen hat der Schuldner auf Grundlage des § 251 Abs. 1 den Sachsubstanzwert zu leisten und der Eigentümer die Sache analog § 255 zu übereignen, so dass eine entsprechende hilfsweise Verurteilung des Beklagten zumindest unter Offenlassen der konkreten Schadensersatznorm (§ 282 oder § 989) erfolgen kann. Der Schuldner ist insoweit nicht schutzbedürftig, weil die Wahrscheinlichkeit seiner Schadensersatzpflicht nicht zuletzt wegen § 280 Abs. 1 S. 2 hinreichend hoch ist und er im Übrigen die Möglichkeit hat, gemäß § 767 ZPO vorzugehen. (C. II. 3.).

Der Eigentümer kann von § 985 auch schon vor oder während (§ 264 Nr. 3 ZPO) des Vindikationsprozesses auf § 282 übergehen. Anknüpfend an die Konstellationen der (vollendeten) Vollstreckungsvereitelung ist insbesondere an den Fall zu denken, dass der Besitzer im Vorfeld oder während des gerichtlichen Verfahrens bereits vollstreckungsvereitelnde Maßnahmen einleitet. Qualitativer Anknüpfungspunkt ist hier insbesondere die Tathandlung des „Beiseiteschaffens“ im Sinne von § 288 StGB. Aber auch die arglistige Täuschung ist hinreichend, wenn und soweit sie auf Vereitelung des § 985 abzielt.

Zusätzliches Erfordernis ist jedoch, dass die Zwangsvollstreckung im Zeitpunkt des maßgeblichen Schuldnerverhaltens objektiv bevorsteht. Ein solch objektives „Bevorstehen“ der Zwangsvollstreckung ist nicht erst bzw. schon dann anzunehmen, wenn der Eigentümer die Vindikationsklage erhoben hat. Um den Eigentümer zu schützen und Widersprüche zur Wertung des § 990 Abs. 2 zu vermeiden, ist es vielmehr ausreichend, aber auch erforderlich, dass der unrechtmäßige Besitzer gemäß §§ 990 Abs. 2, 286 in Verzug gesetzt wird.

Zur Bejahung der Unzumutbarkeit bedarf es in dieser Phase zwingend der positiven *Kenntnis* des Besitzers vom Mangel seines Rechts, weil die Verhaltenspflichtverletzung erst hierdurch derart erheblich wird, dass es dem Eigentümer nicht zuzumuten ist, an der Vindikation weiterhin festzuhalten. Schließlich zeichnen sich auch die Fälle der vollendeten Vollstreckungsvereitelung gerade dadurch aus, dass der Besitzer im Zeitpunkt der Vornahme der zur Unzumutbarkeit führenden Handlung um das Fehlen seines Besitzrechts weiß, weil der Zwangsvollstreckungsmaßnahme zwingend eine Verurteilung zur Herausgabe vorauszugehen hat. (C. II. 4. a)).

Die so begründete Substanzwerthaftung wegen (drohender) Vollstreckungsvereitelung setzt sich nicht in Widerspruch zu den Grundsätzen des Eigentümer-

Besitzer-Verhältnisses. Hiernach ist zwar die Haftung des bösgläubigen unrechtmäßigen Besitzers prinzipiell auf den Verzugsschaden beschränkt, wenn und soweit sich sein Pflichtenverstoß nicht aus § 989 oder § 992 ergibt, sondern allein in der Vorenthaltung der Sache erschöpft (§ 990 Abs. 2). § 282 stellt hingegen auf eine in den §§ 987 ff. ungeregelte Verhaltenspflichtverletzung ab und eben gerade nicht – wie etwa § 281 – auf die bloße Nichterbringung der Leistung. Im Übrigen verhielte sich derjenige, der in Kenntnis seines fehlenden Rechts die Herausgabevollstreckung vereitelt oder zu vereiteln versucht, widersprüchlich im Sinne von § 242, wenn er sich später gegen die aus § 282 folgende Substanzwerthaftung zu Wehr setzen würde.

Die zuletzt genannte Vorschrift kann auch zur Anwendung gelangen, wenn sich der Besitzer die Sache im Sinne von § 992 durch verbotene Eigenmacht oder gar durch Straftat verschafft hat. Das für § 282 maßgebliche Schuldverhältnis entsteht hierbei zwar allenfalls zeitgleich mit der unerlaubten Handlung, was jedoch einer Anwendbarkeit des § 282 nicht entgegensteht, weil das Delikt jedenfalls in das später begründete gesetzliche Schuldverhältnis fortwirkt.

Unzumutbarkeit ist ohne Weiteres anzunehmen, wenn die deliktische Besitzverschaffung in positiver Kenntnis der fehlenden Berechtigung und daher vorsätzlich arglistig geschieht. Erlangt der Schuldner bei zunächst fahrlässiger Tatbegehung später Kenntnis vom fehlenden Recht, so kann § 282 erst dann zur Anwendung gebracht werden, wenn der Besitzer trotz nachträglich eingetretener Kenntnis mit der Sache in einer Weise verfährt, die den Tatbestand des § 246 StGB erfüllt, weil erst hierdurch der für § 282 erforderliche Unwert bejaht werden kann, der in Verbindung mit der fahrlässig rechtswidrigen Besitzerlangung die Unzumutbarkeit des Festhaltens an der Vindikation zu begründen vermag. (C. II. 4. b)).

Da für § 282 jedenfalls die positive Kenntnis vom Mangel des Besitzrechts erforderlich ist und sich die §§ 987 ff. gerade durch ein abgestuftes Haftungssystem auszeichnen, das durch die Kategorisierung in „Besitzertypen" (verklagt, bösgläubig, deliktisch) gekennzeichnet ist, erscheint die gemäß § 282 bewirkte Ergänzung der Einstandspflicht des unrechtmäßigen Besitzers um eine weitere Stufe (des *als Herausgabeschuldner unzumutbaren* Besitzers) eine ausgesprochen sachnahe und damit denkbar geeignete Möglichkeit, die §§ 987 ff. sinnvoll erweitern und dadurch gleichsam eine größere Einzelfallgerechtigkeit herstellen zu können. Hierdurch wird zudem bewirkt, dass die Option des Eigentümers, vom vindikatorischen Herausgabeanspruch zum Schadensersatz statt der Leistung überzugehen, durch das Erfordernis der Unzumutbarkeit objektiv auf Ausnahmefälle beschränkt und damit eine willkürliche Substituierung des § 985 seitens des Eigentümers praktisch ausgeschlossen ist.

Die Haftung des unrechtmäßigen Besitzers stellt sich nach alldem wie folgt dar:

1. Verklagt und redlich: § 989
2. Unredlich i. S. v. § 990 Abs. 1: §§ 989, 990; bei Verzug: §§ 990 Abs. 2, 286
3. Deliktische Besitzerlangung: §§ 989, 990; §§ 992, 823 ff.
4. Positive Kenntnis: §§ 989, 990; bei Verzug: §§ 990 Abs. 2, 286; bei Unzumutbarkeit wegen Verhaltenspflichtverletzung: § 282

Weil es bei § 282 an einer dem § 281 Abs. 4 entsprechenden Regelung fehlt und eine gesetzliche Verweisung auf die zuletzt genannte Bestimmung ebenfalls unterbleibt, ist es mit Blick auf die Besonderheiten des § 985 möglich, den vindikatorischen Herausgabeanspruch trotz Geltendmachung des § 282 zunächst fortbestehen zulassen, während dem Besitzer freilich ein Zurückbehaltungsrecht gemäß § 273 in Verbindung mit § 255 analog zusteht. Letztere Norm passt insoweit besser, als die Sache in den verbleibenden Anwendungskonstellationen (Vollstreckungsvereitelung, Diebstahl, Unterschlagung, aber auch bei sonstiger Unauffindbarkeit der Sache und hilfsweiser Verurteilung nach § 989) für den Eigentümer besonders schwer erreichbar bzw. eine erfolgreiche Herausgabevollstreckung mit großen Unsicherheiten verbunden ist, so dass insbesondere die Funktion des § 255, dem Gläubiger ein Hilfsmittel zur Auflösung solch ungewisser Lagen zu gewähren, erfüllt werden kann. Weil gerade die Fälle des § 282 wiederum dadurch gekennzeichnet sind, dass der Schuldner den Übergang von § 985 auf das Interesse und damit mittelbar auch die Übereignung analog § 255 durch sein Verhalten praktisch erzwingt, ist dem Eigentümer ein bereicherungsrechtlicher Rückgewähranspruch zuzugestehen, sobald die Sache wieder erreichbar ist und der Eigentümer dies wünscht. (C. III.– IV.).

Anhang

§ 283 a. F. (Fristsetzung nach Verurteilung)

(1) Ist der Schuldner rechtskräftig verurteilt, so kann der Gläubiger ihm zur Bewirkung der Leistung eine angemessene Frist mit der Erklärung bestimmen, daß er die Annahme der Leistung nach dem Ablaufe der Frist ablehne. Nach dem Ablaufe der Frist kann der Gläubiger Schadensersatz wegen Nichterfüllung verlangen, soweit nicht die Leistung rechtzeitig bewirkt wird; der Anspruch auf Erfüllung ist ausgeschlossen. Die Verpflichtung zum Schadensersatze tritt nicht ein, wenn die Leistung infolge eines Umstandes unmöglich wird, den der Schuldner nicht zu vertreten hat.

(2) Wird die Leistung bis zum Ablaufe der Frist nur teilweise nicht bewirkt, so steht dem Gläubiger auch das im § 280 Abs. 2 bestimmte Recht zu.

§ 286 a. F. (Verzugsschaden)

(1) Der Schuldner hat dem Gläubiger den durch den Verzug entstehenden Schaden zu ersetzen.

(2) Hat die Leistung infolge des Verzugs für den Gläubiger kein Interesse, so kann dieser unter Ablehnung der Leistung Schadensersatz wegen Nichterfüllung verlangen. Die für das vertragsmäßige Rücktrittsrecht geltenden Vorschriften der §§ 346 bis 356 finden entsprechende Anwendung.

§ 326 a. F. (Verzug; Fristsetzung mit Ablehnungsandrohung)

(1) Ist bei einem gegenseitigen Vertrage der eine Teil mit der ihm obliegenden Leistung im Verzuge, so kann ihm der andere Teil zur Bewirkung der Leistung eine angemessene Frist mit der Erklärung bestimmen, daß er die Annahme der Leistung nach dem Ablaufe der Frist ablehne. Nach dem Ablaufe der Frist ist er

berechtigt, Schadensersatz wegen Nichterfüllung zu verlangen oder von dem Vertrage zurückzutreten, wenn nicht die Leistung rechtzeitig erfolgt ist; der Anspruch auf Erfüllung ist ausgeschlossen. Wird die Leistung bis zum Ablaufe der Frist teilweise nicht bewirkt, so findet die Vorschrift des § 325 Abs. 1 Satz 2 entsprechende Anwendung.

(2) Hat die Erfüllung des Vertrages infolge des Verzugs für den anderen Teil kein Interesse, so stehen ihm die im Absatz 1 bezeichneten Rechte zu, ohne daß es der Bestimmung einer Frist bedarf.

Literaturverzeichnis

Althammer, Christoph, Ius variandi und Selbstbindung des Leistungsgläubigers, NJW 2006, 1179 ff.

Anders, Monika/Gehle, Burkhard, Das Assessorexamen im Zivilrecht, 13. Auflage, München 2017.

Armbrüster, Christian, Verjährbarkeit der Vindikation? – Zugleich ein Beitrag zu den Zwecken der Verjährung, Festschrift für H. P. Westermann, 2008, 53 ff.

Bauer, Jobst-Hubertus/Diller, Martin, Nachvertragliche Wettbewerbsverbote: Änderungen durch die Schuldrechtsreform, NJW 2002, 1609 ff.

Baumbach, Adolf (Begr.)/Lauterbach, Wolfgang/Albers, Jan/Hartmann, Peter (Hrsg.), ZPO (Kommentar) 75. völlig neu bearbeitete Auflage, München 2017 (zitiert: Baumbach u. a./*Bearbeiter*).

Baur, Fritz/Stürner, Rolf, Sachenrecht, 18. Auflage, München 2009.

Becker, Eric, Schadensersatz nach Fristsetzung im Eigentümer-Besitzer-Verhältnis, Tübingen 2012.

Beck'scher Online-Großkommentar zum Bürgerlichen Gesetzbuch, Gsell, Beate/Krüger, Wolfgang/Lorenz, Stephan/Reymann, Christoph (GesHrsg.), München 2018/2019 (zitiert: BeckOGK/*Bearbeiter*, BGB).

Beck'scher Online-Kommentar zum Bürgerlichen Gesetzbuch, Bamberger, Georg/Roth, Herbert/Hau, Wolfgang/Poseck, Roman (Hrsg.), 45./47. Edition, München 2018 (zitiert: BeckOK/*Bearbeiter*, BGB).

Beck'scher Online-Kommentar zum Grundgesetz, Epping, Volker/Hillgruber, Christian (Hrsg.), 38. Edition, München 2018 (zitiert: BeckOK/*Bearbeiter*, GG).

Beck'scher Online-Kommentar zum Strafgesetzbuch, von Heintschel-Heinegg, Bernd (Hrsg.), 39. Edition, München 2018 (zitiert: BeckOK/*Bearbeiter*, StGB).

Berger, Christian, Anmerkung zum Urteil des BGH vom 5.4.2001, IX ZR 441/99 (KG), JZ 2002, 46 ff.

Bitter, Georg, Wertverlust durch Nutzungsausfall, AcP 205 (2005), 743 ff.

Brauer, Markus, Zwangskauf à la BGB? Zur Anwendung von § 281 BGB auf den mietrechtlichen Herausgabeanspruch (§ 546 BGB), NotBZ 2002, 402 ff.

Bressler, Stefan, Selbstvornahme im „Schwebezustand" nach Ablauf der Nacherfüllungsfrist, NJW 2004, 3382 ff.

Brox, Hans (Begr.)/*Walker, Wolf-Dietrich*, Zwangsvollstreckungsrecht, 11. Auflage, München 2018.

Bundesministerium der Justiz (Hrsg.), Abschlussbericht der Kommission zur Überarbeitung des Schuldrechts, Köln 1992 (zitiert: BMJ, Abschlussbericht).

Bezzenberger, Tilman, Der negatorische Beseitigungsanspruch und die Kosten der Ersatzvornahme, JZ 2005, 373 ff.

Canaris, Claus-Wilhelm, Die Verdinglichung obligatorischer Rechte, Festschrift für Werner Flume, 1978, Band I, 371 ff.

ders., Die Reform des Rechts der Leistungsstörungen, JZ 2001, 499 ff.

ders., Teleologie und Systematik der Rücktrittsrechte nach dem BGB, Die richtige Ordnung, Festschrift für Jan Kropholler, 3 ff.

Danwerth, Christopher, Analogie und teleologische Reduktion – zum Verhältnis zweier scheinbar ungleicher Schwestern, ZfPW 2017, 230 ff.

Dausend, Käthe Christine, Pflichtangebot gemäß §§ 35 ff. WpÜG und negative Eigentumsfreiheit, Göttingen 2007.

Dimopoulos-Vosiki, Haralambos, Die bereicherungs- und deliktsrechtlichen Elemente der §§ 987–1003 BGB, München 1966.

Ebenroth, Thomas Carsten/Boujong, Karlheinz (Begr.)/*Joost, Detlev* (Begr./Hrsg.)/*Strohn, Lutz* (Hrsg.), HGB (Kommentar) Band 1, §§ 1–342e, 3. Auflage, München 2014 (zitiert: EBJS/*Bearbeiter*).

Ebert, Ina, Pönale Elemente im deutschen Privatrecht, Tübingen 2004.

Erfurter Kommentar zum Arbeitsrecht, Müller-Glöge, Rudi/Preis, Ulrich/Schmidt, Ingrid (Hrsg.), 19. neubearbeitete Auflage, München 2018 (zitiert: ErfK/*Bearbeiter*).

Erman, Walter (Begr.), BGB (Kommentar), (zitiert: Erman/*Bearbeiter*)
- Band 1, §§ 1–761, AGG, Westermann, Harm Peter/Grunewald, Barbara/Maier-Reimer, Georg (Hrsg.), 15. Auflage, Köln 2017;
- Band 2, §§ 762–2385, ProdHaftG, ErbbauRG, VersAusglG, VBVG, LPartG, WEG, EGBGB, Westermann, Harm Peter/Grunewald, Barbara/Maier-Reimer, Georg (Hrsg.), 15. Auflage, Köln 2017.

Falk, Hermann, Die Übertragung der schuldrechtlichen Regeln auf die rei vindicatio, Köln 1928.

Faust, Florian, Die Rechtslage nach Ablauf der Frist, Festschrift für Ulrich Huber, 2006, 239 ff.

Fischer, Thomas, StGB (Kommentar), 65. Auflage, München 2018.

Flach, Julius Albert, Die Anwendung der §§ 281 und 283 auf den dinglichen Herausgabeanspruch des § 985 B.G.B., Frankfurt 1928.

Flume, Johannes W., Der monetäre Wert des (Kauf-)Vertrags, AcP 215 (2015), 282 ff.

Fuchs, Klaus, Kartellvertrag und Bereicherung, Heidelberg 1990.

Gaul, Hans Friedhelm/Schilken, Eberhard/Becker-Eberhard, Ekkehart, Zwangsvollstreckungsrecht, München 2010, Verlag C. H. Beck (zitiert: Gaul/Schilken/Becker-Eberhard/*Bearbeiter*).

Gebauer, Martin/Huber, Stefan, Schadensersatz statt Herausgabe?, ZGS 2005, 103 ff.

Gernhuber, Joachim, Bürgerliches Recht, 3. Auflage, München 1991.

Grigoleit, Hans Christoph, Leistungspflichten und Schutzpflichten, Festschrift für Claus-Wilhelm Canaris, Band I 2007, 275 ff.

Gruber, Urs Peter/Lösche, Dirk, Die Kombination von Herausgabe- und Schadensersatzantrag im neuen Recht, NJW 2007, 2815 ff.

Gsell, Beate, Rechtskräftiges Leistungsurteil und Klage auf Schadensersatz statt der Leistung, JZ 2004, 110 ff.

Gursky, Karl-Heinz, Der Vindikationsanspruch und § 281 BGB, JURA 2004, 433 ff.

ders., Die neuere höchstrichterliche Rechtsprechung zum Mobiliarsachenrecht, JZ 2005, 285 ff.; 385 ff.

Handkommentar zum Bürgerlichen Gesetzbuch, Schulze, Reiner/Dörner, Heinrich/Ebert, Ina u. a. (Hrsg.), 9. Auflage, Baden-Baden 2017 (zitiert: HK/*Bearbeiter*).

Handkommentar zum Zivilprozessrecht, Kindl, Johann/ Meller-Hannich, Caroline/Wolf, Hans-Joachim (Hrsg.), ZPO, ZVG, Nebengesetze, Europäische Regelungen, Kosten (Kommentar), 3. Auflage, Baden-Baden 2016 (zitiert: HK-ZV/*Bearbeiter*).

Heinrichs, Helmut, Die Pflichtverletzung, ein Zentralbegriff des neuen Leistungsstörungsrechts, Festschrift für Peter Schlechtriem, 2004, 503 ff.

Henckel, Wolfram, Vorbeugender Rechtsschutz im Zivilrecht, AcP 174 (1974), 97 ff.

Henkel, Thomas, Begriffsjurisprudenz und Billigkeit – Zum Rechtsformalismus der Pandektistik nach G. F. Puchta, Köln 2004.

Horstmann, Horst, Untersuchungen über die Anwendbarkeit schuldrechtlicher Normen auf dingliche Ansprüche, Stuttgart 1938.

Huber, Ulrich, Die Schadensersatzhaftung des Verkäufers wegen Nichterfüllung der Nacherfüllungspflicht und die Haftungsbegrenzung des § 275 Abs. 2 BGB neuer Fassung, Festschrift für Peter Schlechtriem, 2004, 521 ff.

ders., Schadensersatz statt der Leistung, AcP 210 (2010), 319 ff.

Jacobs, Matthias, Erfüllungsverlangen und Erfüllbarkeit nach Ablauf der Nachfrist, Festschrift für Hansjörg Otto, 2008, 137 ff.

Jauernig, Othmar (Begr.), BGB (Kommentar), 17. Auflage, München 2018 (zitiert: Jauernig/*Bearbeiter*).

Jochem, Reiner, Eigentumsherausgabeanspruch (§ 985) und Ersatzherausgabe (§ 281): Abschied von einem Wiedergänger, MDR 1975, 177 ff.

Jost, Fritz, Zwangskauf als Schadensersatz?, Festschrift für Gerhard Otte, 2005, 145 ff.

Juris Praxiskommentar zum BGB, Herberger, Maximilian/Martinek, Michael/Rüßmann, Helmut/Weth, Stephan/Würdinger, Markus (GesHrsg.), (zitiert: jurisPK/*Bearbeiter*)
- Band 2 (Schuldrecht), 8. Auflage, Saarbrücken 2017;
- Band 3 (Sachenrecht), 8. Auflage, Saarbrücken 2017.

Kaehler, Christian-Michael, Bereicherungsrecht und Vindikation: allgemeine Prinzipien der Restitution dargestellt am deutschen und englischen Recht, Bielefeld 1972.

Kähler, Lorenz, Vom bleibenden Wert des Eigentums nach der Verjährung des Herausgabeanspruchs, NJW 2015, 1041 ff.

Katzenstein, Matthias, Der Schadenersatz statt der Leistung nach §§ 280 Abs. 1 und 3, 281 bis 283 BGB, JURA 2005, 217 ff.

ders., Übergang vom vindikatorischen Herausgabeanspruch auf Schadensersatz nach § 281 BGB?, AcP 206 (2006) 96 ff.

ders./Hüftle, Ilka, „Zwangskauf" im Mietrecht? Schadensersatz statt der Leistung bei Verletzung der Rückgabepflicht des Mieters, NZM 2004, 601 ff.

Kindl, Johann, Das Eigentümer-Besitzer-Verhältnis: Vindikationslage und Herausgabeanspruch, JA 1996, 23 ff.

Knoche, Joachim/Höller, Sina, Schadensersatz statt der Leistung nach Bewirkung der Hauptleistung, ZGS 2003, 26 ff.

Köbl, Ursula, Das Eigentümer-Besitzer-Verhältnis im Anspruchssystem des BGB. Zugleich ein Beitrag zur Konkurrenzlehre, Erlangen-Nürnberg, 1970.

Köhler, Helmut, Vertragliche Unterlassungspflichten, AcP 190 (1990), 496 ff.

Kohler, Jürgen, Bestrittene Leistungsunmöglichkeit und ihr Zuvertretenhaben bei § 275 BGB – Prozesslage und materielles Recht, AcP 205 (2005), 93 ff.

ders., Schadensersatz statt der Leistung bei Besitzherausgabeansprüchen – Rückgewähr-, Schadensersatz- und Ankaufspflicht? NZM 2014, 729 ff.

Kühn, Michael, Vollstreckungsvereitelung – die unbekannte Beraterfalle? NJW, 2009, 3610 ff.

Lackner, Karl/Kühl, Kristian (Hrsg.), StGB (Kommentar), 28. Auflage, München 2014 (zitiert: Lackner/Kühl/*Bearbeiter*).

Lange, Hermann, Verzugshaftung des Bereicherungsschuldners und des Besitzers, JZ 1964, 640 ff.

Larenz, Karl, Methodenlehre der Rechtswissenschaft, 6. Auflage, Berlin/Heidelberg/New York 1991.

Lorenz, Stephan, Einmal Vertretenmüssen – immer Vertretenmüssen? Zum Verhältnis von Fristablauf und Vertretenmüssen beim Schadensersatz statt der Leistung, Festschrift für Ulrich Huber, 2006, 423 ff.

ders., Rücktritt, Minderung und Schadensersatz wegen Sachmängeln im neuen Kaufrecht: Was hat der Verkäufer zu vertreten? NJW 2002, 2497 ff.

Ludes, Sebastian/Lube, Sebastian, Das Vertretenmüssen bei § 281, ZGS 2009, 259 ff.

Mager, Heinrich, Besonderheiten des dinglichen Anspruchs, AcP 193 (1993), 68 ff.

Magnus, Robert, Subjektive Grenzen der Sperrwirkung des Eigentümer-Besitzer-Verhältnisses, NJW 2017, 1201 ff.

Martinek, Michael, Rezension zu: Chris Thomale, Leistung als Freiheit – Erfüllungsautonomie im Bereicherungsrecht, JZ 2014, 948 f.

Medicus, Dieter, Schadensersatz und Billigkeit, Vortrag gehalten auf dem 21. Karlsruher Forum am 17.2.1981, VersR 1981, 593 ff.

ders., Besitzschutz durch Ansprüche auf Schadensersatz, AcP 165 (1965), 115 ff.

ders./Petersen, Jens, Bürgerliches Recht – Eine nach Anspruchsgrundlagen geordnete Darstellung zur Examensvorbereitung, 26. Auflage, München 2017.

Münch, Joachim, Die „nicht wie geschuldete" erbrachte Leistung und sonstige Pflichtverletzungen, JURA 2002, 361 ff.

Münchener Kommentar zum BGB, Säcker, Jürgen/Rixecker, Roland/Oetker, Hartmut/Limperg, Bettina (Hrsg.), (zitiert: MüKo/*Bearbeiter*, BGB)
- Band 1, Allgemeiner Teil,. §§ 1–240, 7. Auflage, München 2015;
- Band 2, Schuldrecht – Allgemeiner Teil, §§ 241–432, 4. Auflage, München 2001;
- Band 2, Schuldrecht – Allgemeiner Teil, §§ 241–432, 7. Auflage, München 2016;
- Band 4, Schuldrecht – Besonderer Teil II, §§ 535–630h, 7. Auflage, München 2016;
- Band 6, Schuldrecht – Besonderer Teil IV, §§ 705–853, 7. Auflage, München 2017;
- Band 6, Sachenrecht, §§ 854–1296, 4. Auflage, München 2004;
- Band 7, Sachenrecht, §§ 854–1296, 7. Auflage, München 2017.

Münchener Kommentar zum HGB, Schmidt, Karsten (Hrsg.), Band 5: §§ 343–406, CISG, 3. Auflage, München 2013, (zitiert: MüKo/*Bearbeiter*, HGB).

Münchener Kommentar zur ZPO mit GVG und Nebengesetzen, Rauscher, Thomas/Krüger, Wolfgang (Hrsg.), (zitiert: MüKo/*Bearbeiter*, ZPO)
- Band 1, §§ 1–354, 5. Auflage, München 2016;
- Band 2, §§ 355–945a, 5. Auflage, München 2016.

Mugdan, Benno, Die gesammten Materialien zum Bürgerlichen Gesetzbuch für das Deutsche Reich, Band II (Schuldrecht), Berlin 1899.

Musielak, Hans Joachim/Voit, Wolfgang (Hrsg.), ZPO mit GVG (Kommentar), 15. Auflage, München 2018 (zitiert: Musielak/Voit/*Bearbeiter*).

Neumayer, Karl Heinz, Die sogenannte Vindikationszession (§ 931 BGB) im dogmatischen Spannungsfeld zwischen Übereignung und procuratio in rem, Festschrift für Heinrich Lange 1970, 305 ff.

Nieder, Michael, Oberlandesgerichtliche Unterlassungsurteile und Bereicherungsausgleich nach § 717 III ZPO im Patentrecht, GRUR 2013, 32 ff.

Nomos Kommentar zum Bürgerlichen Gesetzbuch (ehem. Anwaltkommentar), (zitiert: NK/*Bearbeiter*)
– Band 2/1 (Schuldrecht), §§ 241–610, 3. Auflage, Baden-Baden 2016;
– Band 3 (Sachenrecht), §§ 854–1296, 3. Auflage, Baden-Baden 2013.

Palandt, Otto (Begr.), BGB (Kommentar), (zitiert: Palandt/*Bearbeiter*)
– 68. Auflage, München 2009;
– 77. Auflage, München 2018.

Peters, Frank/Zimmermann, Reinhard, Verjährungsfristen, Gutachten und Vorschläge zur Überarbeitung des Schuldrechts, Band I 1981, 77 ff.

Picker, Eduard, Der negatorische Beseitigungsanspruch, Bonn 1972.

ders., Der vindikatorische Herausgabeanspruch, 50 Jahre Bundesgerichtshof, Festgabe aus der Wissenschaft, Band 1, München 2000, 693 ff. (zitiert: Picker, FG BGH).

ders., Der „dingliche" Anspruch, Festschrift für Franz Bydlinski 2002, 269 ff.

Pinger, Winfried, Funktion und dogmatische Einordnung des Eigentümer-Besitzer-Verhältnisses, München 1973.

Plambeck, Barbara, Die Verjährung der Vindikation, Frankfurt a. M./Berlin 1997.

Planck's Kommentar zum Bürgerlichen Gesetzbuch nebst Einführungsgesetz, (zitiert: Planck/*Bearbeiter*)
– Band II 1 Recht der Schuldverhältnisse (Allgemeiner Teil), §§ 241–432, 4. Auflage, Berlin 1914;
– Band III 1 Sachenrecht: §§ 854–1112, 5. Auflage, Berlin/Leipzig 1933.

Plath, Karlheinz, Die Ergänzung der Ansprüche aus dem Eigentum (§§ 985 ff. BGB) durch Anwendung schuldrechtlicher Bestimmungen, Jena 1929.

Protokolle der Kommission für die zweite Lesung des Entwurfs des Bürgerlichen Gesetzbuches, Band 3 (Sachenrecht), Berlin 1899 (zitiert: Prot. III).

Prütting, Hanns/Wegen, Gerhard/Weinreich, Gerd (Hrsg.), BGB (Kommentar), 13. Auflage, Köln 2018 (zitiert: PWW/*Bearbeiter*).

Raape, Leo, Die Beweislast bei positiver Vertragsverletzung, AcP 147 (1941), 217 ff.

RGRK, Mitglieder der Bundesgerichtshofes (Hrsg.), Das Bürgerliche Gesetzbuch mit besonderer Berücksichtigung der Rechtsprechung des Reichsgerichts und des Bundesgerichtshofs, Band 3, Teil 1: §§ 854–1011, 12. Auflage, Berlin/New York 1979 (zitiert: RGRK/*Bearbeiter*).

Roth, Herbert, Die Klage auf künftige Leistung nach §§ 257–259 ZPO, ZZP 98 (1985), 287 ff.

ders., Zessionsregreß nach § 255 BGB und gesamtschuldnerischer Ausgleich, Festschrift für Dieter Medicus (1999), 495 ff.

Rüthers, Bernd, Methodenrealismus in Jurisprudenz und Justiz, JZ 2006, 53 ff.

Saenger, Ingo (Hrsg.), ZPO (Kommentar), 7. Auflage, Baden-Baden 2017 (zitiert: Saenger/*Bearbeiter*).

Samhat, Abbas, Die Abgrenzung der Wahlschuld von der elektiven Konkurrenz nach dem BGB, Tübingen 2012.

Schäfer, Theodor, Die Verbindung des Schadensersatzanspruchs aus § 283 BGB mit anderen Ansprüchen, München 1972.

Schönke, Adolf/Schröder, Horst, StGB (Kommentar), 29. Auflage, München 2014 (zitiert: Schönke/Schröder/*Bearbeiter*).

Schroeter, Ulrich G., Das Recht zur zweiten Andienung im System des Schuldrechts, AcP 207 (2007), 28 ff.

Schwab, Martin, Leistungsstörungen im Sukzessivlieferungsvertrag nach neuem Schuldrecht, ZGS 2003, 73 ff.

ders., Schadensersatzverlangen und Ablehnungsandrohung nach der Schuldrechtsreform, JR 2003, 133 ff.

ders., Neues Schuldrecht – Ende des Mieterschutzes? Wider die Theorie vom Zwangsverkauf an den bei Mietende nicht weichenden Mieter, NZM 2003, 50 ff.

ders./Novokmet, Andjelka, Ungelöste Fragen des „Zwangskaufs" vermieteter Immobilien, ZGS 2004, 187 ff.

ders., Die Vermögensauseinandersetzung in nichtehelichen Lebensgemeinschaften, FamRZ 2010, 1701 ff.

ders., Architektenpläne als Gegenstand der Eingriffskondiktion, NJW 2013, 1135 ff.

Schwerdtner, Eberhard, Verzug im Sachenrecht, Berlin 1973.

Soergel, Hans-Theodor (Begr.), Siebert, Wolfgang (Hrsg.), Kommentar zum Bürgerlichen Gesetzbuch mit Einführungsgesetz und Nebengesetzen, (zitiert: Soergel/*Bearbeiter*)
- Band 2, Schuldrecht I, §§ 241–432, Mertens, Hans-Joachim (Red.), 12. Auflage, Stuttgart 1990;
- Band 3/2, Schuldrecht 1/2, §§ 241–304, Ekkenga, Jens (Hrsg.), 13. Auflage, Stuttgart 2014;
- Band 6, Sachenrecht, §§ 854–1296, Mühl, Otto/Teichmann, Arndt (Red.); 12. Auflage, Stuttgart 1990;
- Band 11/3, Schuldrecht 9/3, §§ 780–822, Hadding, Walther (Hrsg.), 13. Auflage, Stuttgart 2011;
- Band 14, Sachenrecht 1, §§ 854–984, Konzen, Horst (Hrsg.), 13. Auflage, Stuttgart 2002;
- Band 15/1, Sachenrecht 2/1, §§ 985–1017, Stürner, Rolf (Hrsg.), 13. Auflage, Stuttgart 2006.

Stälin, Gustav, Über die dinglichen Ansprüche des B.G.B. hinsichtlich der Anwendbarkeit des Allgemeinen Teils des Rechts der Schuldverhältnisses auf dieselben, Tübingen 1902.

Staudinger, Julius von (Begr.), Staudingers Kommentar zum Bürgerlichen Gesetzbuch mit Einführungsgesetz und Nebengesetzen, (zitiert: Staudinger/*Bearbeiter*)
- Buch 2, Recht der Schuldverhältnisse §§ 255–314, Bittner, Claudia/Löwisch, Manfred/Wufka, Eduard (Hrsg.), Neubearbeitung, Berlin 2001;
- Buch 2, Recht der Schuldverhältnisse §§ 255–304 (Leistungsstörungsrecht 1), Bittner, Claudia/Löwisch, Manfred/Wufka, Eduard (Hrsg.), Neubearbeitung, Berlin 2014;
- Buch 2, Recht der Schuldverhältnisse §§ 611–613 (Dienstvertragsrecht 1), Philipp S. Fischinger/Richardi, Reinhard (Hrsg.), Neubearbeitung, Berlin 2016;
- Buch 3, Sachenrecht, §§ 985–1011 (Eigentum 3), Gursky, Karl-Heinz (Hrsg.), Neubearbeitung, Berlin 1999;
- Buch 3, Sachenrecht, §§ 925–984 (Eigentum 2), Diehn, Thomas/Wiegand, Wolfgang (Hrsg.), Neubearbeitung, Berlin 2017;
- Buch 3, Sachenrecht, §§ 985–1011 (Eigentum 3), Gursky, Karl-Heinz (Hrsg.), Neubearbeitung, Berlin 2013.

Stein, Friedrich/Jonas, Martin (Begr.), ZPO (Kommentar), (zitiert: Stein/Jonas/*Bearbeiter*)
- Band 2, §§ 78–147, Bork, Reinhard/Roth, Herbert (Hrsg.), 23. Auflage, Tübingen 2017;
- Band 7, §§ 704–827, Münzberg, Wolfgang (Bearb.), 22. Auflage, Tübingen 2002;
- Band 8, Bork, Reinhard/Roth, Herbert (Hrsg.), 23. Auflage, §§ 802a–915h, Tübingen 2017.

Thomale, Chris, Leistung als Freiheit – Erfüllungsautonomie im Bereicherungsrecht, Tübingen 2012.

Thomas, Heinz/Putzo, Hans (Hrsg.), ZPO (Kommentar), 39. Auflage, München 2018 (zitiert: Thomas/Putzo/*Bearbeiter*).

Tiedke, Klaus/Schmitt, Marco, Der Anwendungsbereich des kaufrechtlichen Schadensersatzes statt der Leistung nach §§ 437 Nr. 3, 280 Abs. 1 und 3, 281 Abs. 1 BGB – Anwendungsbereich, Abgrenzung und Bezugspunkt des Vertretenmüssens, BB 2005, 615 ff.

Todorow, Valentin, Der Bezugspunkt für das Vertretenmüssen beim Schadensersatz statt der Leistung, Berlin 2009.

Vieweg, Klaus/Werner, Almuth, Sachenrecht, 8. Auflage, München 2018.

Wallerath, Maximilian, Zur Anwendbarkeit des § 283 BGB auf den Herausgabeanspruch nach § 985, JR 1970, 161 ff.

Walsmann, Hans, Der Verzicht: allgemeine Grundlagen einer Verzichtslehre und Verzicht im Privatrecht, Leipzig 1912.

Weiler, Frank, Schuldrecht Allgemeiner Teil, 4. Auflage, Baden-Baden 2017.

Weiss, Alexander, Die Ergänzung besonderer Rechtsverhältnisse durch die allgemeinen Vorschriften der §§ 280 ff. BGB, JuS 2012, 965 ff.

Westermann, Harry (Begr.), Sachenrecht, fortgeführt von Westermann, Harm Peter/Gursky, Karl-Heinz/Eickmann Dieter, 8. neubearbeitete Auflage, Heidelberg 2011 (zitiert: Westermann/*Bearbeiter*).

Wieling, Hans, Die Grundstücksmiete als dingliches Recht, Gedächtnisschrift für Jürgen Sonnenschein, 2003, 201 ff. (zitiert: *Wieling*, GS Sonnenschein).

Wieling, Hans Josef, Zur Dogmatik des Schadensersatzes im Eigentümer-Besitzer-Verhältnis, MDR 1972, 645 ff.

Wilhelm, Jan, Sachenrecht, 5. Auflage, Berlin 2016.

Sachverzeichnis

Studien zum Privatrecht

Die Schriftenreihe *Studien zum Privatrecht* (StudPriv) als Äquivalent zur renommierten Reihe *Jus Privatum* bietet herausragenden Dissertationen aus dem Bereich des Privatrechts eine ansprechende Plattform und deckt sämtliche Fächer des Privatrechts ab: das Bürgerliche Recht, das Handels- und Gesellschaftsrecht, das Wirtschaftsrecht, das Arbeitsrecht und das Verfahrensrecht. Fächerübergreifende und fachgebietsübergreifende Themenstellungen sind dabei nicht ausgeschlossen, solange der Schwerpunkt der Arbeit im Privatrecht einschließlich seiner europarechtlichen beziehungsweise internationalrechtlichen Bezüge zu finden ist. Um die hohe Qualität der in dieser Reihe veröffentlichten Dissertationen zu gewährleisten, werden nur Arbeiten zur Veröffentlichung in Betracht gezogen, die in beiden Gutachten uneingeschränkt mit summa cum laude bewertet wurden.

ISSN: 1867-4275
Zitiervorschlag: StudPriv

Alle lieferbaren Bände finden Sie unter *www.mohrsiebeck.com/studpriv*

Mohr Siebeck
www.mohrsiebeck.com